BASTEI
LÜBBE
TASCHENBUCH

Über die Autorin:

Greta Taubert lebt als freie Autorin in Leipzig. Für *Die Zeit, Cicero, taz* und die *FAS* berichtete sie von überall dort, wo es unbequem, schmutzig und riskant ist: von Blutrachehäusern in den Albanischen Alpen, von Kinderhändlern im äthiopischen Hochland und Guerillacamps in Mecklenburg-Vorpommern. Die Initiative *newsroom.de* zählt sie zu den 500 exzellentesten Frauen der deutschen Medienszene. Ihre Arbeit wurde mit dem »Medienpreis der Kindernothilfe« ausgezeichnet.

Greta Taubert

VON EINER,
DIE AUSSTIEG

Wie ich der Konsumgesellschaft

den Rücken kehrte und

wahren Reichtum fand

BASTEI
LÜBBE
TASCHENBUCH

BASTEI LÜBBE TASCHENBUCH
Band 60905

Dieser Titel ist auch als E-Book erschienen.

Vollständige Taschenbuchausgabe der im Eichborn Verlag unter dem
Titel »Apokalypse jetzt!« erschienenen Paperbackausgabe

Copyright © 2016 by Bastei Lübbe AG, Köln
Titelmotiv: © www.buerosued.de (4), © getty-images/Jamie Farrant
und © Stephan Pramme, Berlin
Umschlaggestaltung: Bürosüd, München
Satz: Greiner & Reichel, Köln
Gesetzt aus der Weiss
Druck und Verarbeitung: CPI books GmbH – Leck, Germany
Printed in Germany
ISBN 978-3-404-60905-5

2   4   5   3   1

Sie finden uns im Internet unter www.luebbe.de
Bitte beachten Sie auch: www.lesejury.de

Meiner Familie

Inhalt

1. Beginnen –
Wie ich es mit der Angst zu tun bekam

Alles hat mit der Wachstischtuchdecke meiner Oma angefangen. Das weiße abwischbare Tuch trennte das strapazierte Holz des Esstischs vom strapazierenden Mahl darauf: Käsekuchen, Vanillekipferl und schwedische Apfeltorte, Rührkuchen, Schichtcremetorte und ein Schälchen Sahne. Der Filterkaffee duftete aus der Thermoskanne. Zucker und Kondensmilch lösten sich unter klingelndem Rühren in den blassvioletten Porzellantassen auf. Wir hatten zwar gerade erst das Mittagessen beendet – Klöße mit Rouladen und Hirschbraten mit Rotkohl und Bohnensalat –, aber für die herzhafte Abwechslung zur Vesperzeit hatte meine Oma auf dem Tisch noch ein paar Butterbrote mit Schinken platziert. So war das immer, wenn sich die Familie am Sonntag bei meinen Großeltern traf. Wenn ich sagte: »Ich möchte Milch trinken«, stellte mir meine Oma gleich noch Einrührzeug in Schokoladen-, Bananen-, Vanille- oder Erdbeergeschmack auf den Tisch. Und wenn ich sagte: »Ich möchte keine Milch«, bekam sie sorgengeweitete Augen, ob denn ihr Vorrat an Säften, Brause und Sirup im Keller wohl ausreichte, um mich glücklich zu machen. Der Gedanke, geschweige denn der ausgesprochene Satz »Danke, ich möchte nichts«, war keine Option. Ich saß unter dem Bild mit dem röhrenden Hirsch und den Familienfotos und futterte wie eine Besinnungslose. Um zu zeigen, dass es mir gut ging. Dass es uns als Familie gut ging. Dass es diesem Land gut ging.

Ich musterte die Gummipalme mit ihren fleischigen Blättern. Ließ den Blick über die Salzlampe und den Fototeller von einer Kreuzfahrt meiner Großeltern streifen, träumte mich in den Ganzkörpermassagesessel und wanderte schließlich mit den Augen die wachsbetuchte Tischkante ab. Onkel Achim mit seiner lieben Frau. Tante Margot mit ihrem wortkargen Mann. Cousins, Cousinen, Großnichten, Großneffen. Sie alle verhandelten mit der Kuchengabel in der Hand wieder einmal das Lieblingsthema der Familie: Autos. »Erinnerst du dich noch an unseren blauen Trabant, Greta?«, fragte mein Vater und guckte mich erwartungsfroh an. Als die Mauer fiel, war ich noch nicht einmal sechs Jahre alt. Der himmelblaue Trabbi war für mich genau wie der real existierende Sozialismus eine Legende, die mir vom vielen Erzählen zur eigenen Erinnerung geworden war. Mit meinem Leben heute hatten beide wenig zu tun. »Der Trabbi hatte doch so ein schwarzes Dach«, sagte ich, um den Gesprächsfluss nicht zu hemmen. »Das war Tafellack, den wir aufgepinselt und dann so abgebürstet hatten, dass es wie Leder aussah«, antwortete mein Vater. »Lederdächer gab es ja nicht in der DDR.« Jetzt war er in seinem Element. Er hatte in den Siebzigerjahren Fahrzeugschlosser gelernt, eine Frau gefunden, Kinder bekommen, ein Haus ausgebaut. Seine mächtigen Hände waren wie Beweise dafür, dass er dem Leben in der DDR sein Stück vom Glück abgetrotzt hatte. Während er die handwerklichen Details des Lederdachs ausschmückte, versuchte ich mir vorzustellen, wie das damals gewesen sein musste, Ende der Achtziger in der thüringischen Provinz: das Häuschen mit den grauen Asbest-Schiefern, die damals noch als unbedenklich galten. Die Ausflüge mit Mutter-Vater-Kindern in den Zoo, dessen Hauptattraktion ein Luchs war, den man nie sah, sondern nur roch. Der vollgepackte Trabbi auf dem Weg in den Ostseeurlaub. Die Bilder vor meinem geistigen Auge von der Zeit vor 1989 hatten einen verzerrten Farbton, waren unscharf und unschuldig. Als mein Vater damals mit der groben Bürste das Dach bearbeitete, hatte er noch nicht damit gerechnet, dass der Trabbi bald nur noch zum Witzobjekt taugen würde. Dass er da eine Metapher striegelte für ein System, das zum Scheitern verurteilt war.

Mein Opa klinkte sich in die DDR-Karossen-Diskussion ein. Er hatte nur ein paar Monate vor dem Mauerfall einen grünen Wartburg Kombi bekommen. »Da haben wir 20 Jahre drauf gewartet!«, sagte er und lachte. Es lag kein Bedauern in seiner Stimme. Der Wartburg Kombi war für Opa, der am Anfang der Dreißigerjahre als Sohn eines einfachen Sattlers geboren wurde, eine Offenbarung. Kindheit und Jugend verbrachte er in echter Armut. Mit Feldarbeit und Kinderlandverschickung. Seine Anekdoten endeten meist mit dem Satz: »So war das damals eben.« Als Opa in den Zeiten des »Tausendjährigen Reiches« Schweine hütete, konnte er nicht ahnen, dass dieses schon nach zwölf Jahren vorbei sein würde und dass aus seinem Schweinestall irgendwann eine Garage für einen Wartburg und später für mehrere Toyotas werden sollte.

Über Opas Kopf entdeckte ich das Foto meines Uropas. Er hätte keine automobile Anekdote zu erzählen gehabt, weil er gar keinen Führerschein hatte. Er wurde ins Deutsche Kaiserreich hineingeboren – das auch wenig später nicht mehr existierte. Drei Generationen, drei Ideologien, drei Untergänge. War ich die Nächste, die sich in einem zum Untergang verdammten System eingerichtet hatte? Die darin ihr Glück suchte, ohne zu merken, dass es seine Berechtigung verspielte? Was machte mich so sicher, dass alles so bleiben würde, wie es war? Würde dieses System samt Wohlstand, Überfluss und Schichtcremetorte noch da sein, wenn ich irgendwann mit meinen Enkeln an einer Kaffeetafel saß?

Panik wanderte meinen Rückenmarkkanal hinunter, und vor meinem inneren Auge erschienen die sorgsam verdrängten Schreckensmeldungen aus den Nachrichten über Krieg und Terror, wirtschaftliche Krisenstimmung, Klimawandel, Rohstoffknappheit, Umweltzerstörung, demografischen Wandel, Prekarisierung, Raubtierkapitalismús. Düstere Bildercollagen von verbranntem Regenwald, endlosen Sojaplantagen, abrutschendem Gletschereis, ölverklebten Robben, verendeten Seevögeln mit Plastikmüll in den Gedärmen. Die Geräusche eines Feierabendstaus, das unregelmäßige Piepen einer Supermarktkasse, die Protestrufe der Occupy-Bewegung. Und vor allem die eigene Hilflosigkeit. All das hatte ich lange in mich aufgesogen und in eine hermetische Kapsel in meinem Hirn weggesperrt. Jetzt war sie aufgeplatzt und gab eine dumpfe Angst frei. Es war die Angst vor dem *Ende der Welt, wie wir sie kannten.*

In einem Buch mit eben jenem Titel haben die Wissenschaftler Claus Leggewie und Harald Welzer schlüssige Argumente dafür gesammelt, warum es bald so weit sein wird: Wir befänden uns momentan nicht nur in einer »Krise«, die unser System für einen Augenblick der Geschichte erschüttert und aus der wir nach ein paar Reparaturen irgendwann auch wieder herauskommen. Vielmehr hätten wir es mit zahllosen verschiedenen Teilkrisen zu tun, die sich gegenseitig überlappten und verstärkten. Klimawandel, Energiekrise, Rohstoffknappheit, Bevölkerungswachstum – um nur die wichtigsten zu nennen. Die daraus entstehende Metakrise lasse sich nicht überwinden. Sie markiere das Ende einer Idee, die 250 Jahre lang extrem erfolgreich in der ganzen Welt verbreitet worden sei: »Der Siegeszug des kapitalistischen Wirtschaftssystems gerät im Moment seiner Vollendung zu seinem Tod, denn es funktioniert nicht als universales Reproduktionsmuster und war als solches auch nie gedacht«, behaupten die Autoren. Das heißt: Gerade weil der Kapitalismus so erfolgreich ist, muss er scheitern.

Das liegt an einem zentralen Widerspruch. Unser ökonomisches System braucht die Perspektive eines unendlichen

Wachstums, unsere ökologische Welt aber ist begrenzt. »Wir erleben einen eigenartigen, kritischen Augenblick in der Geschichte«, schreibt Occupy-Vordenker David Graeber in seinem Buch *Schulden – Die ersten 5000 Jahre*. Es gebe berechtigte Zweifel daran, dass dieses System die nächsten ein oder zwei Generationen überleben wird. »Der Kapitalismus kann nicht richtig funktionieren, wenn die Menschen glauben, er werde ewig Bestand haben.«

Solche Warnungen vor dem drohenden Exitus sind so alt wie der Kapitalismus selbst. Immer wieder haben Kritiker vor der selbstzerstörerischen Logik der Gier gewarnt. Die *Grenzen des Wachstums* hatte schon der Club of Rome im Jahr 1972 ausgelotet und festgestellt: »Wenn die gegenwärtige Zunahme der Weltbevölkerung, der Industrialisierung, der Umweltverschmutzung, der Nahrungsmittelproduktion und der Ausbeutung von natürlichen Rohstoffen unverändert anhält, werden die absoluten Wachstumsgrenzen auf der Erde im Laufe der nächsten hundert Jahre erreicht.« Wir befänden uns jetzt also fast auf der Hälfte der Strecke bis zum prognostizierten Punkt X. 1992, 2004 und 2012 gab es aktualisierte Berichte des Club of Rome mit angepassten Statistiken und Zahlen. Die Grundaussage blieb stets gleich: Das geht nicht mehr lange gut, wenn wir so weitermachen mit dem Mantra des Mehr, Mehr, Mehr.

Viele Jahre konnte man die schlechte Laune produzierenden Argumente der Wachstumskritiker ausblenden. Es ließ sich aushalten mit dem feinen Unterschied zwischen Erkennen und Erkenntnis, denn die schreckliche Zukunft war weit weg. Das änderte sich am 15. September 2008, als die US-amerikanische Investmentbank Lehman Brothers bankrottging. Ihr Ende war der Anfang eines Geschwürs, das sich über die ganze Welt ausbreitete: Immobilienkrise, Bankenkrise, Wirtschaftskrise, Eurokrise, Staatskrisen – sie alle mündeten in eine einzige große Sinnkrise des westlichen Wohlstandsmodells. Plötzlich wurde wahr, was die Kapitalismuskritiker so lange orakelt hatten: Die alte Gesellschaft scheint ihre besten Tage hinter sich zu haben. Der Begriff der »spätrömischen Dekadenz« machte die Runde. Als ein sich dem Ende neigendes »goldenes Zeitalter der Vergeudung und des Überflusses« benannte es der Sozialwissenschaftler Meinhard Miegel. Mit einem rotbackigen Apfel im Mund werden wir dick und fett gemästeten Gewinner der Geschichte jetzt zur Schlachtbank geführt. So hörte sich das für mich an.

»Greta?«, hörte ich meine Oma wie von einem weit entfernten Ort zu mir sagen. »Willst du noch mehr?« Sie balancierte ein Stück Apfelkuchen auf dem Tortenheber. Ich schüttelte den Kopf. Nein, ich wollte nicht mehr. Ich war satt. Sehr, sehr satt.

Als die schwere Holztür zu meiner Leipziger Altbauwohnung ins Schloss fällt, warte ich darauf, dass sich Erleichterung einstellt. Wenn ich mich irgendwo beruhigen könnte, dann doch hier. Oder nicht? Das ist mein Zuhause, mein Schutzraum, meine Scholle: Ikea-Möbel, Flohmarkt-Schätze, ein paar Umzugskartons voller Bücher, leere Club-Mate-Flaschen, Schablonen-Graffiti an den Wänden, vertrocknende Zimmerpflanzen, eine Kleiderstange voll Klamotten, mein MacBook im Stand-by. Ich lasse meine Reisetasche und den Jutebeutel mit der Aufschrift »My other bag is Chanel« im Flur fallen, feuere die Sneakers in eine Ecke und trete auf den Balkon. Herbstsonne scheint in den Hinterhof, eine Tram surrt in der Ferne vorbei, die Nachbarn aus dem Kiez halten auf der Schwelle des Fahrradladens im Erdgeschoss einen fröhlichen Schwatz. Waren die Untergangsfantasien an der Wachstuchtischdeckentafel nur ein hässlicher kleiner Moment mentaler Schwäche gewesen? So, wie wenn man sich ausmalt, mit einem unheilbaren Tumor im Krankenbett zu liegen. Oder die Liebe seines Lebens bei einem Autounfall zu verlieren. Oder selbst abzutreten – nur um dann erleichtert festzustellen, dass das alles absurd ist.

Hier ist alles anders als an der Wachstuchtischdecke – und dann doch wieder nicht. Dieses große flaue Unbehagen habe ich mitgebracht, und es lässt mich nicht mehr los. Ich schippe schwarzes Espressopulver in die Glaskanne, gieße Wasser auf und sacke über dem Stapel Presseunrat nieder, der sich während meiner Abwesenheit angesammelt hat, und blättere durch die Seiten: »Experten warnen: Europa steuert auf eine Katastrophe zu«, »Wirtschaftsstimmung weiter verschlechtert«, »Merkel: Klimawandel wird verheerend«, »Klimawandel verschärft Hungerkrisen«, »Extremes Wetter wird zur Regel«, »Rohstoffe: Die Angst vor einer Nahrungsmittelkrise ist zurück«, »Abwärts geht's auf jeden Fall«.

Es ist Herbst 2012, nach Umfragen des ARD-Deutschlandtrends sind 80 Prozent der Deutschen davon überzeugt, dass uns der schlimmste Teil der Eurokrise noch bevorstehe. Der ifo-Index, der das Geschäftsklima unter deutschen Managern ermittelt, befindet sich im gleichen Jahr im freien Fall. Laut einer Studie der Boston Consulting Group glaubt außerdem nur noch jeder Zehnte in Deutschland daran, dass es unsere Kinder einmal besser haben werden. In allen Ecken der Gesellschaft breitet sich Unsicherheit aus, wie es mit unserer Wirtschaft weitergehen soll. »Zum großen Knall fehlt eigentlich nur noch ein letzter Funken Angst«, formuliert es der Journalist Constantin Seibt.

Ich bleibe an einem Artikel über die Maya-Apokalypse am 21. Dezember hängen, in dem beschrieben wird, wie sich Hunderte von Menschen in weißer Kleidung und mit Meditationsblick auf den Weg in ein französisches Dorf machen, um dort auf das rettende Ufo zu warten. Wie sich brave Bürger einen Bunker in den Keller bauen und Esoteriker den großen Zeitenwandel heraufbeschwören. Überall wird plötzlich über diesen merkwürdigen prähistorischen Kalender berichtet, es gibt Countdowns, Survival-Tipps, Sonderhefte, Ausstellungen,

Experteninterviews, ganze Sonderverkaufsflächen in Buchhandlungen. Das könnte alles sehr lustig sein, würde sich hinter dieser Lust am Untergang nicht ein tiefer liegender Zweifel verstecken: Die Tage der westlichen Hegemonie sind tatsächlich gezählt. Die Maya erinnern uns daran, dass die Weltgeschichte in Zyklen verläuft. Hochkulturen entwickeln sich, breiten sich aus – und vergehen. Warum sollte das bei uns anders sein?

Ich schiebe die Zeitungen zur Seite. Das Lesen kann die Angst nicht nehmen. Im Gegenteil, im steten Strom der Nachrichten steigert sich die Paranoia ins Unermessliche. Ich würde die Angst zu gerne ausblenden, aber egal, wohin ich gucke: Es wird nur noch schlimmer. Was hier in dieser Wohnung steht, beweist doch nur, wie überkommen die westliche Idee vom Wohlstand ist. Alles ekelt mich an: der Kaffee in der Tasse, unfair gepflückt, geschält und geröstet. Selbst das Wasser darin ist ein bloßer Standortvorteil und für den größten Teil der Menschheit unerreichbar. Der Tisch vor mir vom Billighändler, für dessen günstigen Preis andere mit ausbeuterischen Löhnen bezahlt haben. Der Stuhl unter mir, über den ich nichts mehr weiß, als dass ich darauf sitzen kann. Der Teppich, den vermutlich Kinderhände in Nordafrika geknüpft haben. Das T-Shirt, dessen Baumwollfasern aufwendig angebaut und verarbeitet wurden, bevor ich es für einen Spottpreis kaufen konnte. Die Wurst auf dem Brötchen vor mir, die ich noch nicht einmal einem Körperteil des armen Schweins zuordnen kann, das dafür sein Leben auf brutale Weise lassen musste. Der iPod, von dem ich gar nicht wissen will, wie viele seltene Erden und selten werdendes Erdöl darin stecken. Die Dinge um mich herum befremden mich: Ich habe sie gekauft, aber ich will sie gar nicht wirklich kennen. Will nicht wissen, woher sie kommen, wie sie funktionieren, wer sie gefertigt hat. Obwohl doch genau darin der Kern meiner Angst steckt: Mein ganzer Lebensstil ist darauf aufgebaut, dass mein materielles Glück irgendwo auf der Welt oder irgendwann in der Zukunft Leid verursacht. Das lässt sich im Moment vielleicht noch aushalten, weil es mich persönlich nicht betrifft. Aber nicht mehr lange, davon bin ich überzeugt. Was mir vorhin noch so beruhigend vertraut und beschützend heimelig vorkam, macht mir jetzt Angst. Jeder Gegenstand und jede Tatsache ist ein stiller Beweis meiner unglaublichen Abhängigkeit davon, dass alles so bleibt, wie es ist. In dieser Wohnung und in diesem Lebensstil zu verharren ist, als ob ich während eines aufziehenden Gewitters unter dem höchsten Baum Platz genommen hätte.

Ich lehne mich erschöpft zurück. Ausgerechnet jetzt fragen mich *Die Sterne*, wie ich so fett und rosig werden konnte, ohne zu merken, was abgeht in diesem Land. Im Kopfhörer meines iPods schrillen die Zeilen von Frank Spilker: »Wo fing das an? Was ist passiert? Hast du denn niemals richtig rebelliert? Kannst du nicht richtig laufen? Oder was lief schief? Und sitzt die Wunde tief in deinem Inneren? Kannst du dich nicht erinnern? Bist du nicht immer noch Gott weiß wie privilegiert? Was hat dich bloß so ruiniert?«

Für einen kurzen Moment überlege ich, meinen Rucksack zu packen und abzuhauen. Aber wohin? Gibt es überhaupt einen Ort, an dem ich vor dem Ende der Welt sicher wäre? Und wenn ja: Hätte ich wirklich Lust, in einem Stollen oder Urwald oder Wüstenzelt mein Dasein zu fristen, oder wo auch immer sonst das Klima, die Wirtschaft, das Geld und die normalen Lebensbedürfnisse keine Gültigkeit besitzen?

Ich will nicht mehr fett und rosig sein. Ich will unabhängiger werden vom Ist-Zustand, vom Kapital, vom System. Aber geht das überhaupt als verwöhntes Großstadtkind – ohne meinen Trenchcoat abzulegen und meine soziale Haut darunter, ohne alle Brücken abzubrechen und in einer eigenen paranoiden Sphäre zu verschwinden?

Am Küchentisch fasse ich einen Entschluss: Ein Jahr gebe ich mir Zeit herauszufinden, wie ich ein Leben nach dem Crash meistern könnte. Ich will lernen, woher ich Essen bekomme, wo ich unterschlüpfen könnte, was ich selbst machen kann, wie viel ich wirklich brauche – wenn ich nicht die ausgetretenen Pfade des Konsums beschreite. Wie kann ich meine Bedürfnisse herunterschrauben? Wie kann ich sie anders befriedigen? Wie weit kann ich gehen? Ich will mich hineinstürzen in die Welt von Aussteigern, Anders-Machern, Freaks, Visionären, Utopisten – und von ihnen lernen. Wenn der Mainstream in den Abgrund führt, will ich nicht mehr mit ihm mitschwimmen. Jene Menschen, die sich heute schon vom Strom losgelöst haben, sollen meine Lehrer sein. Es soll keine Tabus und keine Berührungsängste geben. Alles, was mir helfen könnte, den alten Affen Angst abzuschütteln, ist willkommen. Jede Idee, die mir beim Überleben des drohenden Exitus helfen kann, möchte ich nicht nur kennenlernen, sondern in Selbstversuchen ausprobieren. Ich habe keine Ahnung, was ein Jahr Apokalypsen-Training mit mir machen wird. Aber ich weiß, dass ich keine andere Wahl habe. Ich muss mich vorbereiten auf eine Zeit nach der Wachstuchtischdecke. Und zwar sofort.

2. Horten – Auf Notfalldiät

Hungerhungerhunger. Ich kann an gar nichts anderes mehr denken. Es ist ein gähnendes Loch in mir drin, das sich jede Sekunde weiter in Richtung Unendlichkeit ausdehnt und an meinen Nervenenden knabbert. Das Jahr 2013 hat gerade angefangen, die fetten Feiertage sind vorbei und ich bin auf Notfalldiät. Damit meine ich keine Fastenkur, wo man innerhalb von sieben Tagen sieben Kilo abnimmt – als Strafe für die alljährliche Fettsause, als alljährlicher Neujahrsvorsatz oder als alljährlicher Bikini-Figur-Rettungsversuch. Nein, ich habe beschlossen, zwei Wochen lang ausschließlich von einer Notfallreserve zu leben. Das heißt, ich esse und trinke zwei Wochen lang so, als ob die Infrastruktur um mich herum zusammengebrochen wäre.

Mein Nicht-nur-Mitbewohner Herr F. hat auf die Frage, ob er denn mitmachen wolle, mit »Natürlich nicht!« geantwortet und sich gleich mal eine Waffel mit Nutella beschmiert. Als die Schokolade auf dem warmen Teig langsam verläuft, muss mein Gesicht wie Edvard Munchs *Schrei* aussehen, denn er fragt durchaus verständnisvoll, warum ich mir denn solchen Quatsch antun wolle. »Was ist das überhaupt – ein Notfallvorrat? Und wozu soll der gut sein?«

Typisch, dass er diese Fragen stellt. Herr F. gehört genau wie ich zu einer Generation, die in Vorratskammern lieber begehbare Kleiderschränke einbaut und die Keller lieber mit Umzugskartons vollstellt, als darin Nahrungsmittel zu horten. Wir sind um die dreißig, leben mitten in einer deutschen Großstadt und haben gelernt, dass immer alles vorhanden ist. Gut, manchmal kommt ein überraschender Feiertag, wie Fronleichnam oder Reformationstag, und dann sind plötzlich alle Geschäfte geschlossen. Aber es gibt immer noch irgendwo eine Tanke oder einen Imbiss, die geöffnet haben. Dass es auch anders sein könnte, erscheint uns absurd. Versorgungsengpässe? Lebensmittelknappheit? Nicht bei uns. Weil nicht sein kann, was nicht sein darf. Was sollten wir denn dann essen?

Hunger kenne ich nur von den Plakaten von »Brot für die Welt«, wo fliegenumschwirrte schwarze Kinder mit aufgeblähten Bäuchen traurig in die Kamera gucken. Oder von den Geschichten der Großeltern. Oder von der schmutzigen Bettlerhand, die sich in der Einkaufszone vom Asphaltboden bittend hochreckt. Näher bin ich dem existenziellen Hunger nie gekommen. Der Angst davor aber sehr wohl. Und das hat mit der Finanzkrise zu tun.

Im Jahr 2008, als plötzlich eine Bank nach der anderen dem Schuldenabgrund entgegentaumelte und zum ersten Mal unvorstellbare Rettungsschirme aufgespannt wurden, brach etwas auf in mir und färbte nach innen. Es war der Zweifel, ob hier bei uns alles sicher ist.

Der Psychiater und Psychotherapeut Borwin Bandelow, der sich auf Angststörungen spezialisiert hat, schreibt in seinem *Angstbuch. Woher Ängste kommen und wie man sie bekämpfen kann*, dass selbst Menschen mit einem immensen Bankkonto, die weit von Hunger und Durst entfernt sind, schon bei geringen finanziellen Verlusten in panische Angst geraten, alles zu verlieren. Banker, Investmentbroker, Manager, die sonst völlig rational die Börsenkurse beobachten, werden von einer emotionalen Urangst befallen. Bandelow nennt sie die »Angst des Dagobert Duck«. Wenn auch nur ein Taler im Geldspeicher bedroht ist, nagen wir gleich am Hungertuch. Besonders auf der Nordhalbkugel tendieren die Menschen dazu, sich um die Zukunft zu

VON EINER, DIE AUSSTIEG

sorgen. Und das liegt unter anderem am Wetter: Weil der Jahreszyklus bei uns lange Phasen kennt, in denen nichts wächst, wurden wir schon seit Generationen zur Vorsorge gezwungen. Wer früher vor dem Winter keine Nahrungsmittel und kein Brennholz sammelte, verhungerte oder erfror. Diese Existenzangst steckt nach wie vor in uns drin.

Die Wochenzeitung *Die Zeit* benennt im Dezember 2012 Frankfurt, das wirtschaftliche Epizentrum Deutschlands, in »Angstfurt« um, weil dessen potente Bewohner sich vor Entlassungen, Gewinneinbrüchen, dem großen Crash fürchten. In dem Artikel kommt auch der Impresario Max Hollein zu Wort, Direktor dreier Museen, wichtiger Akteur der Frankfurter Gesellschaft, Intimus der Finanzwelt: »Ich bin manchmal regelrecht mit existenzieller Angst konfrontiert«, sagt er. »Bei Menschen aus der Finanzwelt spüre ich mehr als bei allen anderen die Angst, dass alles schiefgehen könnte.« Die Furcht vor einem Zerfall der Eurozone führe dazu, dass sich viele Menschen Immobilien oder ganze Wälder kauften. Erfahrene Banker, die im Job peinlichst aufs Geld achteten und zahllose Deals clever verhandelt hätten, seien bereit, große Beträge für Kunstwerke auszugeben, deren Wert sie selbst gar nicht abschätzen könnten. Einige verfielen in wahre Endzeitszenarien. »Ich registriere ein extremes Sicherheitsdenken. Viele wollen sich für alle Fälle wappnen.« Da werde dann schon mal für alle Fälle ein Ofen gekauft, in dem man alles verheizen könne. Nicht nur Öl oder Kohle. »Vielleicht liegt es daran, dass solche Menschen mehr von der Krise verstehen und dass sie die Wahrscheinlichkeit, dass alles kippen könnte, nicht auf 0,01 Prozent, sondern auf 10 Prozent schätzen. Das macht sie dann nervöser als andere.«

Nun bin ich weit davon entfernt, ein Dagobert Duck zu sein. Ich lebe auch nicht in der Finanzblase Frankfurt. Aber diese Nervosität ist wie ein psychologisches Virus: Sie ist ansteckend. Sie verbreitet sich über Bilder, Gerüchte, Gefühle. Der

Traumatherapeut Georg Pieper vermerkt in seinem Buch *Über-leben oder Scheitern*, die Krise sei nur der Anlass für die aktuelle Weltuntergangsstimmung, aber die Angst sei schon vorher da gewesen. Doch was, wenn nicht die Bankenkrise, hat sie dann ausgelöst? Pieper glaubt, unsere verwöhnte Gesellschaft sei nicht mehr geübt darin, mit Krisensituationen umzugehen. Dass irgendwann nicht mehr alles immer da sein könnte, wird – individuell wie kollektiv – einfach ausgeblendet. Wir haben die Verantwortung an die uns versorgenden Strukturen abgegeben. Jedes Brot, das wir essen, und jeder Stuhl, auf dem wir sitzen, ist heute ein Produkt eines aufwendigen, hoch spezialisierten Herstellungsprozesses. Die Dinge haben mit uns nicht mehr zu tun, als dass wir sie am Ende aufessen oder abnutzen. Sie sind uns fremd geworden. Die Folge: Wir fühlen uns unmündig, inkompetent, abhängig – und dadurch am Ende immer bedroht.

Ein Blick in meinen Kühlschrank macht deutlich, was Pieper meint: An einem ganz normalen Werktag liegt dort neben ein paar Standards – Parmesan, Milch, Butter, Gin, Tomaten, Pesto – nur die Beute verschiedener Spontankäufe: Sahnejoghurt, Sardellenfilets, Avocado, Rucola, Parmaschinken. Die Sachen wurden nach Appetit eingesammelt, nicht nach Bedarf. Wenn ich etwas daraus kochen will, muss ich meistens noch einmal zum nächsten Supermarkt. Sollte wirklich eine Krise die Einkaufsinfrastruktur um mich herum erschüttern, habe ich keine Ahnung, wie lange ich mit solchen Vorräten überleben könnte. Vermutlich keine zwei Tage. Um ehrlich zu sein, weiß ich noch nicht einmal, was es überhaupt braucht, um ein paar Tage ohne funktionierende Infrastruktur zu überleben. Weil mich diese Unmündigkeit stört, habe ich beschlossen, auf Wohlstandsdiät zu gehen. Ich will wissen, was überhaupt in einen Notfallvorrat hineingehört und wie mir die Diätkost schmeckt. Ich möchte mit Menschen sprechen, die professionelle Vorsorge betreiben, und mir ein eigenes kleines Lager anlegen. Aber wo fange ich an?

Glücklicherweise gibt es ja das Internet. Dort finde ich auf der Seite vom Bundesamt für Ernährung, Landwirtschaft und Verbraucherschutz einen »Vorratskalkulator«. Das ist ein Einkaufszettel für Vorratsidioten wie mich, in den ich genau eintragen kann, wie lange mein Notstand dauern soll und was ich dafür einkaufen muss. Die Regierung empfiehlt, sich für mindestens einen Zeitraum von 14 Tagen mit Nahrungsmitteln einzudecken. »So stehen Sie und Ihre Familie in einem Notfall nicht mit leerem Magen da«, heißt es auf der Internetseite zur Ernährungsvorsorge. Man denkt da hauptsächlich an Naturkatastrophen, Reaktorunfälle, militärische Bedrohungen. Die richtig harten Keulen also. Aber auch unsere »moderne Gesellschaft« sei äußerst krisenanfällig, gibt das Ministerium vage zu bedenken.

Deswegen hat die Bundesrepublik selbst staatliche Reserven an über 100 geheimen Lagerorten in Deutschland angelegt, in denen – egal wie das Wetter oder die Ernte ist – nie ein Körnchen fehlt. In der Nähe von Mühlen hortet Vater Staat Roggen, Weizen und Hafer, damit auch in schlimmen Zeiten zumindest für Brot und Mehl gesorgt ist. Dazu kommen die Vorräte der Zivilen Notfallreserve, die mindestens eine Mahlzeit am Tag für jeden bereithält. Neben Reis, Erbsen, Linsen gehört dazu auch Kondensmilch. Eine interessante Komposition.

Wenn die Krise länger als nur ein paar Tage dauert – zum Beispiel bei flächendeckenden Streiks oder gravierenden Störungen des Welthandels –, kann das Ernährungsvorsorgegesetz greifen. Kurz gesagt, kann die Bundesregierung dann darüber entscheiden, wie Nahrungsmittel aus Mühlen, Bäckereien, Molkereien, Schlachthöfen, Metzgereien, von Fertignahrungsproduzenten und Lagerbetrieben verteilt werden. Bereits jetzt melden diese Unternehmen alle vier Jahre der Regierung, wie viel sie produzieren und lagern können.

Bisher wurden die staatlichen Notfallreserven noch nie angetastet – außer, um die notleidenden Flüchtlinge im Kosovo

1999 nicht verhungern zu lassen. Aber das war eine strenge Ausnahme. In der Bundesrepublik Deutschland ist Not seit dem Kriegsende und den schweren Anfangsjahren unbekannt. Gott sei Dank, ja natürlich. Ich wünsche mir das auch wirklich nicht herbei, frage mich aber dennoch, ob meine sensible Wohlstandsdarmschleimhaut eine Notfalldiät überstehen würde. Ich bin ja kein Outdoor-Survival-Jack-Wolfskin-Mensch, der es gewohnt ist, wochenlang auf dem Campingkocher Bohnen zu kochen – obwohl, das stelle ich mir schon wieder romantisch vor. So an der frischen Luft.

Das Ziel meiner Notfalldiät ist nur eines: satt werden. 2200 Kilokalorien braucht dafür der erwachsene Mensch täglich. Das Max-Rubner-Institut, ein Bundesforschungsinstitut für Ernährung und Lebensmittel, war so freundlich, ganz genau auszurechnen, wie viel Gramm wovon ich in den nächsten zwei Wochen – denn so lange möchte ich durchhalten – essen muss: 4,9 Kilogramm Getreideprodukte und Kartoffeln, 5,6 Kilogramm Gemüse und Hackfrüchte, 3,6 Kilogramm Obst, 28 Liter Wasser, 3 Liter Milch, 2,1 Kilogramm Fisch und Fleisch und 500 Gramm Öl. Dazu haben sie auch gleich ein paar Vorschläge gemacht, was das so umfasst – die Liste, die der Vorratskalkulator herauswürgt, liest sich wie der Einkaufszettel einer Brandenburger Ausflugsgaststätte in den Sechzigerjahren: Birnen in Dosen, Büchsenfleisch, Sauerkraut, Knäckebrot. Mir erschließt sich hieraus kein einziges normales Gericht, das sich daraus kochen ließe.

Im Norma treffe ich auf die übliche Käufermischung eines Mittwochnachmittages. Rentner in farblosen Jacken schieben ihre Wagen in Meditationsgeschwindigkeit durch die Supermarktgänge, um am Ende einen Joghurt zur Kasse zu fahren. Ein Punker-Pärchen durchwühlt eine Bananenkiste, ein Alki mit Reinhold-Messner-Frisur lässt eine Flasche Klaren unbemerkt in den Beutel gleiten. »Die haben Probleme«, denke ich, während ich mich am Konservenregal verrenke und die Notfallliste abarbeite: Rotkraut, Rote Beete, Pilze, Spargel. Ich bin kein großer Fan dieser Sachen, aber es muss ja sein. Denn so steht es auf dem Max-Rubner-Zettel.

Die Spielregeln für das Experiment: Alles, was in den Schränken, auf den Regalen und in den Körben und Kisten meiner Wohnung steht, ist tabu. Ich gehe nicht auswärts essen und bettele auch nicht bei meinen Freunden um Leckerlis. Alles, was gekocht werden muss, erhitze ich wie bei einem totalen Stromausfall mit Mineralwasser auf einem Gaskocher, den ich bei meiner Campingausrüstung gefunden habe.

Die ersten drei Tage sind grausam. Jeden Morgen beginne ich den Tag mit Knäckebrot und Butter, die ich so lange im Mund zerdrücke, bis ich eher die Lust als den Hunger verliere. Ich will noch nicht die einzige Salami anbrechen, weil sie mir inmitten der Büchsenwurst, des Dosenfischs und des Schmelzkäses wie ein Heiligtum vorkommt, das ich nicht blind verschwenden darf. Ein paar Äpfel gehören auch zum Vorrat, die nach dem englischen Sprichwort zumindest den Doktor fernhalten sollen. Beim Mittagessen fällt mir auf, dass das Ernährungsministerium mich gar nicht auf Salz, Pfeffer oder Kräuter hingewiesen hat. Alles, was ich auf meinem Gaskocher erwärme, schmeckt nach postapokalyptischer Tristesse. Kein süßer Ketchup, keine geschmacksverstärkende Gemüsebrühe, kein Essig, kein Zucker. Ich komme mir vor wie ein Einsiedler inmitten des Überflusses. Es wäre so einfach, mal schnell zum Supermarkt zu springen und etwas Ordentliches nachzukaufen. Das Glück des schnellen Konsums war mir noch nie so klar wie jetzt. Aber ich will durchhalten – auch wenn sich meine Gedanken den ganzen Tag nur um das eine drehen: Essen.

Reis mit Dosenpilzen, Haferflocken mit Milch, Kartoffeln mit Leberwurst – es gibt sicher härtere Fastenkuren. Schließlich soll ich mit meinem Vorrat den errechneten Tagesbedarf eines erwachsenen Menschen füllen können. Aber das Loch in mir wird immer größer. Es muss etwas anderes sein, das mich schon am dritten Tag erschöpft über dem Küchentisch zusammensinken lässt. Appetit? Bequemlichkeit? Etwa Gier?

Die mittlerweile ins Nirwana entschwundene Wirtschaftszeitung *Financial Times Deutschland* hat in ihrer letzten Ausgabe einen Blick auf den Beginn des Jahrtausends geworfen und es als »Dekade der Gier« beschrieben. Gier war das Schlagwort während der ersten Bankenkrise. Gier war die Erklärung schlechthin für die endende westliche Hegemonie. Gier war immer bei den anderen, bei denen da oben, bei den Geldsäcken. Doch wenn ich so an meinem Campingkocher stehe und daran denke, wie gut ein Löffelchen Gemüsebrühe dem Risottoverschnitt tun würde oder wie herrlich ein Tupfer Ketchup auf dem Käsebrot wäre – dann spüre ich die eingeübten Muster des Immer-alles-haben-Könnens.

Ich kontaktiere den Schweizer Reto Schätti, Geschäftsführer der SicherSatt AG. Bei ihm melden sich ständig Leute, die Probleme haben. »Ich würde es lieber als Sorgen bezeichnen«, sagt Schätti. »Bei mir können diese Menschen einfach mal ganz normal diskutieren, ohne gleich als Spinner abgestempelt zu werden.« Sehr gut, hier bin ich richtig.

»Hallo Herr Schätti, sind Sie's selbst?«

»Ja, ich bin's.«

»Mir geht's gar nicht gut. Ich lebe seit drei Tagen von einem Notfallvorrat, den ich mir mit einem Notfallkalkulator der Bundesregierung Deutschland zusammengestellt habe.«

»Und das schmeckt nicht?«

»Nein, überhaupt nicht. Bei den meisten Lebensmitteln weiß ich gar nicht, wie ich die verarbeiten soll: Corned Beef, Zwieback, Rote Beete und so was.«

»So was stellt man sich ja auch nicht in den Keller, wenn man es nicht mag. Ein Notvorrat ist etwas Individuelles. Da packen Sie natürlich nur das rein, das Sie vertragen, kennen und mögen.«

Der Mittdreißiger sitzt während unseres Telefonats in einem unscheinbaren Ladengeschäft in Wald, einem idyllischen Schweizer Dorf im Sunneland-Oberland. Aus Zeitungsberichten über ihn weiß ich, dass in dem Geschäft Notkocher, Getreidemühlen, Wasserfilter, Geigerzähler, tragbare Toiletten und jede Menge silberne Dosen stehen. Darin lagern rote Bohnen, Reis, Eipulver, Kartoffelpürree oder Gemüsebrühe. Er hat Hightechnahrung im Beutel für Leistungssportler, Spaghetti Bolognese zum Anrühren, gefriergetrocknete Beeren und Gläser zum Sprossenziehen in den Regalen. Mit seiner Firma SicherSatt liefert er vakuumverpackte Lebensmittel für Notvorratskammern. Im Jahr 2011 – als Griechenland in die Pleite rutschte und der Euro verdächtig wackelte – wuchsen Schättis Umsätze um 500 Prozent. Und auch im Folgejahr kamen immer mehr Anfragen aus ganz Europa. Er packte 30-Tage-Kisten, in denen alles luftdicht versiegelt steckte, was ein Mensch für einen Monat zum Überleben braucht. 239 Euro kostet solch ein Rundum-sorglos-Paket. Wer über ein ganzes Jahr kommen will, zahlt etwa zehnmal so viel. In den Medien wurde Schätti oft als Profiteur einer zunehmenden Krisenangst dargestellt, »aber wir zwingen ja keinen«. So ein Vorrat sei eher mit einer Versicherung zu vergleichen, die man sogar noch essen könne.

»Was gehört denn nun in den perfekten Notvorrat?«

»Da gibt es verschiedene Arten. Manche wollen sich nur auf eine extreme Notfallsituation vorbereiten und stellen sich eine Kiste NRG-5-Riegel in den Keller. Das ist spezielles ›emergency food‹, das auch von Hilfsorganisationen bei Naturkatastrophen verteilt wird. Mit vier Riegeln am Tag hat man alle Nährstoffe, die ein erwachsener Körper zum Überleben braucht. Bergsteiger nehmen das auch mit auf ihre Touren.«

»Stelle ich mir ziemlich freudlos vor.«

»Dann gibt es aber auch Menschen, die Luxusdinge wie Rehragout in ihrem Vorrat haben wollen. Den muss man nicht nur im Ernstfall anbrechen.«

»Haben Sie auch schon mal versucht, ausschließlich von Ihren Vorräten zu leben?«

»Ich habe alles probiert und weiß, wie alles schmeckt. Aber im Moment nur davon zu leben, während neben mir jemand ein Steak verdrückt, wäre wohl ziemlich schwierig. Jetzt ist es ein Verzicht, aber im Notfall ist es ein Genuss.«

»Haben Sie auch selbst einen Vorrat für sich, Frau und Kind angelegt?«

»Das ist, als würden Sie einen Molkereibesitzer fragen, ob er denn seiner Familie auch Milch mitbringt. Ich habe mehrere Lager an verschiedenen Orten.«

»Was ist da drin?«

»Das verrate ich nicht. Ein Vorratslager ist etwas sehr Persönliches. Das zeigt man nicht überall rum. Aber ich würde damit auf jeden Fall eine Weile durchkommen.«

Als ich aufgelegt habe, bestelle ich bei Reto Schätti ein paar Schmankerl für meinen Notfallvorrat. Käsefondue und Mousse au Chocolat. Eine Fertigpasta mit Gemüse. Und Ei- und Milchpulver natürlich. Der Schweizer Notfallhändler verschickt die Lebensmittel in neutral verpackten Kartons – wie Erotikartikel –, damit die Nachbarn nichts von der Notfallvorsorge mitbekommen. Zum einen, um nicht für paranoid gehalten zu werden, zum anderen aber auch, um im echten Ausnahmezustand Plünderern nicht bekannt zu sein.

Meine Nachbarn wissen allerdings Bescheid. Sie beobachten mein Tag für Tag zunehmend ausgemergeltes Gesicht, in dem sich der Hunger nach Luxus als dunkler Schatten unter den Augen abzeichnet. Ich bezweifle, dass sie sich bei einer Katastrophe um meine Vorräte prügeln würden, so schlecht wie ich aussehe. Nach sieben Tagen Knäckebrot, Haferflocken und ungewürzten Reisgerichten verfluche ich den Notfallkalkulator. Wie konnte ich nur so blind sein und mein Innerstes – also den Magen-Darm-Trakt – ausgerechnet dem Staat anvertrauen? Es gibt doch bereits so viele Menschen in Deutschland, die sich professionell auf alle Arten von Untergängen vorbereiten, etwa die Szene der sogenannten Prepper, die mit allen verfügbaren Kräften die Zeit nach einem Tag X minutiös planen. Das Wort kommt aus dem Englischen von *prepare* (»sich vorbereiten«) und beschreibt eine ganze Bewegung von Überlebenskünstlern, die an geheimen Orten Bunker bauen, Lebensmittelvorräte anlegen, Goldmünzen vergraben und Waffendepots pflegen. In den USA und Kanada wurde im Weltuntergangsjahr 2012 die Reality-Serie *Doomsday Preppers* ausgestrahlt, in der ein texanischer Unternehmer seinen Landsleuten Bunker aus Fiberglas oder Metall baut. »Es kommt etwas auf uns zu«, sagt ein Serienheld im Vorspann, »und wenn du nicht vorbereitet bist, bist du schon so gut wie tot.« Im Internet tauschen sich Anhänger der radikalen Vorbereitung zum Beispiel über den survivalblog.com darüber aus, wie groß der Lebensmittelvorrat sein sollte (mindestens drei Monate), welche Wasserfilter am zuverlässigsten sind und in welchen Ländern man sich am besten Grundstücke kauft (Paraguay, Argentinien, Schweiz).

In einer Dokumentation des ZDF über Selbstversorger sah ich das erste Mal in die Gesichter der wahren Krisenapologeten. Ein Paar aus Süddeutschland mit schwäbischem Akzent und proletarischen Gesichtern stand in dem Film vor seiner selbst gebauten Trutzburg, die sie sich mit eigenen Händen gegen all das Unbill der Welt errichtet haben. Im Garten wächst Selbstangebautes zur Selbstversorgung, auf dem Dach sammeln Photovoltaikanlagen Licht zur autarken Energieversorgung, in einem Lager liegen Gasmasken, Notfallrucksäcke für die schnelle Flucht und allerlei Waffen. Die beiden sind überzeugt, dass wir in Deutschland vor tief greifenden Veränderungen stehen, dass eine neue Gesellschaftsordnung entstehen wird: »Es geht hier irgendwann nur noch um das blanke Überleben«, sagt die Frau mit ernstem Gesicht, »da darf man jetzt nicht schlafen.« Die beiden bereiten sich auf einen existenziellen Kampf vor, in dem jeder des anderen Wolf ist.

Im Jahr der angeblichen Maya-Apokalypse 2012 wurden die Prepper von den Medien häufig als irre Endzeitfanatiker inszeniert, die sich vor Magnetstürmen, Planetenkollisionen oder Alieninvasionen fürchten. Tatsächlich gab und gibt es nicht wenige unter ihnen, die ihre Zukunftsvisionen aus *Armageddon* und *Invasion vom Mars* zusammengepuzzelt haben könnten. Aber es braucht mittlerweile offenbar gar nicht mehr die Feuerwalzen, Straßenkämpfe oder Plünderbilder aus Science-Fiction-Schockern, um den Thrill der Endzeit zu spüren. Die Nachrichten reichen vielen Preppern als Schreckensszenario völlig aus.

Im deutschen Internet sammeln einige Blogs die besorgniserregenden Pressemeldungen und verflechten sie zu einer veritablen Untergangsstimmung. Klickt man sich durch krivor. de oder langzeitlebensmittel.de, dann kommt die Angst ganz automatisch. »Warum 2013 der XXL-Finanzcrash droht und wie Sie sich schützen können«, steht da. Oder: »In spätestens fünf Jahren ist der Euro weg«. Oder: »Es geht abwärts«. Glücklicherweise findet der besorgte Leser auch immer gleich einen Link zu einem Online-Shop, wo er Getreidemühlen, Trinkwasserdesinfektionstabletten, Sturmlaternen, Sauerkrautdosen mit integriertem Geldtresor und gefriergetrocknete Lebensmittel erwerben und mit der Kreditkarte sofort bezahlen kann. »Viele Gründe sprechen für eine Langzeitlagerung und Selbstversorgung«, heißt es auf der Seite langzeitlebensmittel.de. Der Vorrat sichere vor »Katastrophen durch Erd- und Klimaveränderungen« und »diversen Krisen und Unruhen, bei denen es zu Lebensmittel- und Rohstoffknappheit« kommen könne. Er sei eine ideale Reserve für Selbstständige, Arbeitslose und Personen mit geringem Einkommen sowie ein »ideales Investment bei wirtschaftlichen Rezessionen und einer steigenden Inflation im Bereich von Rohstoffen«. Insgesamt also reduziere er Ängste – die vorher auf der Seite geschürt wurden. Die Untergangsstimmung ist zu einem einträglichen Geschäftsfeld für findige Survivalcoachs, Nahrungshändler bis hin zu Bunkerbaufirmen geworden, auf dem sich mit schlechten Aussichten gutes Geld verdienen lässt.

Der Papst der deutschen Krisenvorsorge, Gerhard Spannbauer, ist ein Selfmademan, wie man ihn sich vorstellt: sportlich, braungebrannt, souveränes Auftreten. Er hat die deutsche Vorsorgebewegung etabliert und deren Bibel gleich selbst geschrieben: *Finanzcrash: Die umfassende Krisenvorsorge*. Sie ist im Kopp-Verlag erschienen – einem Sammelbecken für Weltverschwörer, Esoteriker und Autoren, die glauben, im Mainstream systematisch totgeschwiegen zu werden. Weil ihre Wahrheiten zu gefährlich seien. Spannbauer ist mit seinen Büchern in die Bestsellerlisten gelangt, unübersehbar trifft er einen Nerv der Zeit. Er erklärt in einfachen Worten, wie sich jeder Bürger auf den seiner Meinung nach unausweichlichen Zusammenbruch des Finanzsystems vorbereiten kann. Nur wer jetzt schon anfange, sein Geld in Sicherheit zu bringen, sich mit Lebensmitteln und Wasser zu bevorraten und sich vor allem auch um Waffen zu kümmern, werde »überleben, wenn Geld wertlos wird und die Geschäfte leer sind«.

Ihn zu treffen ist schwieriger, als zwei Wochen von einem Notfallvorrat zu leben. Ein halbes Jahr lang bombardiere ich Gerhard Spannbauer mit Anrufen und E-Mails, bis er mich schließlich in einem edlen Vorort von München empfängt. Mit einem Cabrio fahren wir zu seinem gepflegten Eigenheim, in dem er mit seiner Familie lebt. »Sie sind hartnäckig«, sagt er zur Begrüßung. »Das ist gut.« Vielleicht ist dies schon ein erster Prepper-Tipp. Der Fünfzigjährige hat sich mit diversen Geschäftsideen ein kleines Vermögen aufgebaut, um das er sich in den Nuller-Jahren zu sorgen begann. »Ich habe begriffen, dass wir vor einem Kollaps der Finanzmärkte stehen«, sagt er. »Wie kann ich mich, meine Familie und alles, was ich mir aufgebaut habe, retten?« Er hat Vorratslager angelegt, zu Hause und an einem geheimen Ort, die ihn und seine Nächsten etwa ein halbes Jahr durchbringen. Darin stehen nicht nur Großpackungen von Getreide, Nudeln, Müsli, Eipulver, Linsen, Konservendosen und Trockenmilch, sondern auch Gaslaternen, Werkzeuge und Petroleum. Wenn man die Sache halbwegs ernst nehme mit der Vorbereitung, müsse man schon ein paar Tausend Euro für eine vierköpfige Familie investieren. »Die große Masse blendet die Bedrohung aus und träumt vor sich hin. Die Krise tut ja jetzt noch nicht weh.« Spannbauer mache den Leuten keinen Vorwurf – aber sie sollen sich bitte nicht erst dann bei ihm melden, wenn der Notstand da sei. Die Zeit zur Vorbereitung begänne jetzt. Prepper, mit denen er sich bei Krisenvorsorge-Stammtischen austauscht, seien hauptsächlich Menschen um die Fünfzig, darunter viele Selbstständige, Akademiker, Mittelständler. »Da haben viele einen Umfang an Vorbereitung – das glaubt man gar nicht«, sagt Spannbauer. Sich mit ihnen zu vernetzen könne später helfen. »Für eine starke Gemeinschaft brauche ich starke Individuen. Was nützt mir eine Gruppe, in der alle über ihren Hunger reden?«

Im Falle eines langfristigen Crashs, erklärt mir Spannbauer, geht die Hilfsbereitschaft als Erstes verloren. Der ungezähmte Sozialdarwinismus bricht sich dann Bahn. Nur der Stärkere, Fittere, Vorbereitete wird bestehen. Doch um auf der Gewinnerseite der natürlichen Auslese zu stehen, reicht es nicht aus, von der staatlich verordneten Vorratskiste zu leben. Ich würde mich noch weiter vorbereiten müssen und probiere Spannbauers Vorsorge-Tipps durch. Hier sind meine Top Five:

VON EINER, DIE AUSSTIEG

1. Wasser marsch!

Laut Spannbauer ist selbst der beste Lebensmittelvorrat in Krisenzeiten sinnlos, wenn man sich keine Gedanken über frisches Trinkwasser gemacht hat. Er zitiert den umstrittenen Autor Udo Ulfkotte, der davon ausgeht, dass beispielsweise den 3,5 Millionen Einwohnern Berlins gerade einmal 912 Brunnen zur Verfügung stehen. Im ländlichen Raum gebe es sogar gar keine Notfallbrunnen. Um sich auszurüsten, könne man sich entweder eine Mindestreserve von drei Kästen Mineralwasser, Säften oder Bier zulegen, um eine Familie eine Woche lang versorgen zu können, oder faltbare Wasserkanister mit Leitungswasser füllen, das regelmäßig aufgefrischt oder mit Micropur-Wasseraufbereitung oder einem Osmosefilter gereinigt und haltbar gemacht werden kann.

Kommt es zu einer plötzlichen Katastrophe, heißt es, Wasser zu sichern: das Toilettenwasser im Klokasten sparen, mit einer Plane Regenwasser auffangen, morgens mit Handtüchern um die Knöchel durch das taubenetzte Gras schlurfen und diese dann auswringen, nahe gelegene Bäche, Flüsse, Seen abschöpfen oder einen Schlagbrunnen in Eigenregie im Garten buddeln.

Ich frage mich, was ich davon umsetzen könnte. Mein Klokasten ist leider in Fliesen eingemauert, und für einen Brunnen gibt es auf dem winzigen Wäschetrockenplatz auch keine passende Stelle. Also binde ich mir alte Handtücher um die Schuhe, schnappe mir einen Eimer und laufe über die Wasservorräte des Stadtparks. Dass die Jogger und Hundeausführer mich verwundert mustern, stört mich nicht so sehr wie die Tatsache, dass die Lappen da unten eher dreckig als feucht werden. Was ich nach einer halben Stunde Aquajogging in den Topf wringe, möchte ich nun wirklich nicht trinken und steuere auf den Ententeich zu, dessen Boden man wegen der grünen Pflanzenschlacke nur erahnen kann. Ohne Wasserfilter, denke ich, kann ich mich eigentlich auch gleich darin ersäufen.

2. Tausch dich glücklich!

In Krisenzeiten nützen Geld, Edelmetalle oder Kunst oft wenig. Spannbauer empfiehlt, sich neben dem eigenen Vorrat begehrte Tauschmittel in den Keller zu legen. Dazu gehören allen voran Schnaps, Zigaretten, Kaffee, Tee, Öl und Salz, weil sie begehrt und lange lagerfähig sind. Wer noch mehr Platz im Lager hat, kann sich auch Klopapier, Tampons, Klebstoff, Alufolie, Saatgut, Stifte, Drähte, Nähzeug, Mäusefallen oder Kondome dazulegen.

3. Allzeit bereit

Ernsthafte Prepper haben in ihrer Wohnung jederzeit einen fertig gepackten Notfallrucksack stehen. Es kann ja sein, dass ein Brand, eine Bombenräumung, ein Atomunfall oder eine Seuche zum schnellen Aufbruch zwingen. Bei dem Spiel »Ich packe meinen Notfallkoffer« würde Spannbauer zuerst wichtige Ausweisdokumente, Kopien von Guthabenkonten, 200 Euro Bargeld plus fünf Unzen Silber sowie eine Unze Gold und neben vielem anderen Nützlichen ein gutes Messer, Streichhölzer, Lampen, Kompass und Karten, Medikamente und Hygieneartikel, Regenschutz, Schokolade oder Nüsse als Notproviant, Wasseraufbereitungsmittel, Wechselschlüpfer, Weltempfänger, Schreibzeug und Familienfotos einpacken – für den Fall, dass man im Chaos getrennt wird.

An dieser Stelle, muss ich zugeben, bin ich ausnahmsweise sehr gut vorbereitet. Mein Notfallrucksack ist eine geräumige Lederhandtasche und enthält immer ein Universum der Autarkie. Seit mir auf einer Recherchereise im kargen Albanien mein ganzes Reisegepäck abhandengekommen ist, habe ich immer und überall das Nötigste bei mir: Zahnbürste, diverse Körper- und Heilölfläschchen, Messer, Dokumente, Notizbuch, Taschentücher, elektronische Gadgets und Süßkram. Selbst wenn ich nur zum Briefkasten gehe, schleppe ich das Ding mit mir herum. Als ständiger Nomade fühle ich mich sogar berechtigt, hier noch eines meiner liebsten Universal-Accessoires zu verraten: Es ist ein gewaltiger Baumwollschal, der je nach Situation als Wärmespender, Vermummung, Schlafgelegenheit, Wickelkleid, Windfang oder Tragebeutel taugt. Außerdem ist er so schön, dass er mir auch in hässlichen Zeiten ästhetischen Beistand leistet.

4. An die Waffen!

Sosehr Spannbauer an das Gute im Menschen glauben möchte – er tut es nicht. Zumindest nicht in Extremsituationen. »Es sind keine hellseherischen Fähigkeiten erforderlich, um sich vorzustellen, was geschieht, wenn Millionen unerwartet in Not geraten, sich der unterdrückte Frust auf breiter Ebene entlädt und die Sicherheitskräfte nicht in der Lage sind, die öffentliche Ordnung aufrechtzuerhalten.« Er habe das bei den Protesten in Griechenland live mitverfolgt, als schon bei einem Generalstreik im Oktober 2011 ein wütender Mob von 100 Leuten in der Nähe des Parlaments ausrastete und unkontrollierbar marodierend durch die Straßen zog. Wo würde das erst in anhaltenden Krisenzeiten hinführen? Um sich als Einzelner dagegen zu schützen, empfiehlt er eine Reihe von Maßnahmen. Als Erstes solle man sich schon in stabilen Zeiten ein gutes Verhältnis zu den Nachbarn aufbauen. Besonders zu jenen, die im Krisenfall wertvolle Kompetenzen mitbringen: Handwerker, Ärzte, Ingenieure, Computerexperten, Landwirte, Polizisten, kräftige Männer und ältere Menschen, die noch über das Krisenwissen von früher verfügen. Dann gilt es, das eigene Heim einbruchssicher zu machen, und am Tag X kommt man um ein gewisses Portfolio an Waffen nicht herum. Natürlich nur zur Verteidigung der eigenen gehorteten Schätze. Hier wird es interessant. In Deutschland gibt es eine ganze Reihe freier Waffen: von Armbrust über Sportschleuder bis zum Teleskop-Abwehrstock.

Als Geisteswissenschaftlerin mit Taschenmesserkenntnissen bin ich natürlich nicht gerade ein attraktives Mitglied für den postapokalyptischen Club der Legionäre. Ich brauche Waffenkenntnisse – das wird mir klar. An einem milden Spätsommertag fahre ich deswegen zu einem sogenannten »3-D-Park« in einem ehemaligen sächsischen Braunkohletagebau. Dort treffen sich Menschen, die mit Pfeil und Bogen auf die Gummi-Imitationen von Lebewesen schießen. In einer Einführung lerne ich, den Sportbogen zu halten, zu spannen und auf Zielscheiben zu schießen. Das ist gar nicht so einfach, weil man das Ziel des Pfeils nicht wie bei einer Schusswaffe durch ein Fadenkreuz bestimmen kann. Ich muss seinen Weg intuitiv erspüren. Das macht süchtig, und eine halbe Stunde später pirsche ich mich schon durch das Dickicht auf der Suche nach Wild. Am Ende erwische ich einen Gummihasen und weiß, dass er nicht mein letztes Opfer gewesen sein wird. Wenn sich am Tag X jemand an meinen Gummibärchen vergreifen will, bin ich vorbereitet.

5. Mentales Bodybuilding

Krisen sind kein Kindergeburtstag. Da geht es an die Substanz – auch an die psychische. Ein Prepper bereitet sich natürlich auch darauf vor. Spannbauer empfiehlt, sich aus der Komfortzone herauszubewegen und sich schon jetzt ständig genau den Dingen zu stellen, die einem schwerfallen: »Das Auseinandersetzen mit schwierigen Aufgaben ist der einzige Ansatz, um schlummernde Potenziale zu wecken und mental krisenfest zu werden.« Schüchterne Menschen können schon jetzt üben, auf andere zuzugehen. Unsportliche sollten Krafttraining machen, Unternehmer mutig investieren. Bungee-Jumping, Fallschirmspringen, über Scherben laufen und Übernachten im Freien helfen allgemein.

Für meinen Teil finde ich, dass zwei Wochen aus einem Notfallvorrat zu bestreiten herausfordernd genug sind. Da brauche ich nicht auch noch blutige Füße. Morgens Haferflocken mit Milchpulver-Schlotze und Beuteltee. Mittags Kartoffeln mit Büchsenwurst, Kartoffeln mit Eipulver und Zwiebeln, Kartoffeln mit dicken Bohnen, Kartoffeln mit Mischgemüse. Oder Nudeln mit Dosenchampignons, Nudeln mit Rotkohl, Nudeln mit Mischgemüse. Oder Reis mit Mais, Reis mit Bohnen oder Reis mit Roter Bete. Je weniger Konserven in der Kiste liegen, umso härter werden die Kombinationen. Abends gibt es Knäckebrot mit Schmelzkäse und Gewürzgurken. Einzig der Zwieback mit seinem bisschen Zucker krümelt mir ein wenig Endorphin ins Limbische System. Ich habe Angst, dass ich wie Louis de Funès als Restaurantkritiker in *Brust oder Keule* bei dem ungewürzten, formlosen Konservenfraß meinen Geschmackssinn verlieren könnte. Ich brauche ganz dringend etwas Ordentliches zu essen. Weil ich mein Vorhaben, ausschließlich von Notfallvorräten zu leben, trotzdem nicht abbrechen möchte, modifiziere ich die Regeln etwas: Es muss nicht unbedingt mein Notvorrat sein, von dem ich lebe. Schmarotzen ist in Krisenzeiten unbedingt erlaubt.

Aber wer hat überhaupt noch Vorräte? Meine Freunde jedenfalls nicht. Die haben sogar Exkursionen zu meiner Kiste veranstaltet, um mal zu sehen, wie so etwas eigentlich aussieht. Sie waren überrascht, dass ich nur 50 Euro im Norma dafür bezahlt hatte und das Zeug ohne Wasser nicht mehr Platz als eine Bierkiste in der Küche beanspruchte. Sie freuten sich über das lachende Gesicht auf dem Zwieback und drehten das luftverschweißte Schweizer Notfallfondue in den Händen. Als sie so staunend vor den Konserven standen, erinnerte ich mich an ein Begriffsetikett, das der *Spiegel* vor ein paar Jahren dieser Generation angeheftet hatte: »Krisenkinder«. In einem ganzen Sonderheft wurde erklärt, dass sich das Prekäre in die Generation der 20- bis 35-Jährigen geschlichen hatte. Obwohl sie besser ausgebildet sei als jede andere Generation vor ihr, könne sie sich auf nichts mehr verlassen. Lehre, Studium, Ausland, Promotion, Praktika – und trotzdem warte danach die große Verunsicherung.

Es ist doch merkwürdig, dass die angebliche Krisengeneration in einem bröckelnden System genau das erlernt, was letztlich zum Exitus führen wird. Schneller, effizienter, flexibler sein als die anderen. Möglichst viele Scheine und Praktikumszeugnisse sammeln. Spezialisieren, spezialisieren, spezialisieren. Nur um am Ende in entfremdeter Lohnarbeit zu enden, mit der man es sich leisten kann, fremd gewordene Produkte zu kaufen. Die wirklich wichtigen Fähigkeiten des Überlebens und Selbermachens hat die Generation U30 verloren, weil dafür im übervollen Stundenplan keine Zeit mehr bleibt. Die Krisenkinder stehen ihrer eigenen Zukunftsangst deshalb so hilflos gegenüber, weil sie sich mehr als jede ihrer Vorgängergenerationen davon abhängig gemacht haben, dass die rotierenden Zahnräder aus Arbeiten, Geldverdienen und Konsumieren störungsfrei ineinandergreifen. Beim kleinsten Sandkorn im Getriebe sind sie aufgeschmissen. Dabei würde ein längeres Gespräch mit den eigenen Großeltern schon weiterhelfen, die noch die schlechte Zeit der Kriegs- und Nachkriegsjahre er- und überlebt haben. Zum Abschluss meiner Notfalldiät fahre ich zu meinen Großeltern, deren Vorratskammer immer gut gefüllt ist.

Mein Vorsatz, die Kulturtechnik des Hortens neu zu erschließen, endet in einem zweiwöchigen Martyrium. Die Notfalldiät hat deutliche Spuren hinterlassen: vor allem auf meinen

Hüften. Sechs Kilo habe ich insgesamt verloren, obwohl ich doch ununterbrochen Sauerkirschen, Zwieback und Getreideflocken geknabbert habe. Ich fühle mich aber nicht leicht und glücklich, sondern ausgezehrt und erschöpft. Meine Kleider schlackern am Körper. Im Falle eines echten Notstandes muss ich mich sorgfältiger vorbereiten – so viel habe ich zumindest gelernt. Nach zwei Wochen erzwungener Not weiß ich jetzt, wonach ich mich am meisten sehne und wie ich es lagere. Den Rest soll mir Opa erklären.

Das Haus meiner Großeltern ist ein kafkaesker Riesenkoloss mitten in einem kleinen Thüringer Dorf. Hinter den schwarzen Schiefern der Fassade verschlingen sich unzählige Treppen und Absätze und Zwischengeschosse und Keller und Dachböden und Werkstätten und Gästezimmer zu einem unbezwingbaren Ding. Als Kind mochte ich es, aus jedem Raum Spiel-Zeugen einer anderen Zeit herauszufummeln: Glasthermometer, Schaumstoffmatten, Faltboote. Es gab dort einfach alles, um sich eine eigene Welt zu bauen. Vielleicht ist es dieser unverbrüchliche Kinderglaube, der mich auch in der Vorbereitung auf eine andere Welt hierher zurückführt: Oma und Opa haben alles.

»Wir kommen schon eine Weile durch«, sagt mein Opa, als ich mit ihm die muffigen Steintreppen hinabsteige. In seinem Keller hat er das Wesentliche für den Winter auf verschiedene Räume verteilt: Im ersten kullern selbst geerntete Kartoffeln aus einer Holzkiste mit schrägem Boden, im zweiten ruhen Äpfel in einem Regal neben Marmeladengläsern, eingekochtem Gemüse und Obst, Salzheringen und Büchsenwurst. Mein Opa zieht verschwörerisch einen Vorhang zur Seite, hinter dem sich mehrere Regalreihen mit Wein und Schnaps verstecken. »Sehr wichtig für schlechte Zeiten«, raunt er und blinzelt. In einer Gefriertruhe liegen eingefrorenes Brot und Fleisch. Dazwischen stehen blecherne Töpfe mit Thermometer zum Einkochen, riesige Glaskrüge zum Liköransetzen und Milchkannen zum Beerensammeln. Sogar einen Steinofen zum Brotbacken gibt es, und eine Räucherkammer für Würste. Wir tappen durch die feuchten Räume, in denen Spinnenweben kleben wie die Geister einer vergangenen Zeit. Während meine Großeltern mir erklären, dass man zum Räuchern am besten die Sägespäne der Buche leicht befeuchtet, dann Holz darüberlegt und es ordentlich qualmen lässt, realisiere ich, dass meine Großeltern so viel mehr wissen als ich. So viel Existenzielles. Das Haus hier ist nicht nur ein Hort von allen möglichen Überlebensutensilien, hier wohnt vor allem das Wissen darum, wie man mit Mangel umgeht.

In den Dreißigerjahren geboren, haben meine Großeltern die »schlechte Zeit« nach dem Krieg als Kinder miterlebt. Sie lebten in Großfamilien, wo es bis zu zehn hungrige Münder zu stopfen galt. Trotzdem sagen sie: »Wir haben eigentlich nie Hunger gelitten. Wir hatten ja immer alles hier, was wir brauchten: Schweine, Ziegen, eine Kuh, Ackerflächen, Vorräte und einen Wald vor der Haustür. Aber die Städter, die nur Lebensmittelkarten zugeteilt bekamen, sind einfach verhungert.« Weil es in der ersten Hälfte des Jahrhunderts noch normal war, dass hinter dem Haus Tiere standen, Kartoffeln und Bohnen wuchsen und die Kinder im Wald Pilze und Beeren suchten, hatten sie die harte Nachkriegszeit heil überstanden. »Bei uns hieß es damals: Kohlen und Holz auf dem Speicher, Kartoffeln im Keller, eine Sau schlachten – dann kommst du über den Winter.« Um sich wirklich unabhängig zu machen, lerne ich, ist es wichtig, Platz zu haben: zum Lagern, zum Anbauen, zur Viehhaltung. Meine kleine Stadtwohnung ist dafür ziemlich ungeeignet, und ich bin froh, dass es in der Familie solche Landhäuser wie den Thüringer Koloss gibt. Für den schlimmsten Fall. In alten Kochbüchern der Thüringer Küche finden sich unzählige Rezepte, wie man aus etwas Fett oder Fleischresten und Kartoffeln verschiedene Gerichte kochen kann. Das klingt nicht wirklich ausgewogen, aber Gemüse und Obst gibt der karge Boden im Mittelgebirge kaum her und lässt sich zudem schlecht lagern. Das wenige, das Obstbäume oder Beerensträucher abwerfen, wird eingekocht und verliert damit alles, was Früchte so gesund macht: die Frische. Der Lieblingssatz meines Großvaters – Fleisch ist mein Gemüse – bekommt da einen ganz anderen Geschmack.

Als wir aus den Kellergewölben wieder auftauchen, schauen wir noch in die Speisekammer neben der Küche. Dort steht Mehl, Öl und vor allem Süßzeug. »Für mich war es das Schlimmste, als es während des Krieges keine Zuckerkarten mehr gab«, sagt meine Oma. Nach mittlerweile zwei Wochen Notfalldiät kann ich das nachvollziehen. Saure Zeiten verlangen süße Speisen. In einem Krisenvorsorgebuch habe ich gelesen, dass Honig ein ideales Tauschmittel in Krisenzeiten ist: Er lässt sich lange lagern, ist in den Gläsern weder feuchtigkeits- noch temperaturempfindlich und wird schnell wertvoll. »Wenn schlechte Zeiten kommen, gibt es plötzlich wieder viele, die Bienen züchten«, sagt mein Opa, und ich muss an die vielen Imkerwagen denken, die ich seit einigen Jahren in Stadtparks, auf Flachdächern und in Schrebergartenkolonien bemerkt habe. Geht es schon los?

An der Wachstuchtischdecke des Esstisches gehe ich durch, wie ich mich denn nun vorratstechnisch ausstatten werde, und zähle die Erfahrungen der Exkursionen in den Notstand zusammen: Als Erstes brauche ich in meinem Keller eine Regalwand, in der ich für mindestens zwei Wochen Nudeln, Reis und Kartoffeln als Basis einlagere. Um diese schmackhaft zu verarbeiten, brauche ich Gemüsebrühe, Ketchup, Dosengemüse und Gewürze. An Zwieback und Pumpernickel, Hartkäse und Büchsenleberwurst habe ich mich mittlerweile auch gewöhnt. Daneben gibt es eine Abteilung »gute Laune« mit Tabak, Alkohol, Zucker und Honig. Ein Luxusfach mit Parmesan, getrockneten Tomaten und Kräutersamen zum Selberziehen. Von Reto Schätti besorge ich mir mehr Ei- und Milchpulver und auch die ganz krassen Notfallkekse, die im Magen aufgehen. Ganz unten stapele ich etwa 30 Liter Mineralwasser, einen Wasserfilter, Klopapier und Kugelschreiber.

»Aber was mache ich, wenn das alle ist?«, frage ich meinen überlebensklugen Opa. »Als Kinder sind wir eigentlich jeden Tag in den Wald gegangen«, sagt er. »Die Mädchen haben dort Brunnenkresse, Beeren, Waldkohl und Waldspinat gesucht. Wir Jungs haben Brennholz und Pilze gesammelt.« Bis heute gehen meine Großeltern mit Körben und Milchkannen ausgestattet an ihre alten Stellen. Nicht aus Not, sondern aus Genuss. »Gibt es so etwas wie ein vergessenes Super-Überlebensmittel?«, frage ich. Mein Opa überlegt eine Weile und sagt dann: Bucheckern. Während des Ersten Weltkriegs haben die Soldaten für die kaiserlichen Truppen die stämmigen Buchen geschüttelt und die kleinen dreikantigen Nüsse aufgesammelt. Es ist eine wahnsinnige Arbeit, aber die Eckern sind nahrhaft und vielseitig. Sie schmecken roh wie eine Haselnuss, lassen sich als Gemüse kochen, zu Teig zermahlen oder als Öl auspressen. »Ein Gedicht!« Ich sehe meinen Großeltern an, dass sie auf dem nächsten Waldspaziergang danach die Augen offenhalten werden. Auch ich bin angefixt von der archaischen Rohkost und will raus ins Rohkostabenteuer. Stadtwälder und -parks gibt es bei mir um die Ecke genug. Ich brauche nur noch ein ergiebiges Revier. »Kann ich mir eine Milchkanne mitnehmen?«, frage ich und höre wieder auf meinen Bauch, der ruft: Hungerhungerhunger.

3. Sammeln –
Über Leben mit Kräutern

Als ich auf dem Klo von Brigitte sitze, brennt mir der Hintern, als würde ich damit Feuer speien. Nur Wasser, gärende Früchte und Erde hängen in meinen Gedärmen, wo sie seit Stunden grummelnd ihren Ausbruch angekündigt haben. Jetzt wollen sie raus. Eine Kerze in Form eines Engels steht auf der Ablage vor mir, die mir einen mitleidigen Blick zuwirft. Ich klappe nach vorn über, der Kreislauf macht nicht mehr mit. Alles dreht sich in meinem Kopf. Ich sehe Bilder von den Schoten der Platterbse auf den Fliesen, die sich in eine Kräuterhexe verwandeln, meine Zunge memoriert den faulen Geschmack der Stink- und Stachelfrucht Durian. Und in meinem Kopf klingt die Songzeile der Talking Heads: »And you ask yourself: How did I get here?« Mühsam hebe ich den Oberkörper wieder in die Senkrechte. Was hat mich nur dazu getrieben, hier zu landen?

Seit gestern bin ich in das kleine Reihenhaus in der Nähe von Hamburg bei Brigitte Rondholz eingezogen, die sich seit 20 Jahren ausschließlich von Wildkräutern und Früchten ernährt. Wie ein Urmensch: ohne Feuer, ohne Esswerkzeuge und ohne Kundenkarte für den Supermarkt. »Urkost« heißt das Ernährungskonzept und ist eine radikale Form der Rohkost. Alles wird so gegessen, wie es die Natur auf Bäumen und Boden wachsen lässt – Regentau, Schmutz und Kleinstinsekten inklusive. Für Brigitte ist die vegane Frischkost aus der Natur der Schlüssel zu einem gesunden, glücklichen, einfachen Leben. Für mich sollte es eine Lehreinheit sein, wie ich Nahrung in schlechten Zeiten sammeln und pflücken kann, ohne auf die Versorgungsketten von industrieller Landwirtschaft, Massentierhaltung und Schleppnetzfischerei angewiesen zu sein, die unsere Erde rücksichtslos ausplündern. Mit dem Vorwand, dass man anders die wachsende Weltbevölkerung nicht satt bekommen kann, werden Böden mit Nitraten und Phosphor erstickt, Pflanzen genetisch verändert und ganze Tierbestände bis zur Erschöpfung gejagt oder gedemütigt. Das schmeckte mir schon lange nicht mehr, aber wie sollte ich sonst satt werden? »Wenn es einmal so weit sein sollte, dass die Ketten zusammenbrechen, schlägt unsere große Stunde«, sagt Brigitte. »Dann wissen wir, wie es auch ohne geht.«

Um mich auf den Ausflug in die radikale Rohkost vorzubereiten, musste ich zuvor zu Hause fünf Tage lang buchstäblich Dreck fressen. Nur Heilerde und Wasser – sonst nichts. Damit sollte mein Körper all die schlimmen Retorten-Lebensmittel der Supermärkte abführen, die ich mir 30 Jahre lang angefuttert hatte. Die Kur zog mir die Kraft raus und die Reserven von den Gliedern. »Du wirst immer dünner!«, sagte Herr F. »Hört das auch irgendwann mal wieder auf?« Ich zuckte mit den knochigen Schultern. Natürlich hatte ich nicht vor, eine apokalyptische Essstörung zu entwickeln. Aber ich wollte mit jeder Faser meines Körpers verstehen, wie mehrere Hundert Menschen in Deutschland nur von Unkraut und Früchten leben konnten. Waren das Freaks? Masochisten? Hungernde?

Brigittes Tag beginnt spätestens um fünf Uhr morgens. Der »Urschlaf« ist kurz und dauert bei ihr nie länger als sechs Stunden. An unserem ersten gemeinsamen Tag kommt die 62-Jährige fröhlich trällernd die Treppe heruntergehüpft, bindet sich ein Stirnband um den Kopf und zieht sich ein kurzes rosa Top an. Wenn man sie mit müden, verquollenen Augen nur verschwommen wahrnimmt, glaubt man, die Aerobic-Königin Jane Fonda vor sich zu sehen. In jung. Ihr fettloser Körper strotzt vor Fitness, die Haut ist frisch und gebräunt, wie man es von Naturliebhabern kennt. Normalerweise rollt sie gleich nach dem Aufstehen ihre Isomatte im Garten aus und beginnt mit einem anderthalbstündigen »Ur-Training«. Das ist ein fester Ablauf von gymnastischen Übungen, den es strikt einzuhalten gilt. Rumpfheben, Armkreisen, Hanteln stemmen – die Klassiker. Dazu noch Pflückbewegungen und Affengang, um sich mit dem Urahnen in uns zu verbinden. Als Ur-Neuling darf ich immerhin vorher noch mit einem Strohhalm eine Kokosnuss ausnuckeln. »Die Kokosmilch ähnelt von der Zusammensetzung sehr der Muttermilch«, erklärt Brigitte. »Da braucht man doch keinem Tier die Milch wegnehmen, die nur für deren Kinder gedacht ist.« Brigitte lehnt jede Art tierischer Lebensmittel ab. Sie glaubt, der Mensch sei ursprünglich ein reiner Pflanzenfresser. Sonst hätte er ein Gebiss mit ausschließlich spitzen Reißzähnen, einen kürzeren Darm, um schnell verderbliches Eiweiß schnell auszuscheiden, und scharfe Klauen. Weil alle Rohköstler kein Lebensmittel über 42 Grad erhitzen, um die Vitalstoffe nicht zu zerstören, müsste sie Fleisch sowieso blutig verschlingen. »Das geht doch gegen jeden menschlichen Instinkt!« Ich bin eigentlich kein großer Kokosfan, aber nach fast einer Woche Erdfasten ist die Milch wie ein tropischer Sommerregen auf versteppter Ödnis. Offenbar sehe ich derartig ausgemergelt aus, dass ich auch noch die zweite Brust, äh Nuss bekomme. Zum Durchhalten.

Nach dem Training zertrümmert Brigitte die leeren Nüsse in einem alten Kopfkissenbezug auf der Terrasse, und ich bekomme das Kokosfleisch. Dann geht es raus in die Ursprünglichkeit: in den Wald. »Jetzt beginnt die schönste Zeit des Tages«, flötet Brigitte, als wir von den Fahrrädern absteigen, mit denen wir eine Viertelstunde gefahren sind. Jeder soll in seinem Tempo eine Stunde joggen. Sie hüpft mit roten Lippen und kurzen Hosen beschwingt über den Waldboden davon. Ich hasse Joggen, aber für Urköstler ist es eine Pflichtdisziplin. »Der Urmensch musste damals sehr viel laufen«, erklärt Brigitte, und so schleiche ich vorbei an Holzstapeln, Pferdegattern, Wildblumenwiesen. An den Wegesrändern wuchert üppiges Grün, das ich später in ein Glas als Mahlzeit sammeln werde. Ziemlich schön eigentlich. Je länger ich trabe, umso mehr breitet sich eine wilde Landlust in mir aus. Aber das ist unter Großstädtern ja auch gerade sehr en vogue.

Die Organisation Slow Food Deutschland hat einen »Trend zu Wildkräutern« ausgemacht, der sich zwischen den Hochhäusern und Pflasterstraßen deutscher Städte ausbreitet wie Unkraut. Schon vor über zehn Jahren hat der Koch Ralf Hiener zusammen mit dem Gärtner Olaf Schelle im Umland von Berlin »Essbare Landschaften« angelegt, in denen sie Wildkräuter für die gehobene Gastronomie kultivieren. Mit durchschlagendem Erfolg. Der Dachverband der Kräuteranbauer Ökoplant e. V. sagt, man komme kaum hinterher, die ständig steigende Nachfrage nach dem wilden Gekräut zu bedienen. Immer häufiger tauchen Wildkräutersalate und grüne Smoothies auf den Speisekarten edler Restaurants auf. Es hat sich herumgesprochen, dass wilde Pflanzen mehr Vitamine und Mineralien enthalten als Zuchtsalate. Die kulinarische Rohvolution kommt aus dem europäischen Norden, wo das »New Nordic Cuisine Movement« seinen Anhängern das auf den Teller legt, was im kalten Norden auf dem Boden wächst. »Wenn ein Hirsch Moos verträgt, kann man davon ausgehen, dass das ein Mensch auch kann«, sagt der Koch René Redzepi. Sein Restaurant Noma wurde dreimal hintereinander von einem britischen Fachmagazin zum »besten Restaurant der Welt« gekrönt.

Aber die Lust auf Wildnis geht noch weiter. Immer mehr Deutsche wollen selbst unter die Sammler gehen – und befragen dazu das Internet. Auf der Internetseite mundraub.org haben Nutzer in eine interaktive Landkarte eingetragen, wo es Früchte, Beeren, Nüsse und Kräuter gibt, die frei abgeerntet werden dürfen. Man wolle damit in Vergessenheit geratene Früchte der Kulturlandschaft im öffentlichen Raum wieder in die Wahrnehmung rücken, sagen die Macher. Diese Orte des Gemeinwohls werden im Altdeutschen Allmende genannt. Und die hatte ich natürlich aufgesucht, bevor ich im Juli zu Brigitte fuhr.

In den Sommermonaten zuvor ließ ich mich mit dem Smartphone in der Hand von mundraub.org zu den Obstbäumen und Kräuterwiesen in der Umgebung führen – und lernte meine Stadt ganz neu kennen. Als wäre ich in einem riesigen Garten, sah ich voll beladene Mirabellen- und Maulbeerbäume direkt um die Ecke. Brombeersträucher wucherten. Ampferteppiche rollten sich vor mir aus. Ich erinnere mich, wie ich mich bei einem besonders dicht behangenen Mirabellenbaum vom Parkweg ins Gebüsch verabschiedete und die unversehrten Früchte aufsammelte. Ein älterer Herr mit grauen Locken und braun gegerbter Haut kletterte mir hinterher.

»Was machen Sie denn da?«, fragte er.

»Ich versuche, von dem zu leben, was die Stadt hergibt«, antwortete ich.

»Sind Sie Frutarier?«

»Was ist das denn?«

»Leute, die nur Aufgesammeltes essen. Habe ich im Fernsehen gesehen.«

»Ach so, nein, nein. Ich bin Apokalyptikerin.«

»Das ist vernünftig.«

Wir sammelten eine Weile zusammen die Mirabellen in meine Tupperschüssel, setzten uns dann auf eine Parkbank, verkosteten den Mundraub, redeten über das Ende der Welt – und waren ziemlich vergnügt dabei.

Der Mann hatte schon Gruppen beobachtet, die mit einer Kräuterhexe durch den Wald zogen und Unkraut sammelten.

Eine Frau dozierte mit Weidenkorb unter dem Arm und einem Tross naturverbundener Städter hinter sich über das, was sie am Wegesrand fand. Kräuterwanderungen gab es mittlerweile in fast jeder Stadt zwischen Friesland und dem Allgäu, und die Kräuterfreunde konnten mittlerweile schon den Nordic-Walking-Gruppen zahlenmäßig Konkurrenz machen. Später im Jahr schloss ich mich jenen Kräuterwanderungen an, in denen sich hauptsächlich Frauen in Wetterjacken und Wandersandaletten, junge Familien und ein paar Naturfreaks pulkten. Sie kritzelten sich Worte wie »Labkraut« und »Puddingersatz« auf die Zettel, sackten die zarten Stängel mit den gelben Blüten ein und sahen sehr beglückt aus.

Auf den Wanderungen erzählten mir viele der Teilnehmer, dass sie sich danach sehnten, autarker zu sein von dem, was sie von Lebensmittelhändlern angeboten bekamen. Ehec-Gurken, Nitrofen-Eier, Antibiotika-Garnelen, Mäusekot-Mozzarella, BSE-Rinder, Dioxin-Mais. Was konnte man eigentlich überhaupt noch essen? Obst und Gemüse enthielten mehr Pestizide als Vitamine. Brot mit Backtriebmitteln, Suppen mit Geschmacksverstärkern und überall nur Zucker. Die Verunsicherung hatte sich tief eingegraben. Die Kräuterwanderungen sollten sie nicht nur wieder mit heimischen Pflanzen vertraut machen, sondern auch die Fähigkeit stärken, manche Herausforderungen des Alltags selbst zu lösen, ohne auf andere angewiesen zu sein. Damals dachte ich, dass die selbst gesuchten Blätter das Ernährungsdilemma allenfalls nett garnieren können. Eine punktuelle Lifestyle-Autarkie, mehr nicht. Als ich dann Brigitte kennenlernte, wusste ich, dass die Blätter ein echter Lebensentwurf sein konnten.

Brigitte lebt nicht in einer urzeitlichen Höhle, sondern in einem unscheinbaren Reihenhaus in einer norddeutschen Kleinstadt. Das Mobiliar ist schlicht, der Herd ist mit einer Glasplatte überdeckt. In der Regentonne im Garten nimmt sie hin und

VON EINER, DIE AUSSTIEG

wieder ein Bad, aber eigentlich gibt es nichts, von dem sie sich reinigen müsste. »Urköstler schwitzen nicht«, sagt sie. Alles in Brigittes Leben ist seit über 20 Jahren von diesem einen Thema bestimmt: Urkost. Sie begann damit, als sie mit ihrer vierten Tochter schwanger war. Anders als bei ihren ersten Kindern wollte sie dieses Mal keinen Kaiserschnitt, sondern eine natürliche Geburt und eine lange Stillzeit. Aber die Ärzte warnten sie: Es sei ein zu großes Risiko für die damals über 40-Jährige. Brigitte begann, die Schulmedizin zu hinterfragen, suchte nach Alternativen – und fand die Bibel aller Urköstler: den *Großen Gesundheits-Konz* vom Gründer der Bewegung Franz Konz.

Das Buch ist ein 1455-seitiger Wälzer mit einem gefährlichen Heilsversprechen: »So wirst du völlig gesund.« Nach Konz' Auffassung gibt es keine Krankheiten, sondern nur eine selbstverantwortete falsche Ernährung mit Kochkost, die er als »Schlechtkost« bezeichnet. Krebs, Allergien, Multiple Sklerose – all dem könne man vorbeugen oder es sogar heilen, wenn man sich nur strikt der Urmethodik verschreibt. Es ist ziemlich unangenehm, das Buch durchzublättern. Nicht nur, weil die einzelnen Kapitel mit grausamen Bildern von Tierversuchen und zerfressenen Organen dekoriert sind, sondern weil Konz keinen Platz für Widersprüche in seinem geschlossenen Weltbild duldet. Schulmediziner, Wissenschaftler und Nahrungsmittelhersteller sind seine größten Feinde. Wer auf sie hört, habe es nicht anders verdient, als zu leiden und zu sterben. Eine ausgewogene Ernährung ist für Konz beispielsweise »eine schrulle Idee der Eierköpfe in Schlips und Kragen«. Mit dem Richtigen könne man sich gar nicht einseitig genug versorgen. Franz Konz, der zuvor mit dem Ratgeber *1000 ganz legale Steuertricks* bekannt geworden ist, erinnert mich ein bisschen an Klaus Kinski: ein kleiner, drahtiger Mann mit schütterem blondem Haar, der gern herrische Ansagen macht und unbedingt Recht haben muss.

»Du, Brigitte«, sage ich vorsichtig, als wir zum Mittag frisch gepflückte Knoblauchrauke, Giersch und Vogelmiere um Avocados und Papaya wickeln, »ich finde den *Großen Gesundheits-Konz,* um ehrlich zu sein, sehr abschreckend.« »Ach so? Das ist ja interessant. Was genau?«

»Die ganze Art zu schreiben. Es beleidigt mich als Leser, als dumm und unmündig hingestellt zu werden. Ich bin doch nicht weniger wert als Mensch, nur weil ich gern Kuchen esse.«

»Das finde ich auch. Dafür ist der Franz viel kritisiert worden. Er hat sich auch sehr abfällig gegenüber Schwulen und Behinderten geäußert. Aber man muss da die Lehre vom Lehrer trennen.«

»Warum hat er denn zum Beispiel die Sportübungen so oft mit nackten Mädchen bebildert?«

»In alten Ausgaben hat er ihnen sogar noch Stöckelschuhe angezogen. Das waren oft seine jungen Ehefrauen, die er aus Asien mitgebracht hat. Ich weiß nicht, was das sollte, und habe denen in meinen gekauften Ausgaben Klamotten angemalt.«

»Oh je. Das muss ja ein schlimmer Macho sein. Kennst du ihn persönlich?«

»Ich kannte. Er ist im April 2013 gestorben.«

»Woran denn?«

»Ich weiß es nicht genau. Aber er hatte früher mal Krebs. Vielleicht ist er zurückgekommen.«

»Ich dachte, das geht gar nicht, wenn man Urköstler ist.«

»Naja, der Franz hat seine Sucht nach deftiger Schlechtkost nie ganz überwinden können. Tagsüber lebte er strikt urköstlich, und nachts stopfte er sich mit Hausmannskost voll und erbrach sich davon.«

»Dann hat er seine Anhänger die ganzen Jahre belogen.«

»Er hat die Urmethodik nur rational als richtig erkannt und war nicht mit dem Herzen dabei. Man muss die Wildnis und die tollen Früchte und die Fitness lieben – sonst klappt es nicht.«

Brigitte nimmt eine leuchtend orange Papaya-Scheibe vorsichtig zwischen die Hände und beißt lustvoll hinein. Als ich vorher versucht hatte, die schwarzen Kerne herauszupulen, bekam sie fast einen Herzinfarkt. »Die schmecken richtig pfeffrig-scharf. In Kombination zum süßen Fleisch ist das himmlisch!« Zu jeder Frucht, die sie von Rohkostversandhändlern aus den Tropen bis hierher importieren lässt, hat sie ein fast erotisches Verhältnis. Die Natur habe eine solche Vielfalt an Geschmäckern, dass sie sich nicht mehr nach Gourmetgerichten zurücksehnt. Duftender Kaffee oder dick beschmierte Butterbrote sind für sie nur noch eine schöne Erinnerung, von der sie sich für immer verabschiedet hat. Ich glaube ihr. Selten habe ich jemanden erlebt, der so vom Glück durchdrungen ist, das richtige Leben zu führen. Außer bei den Zeugen Jehovas vielleicht.

Am Abend auf dem Toiletten-Feuerstuhl lasse ich zusammen mit dem Beutel Kirschen, den ich zusammen mit den »Wildis«, den Wildkräutern, zum Abendbrot verdrückt habe, noch einmal die Zweifel durch mich durchwandern. Hatte ich es hier mit einer Sekte zu tun? Oder war die Urkost eine Essstörung, wie es der amerikanische Arzt Steven Bratmann behauptete? Er formulierte für Menschen mit dem ausgeprägten Verlangen, sich gesund zu ernähren, das Krankheitsbild »Orthorexia nervosa«, nachdem er sich selbst jahrelang von Rohkost ernährt und Patienten mit solchen und ähnlichen Diäten behandelt hatte. Problematisch sei nicht das Gesunde daran, sondern die Ideologie dahinter, dass man damit immun gegen alle Arten von Krankheiten werde. Es ist in der Medizin umstritten, ob es tatsächlich so ein Krankheitsbild gibt. Und wenn ich mir Brigitte so anschaue, wie sie den ganzen Tag singend durch den Wald hüpft und sich von jedem Lindenblatt und jedem Kirschbaum beseelen lässt, dann gibt es sicher unangenehmere Diagnosen.

Der nächste Morgen beginnt wieder mit Urtraining, Wildis, Früchteteller. »Heute lassen wir mal das Joggen aus«, sagt Brigitte. Ich bin erleichtert. »Und brechen gleich mit den Fahrrädern nach Hamburg auf.« Mir wird schwummrig. Das sind mehr als 60 Kilometer. Der Wetterbericht hat Regen vorausgesagt, aber »den Meteorolügen müssen wir keinen Glauben schenken«, beruhigt mich Brigitte. Außerdem nehmen wir die Ponchos mit. Um neun Uhr steigen wir auf die Damenräder und strampeln los. Über Bahnübergänge, Baustellen, Waldwege, Fahrradwege durch Vororte, an Landstraßen und an der Elbe entlang. Es ist junisonnig warm. Brigitte zieht ihr T-Shirt aus und bindet sich ihre Strickjacke um den Oberkörper, damit der Wind die nackten Schultern umspielen kann. Ihr BH guckt ein bisschen raus, aber irritierte Blicke stören sie nicht, sondern spornen sie eher an. Wir sind 25 Kilometer fast am Stück durchgeradelt bis zur ersten Früchtepause – und es geht mir gut. Sehr gut sogar. Brigitte stellt ihr Fahrrad ab, macht ein paar Streckübungen an einem Geländer und klettert dann eine Böschung hinunter, um die Spitzen des Beifußes und Vogelmiere zu pflücken. Die vorbeispazierenden Rentnerpaare in Poloshirts und Segelschuhen gucken verwundert. »Ich kann eure Gedanken lesen«, trällert sie aus dem Gebüsch. Und zu mir gerichtet: »Die denken, ich bin voll der Freak!« Ich versuche mich auch in telepathischen Prognosen und lese in den Gesichtern der Wochenendausflügler Fragen wie: »Was macht die da im Busch?«, »Hat sie sich das Blatt gerade in den Mund gesteckt?«, »Kann man das essen?«, »Sollte man das?«, »Warum?«. Obwohl ich am gestrigen flotten Abend beschlossen habe, doch lieber wieder auf Erde umzusteigen, bekomme ich beim Blick in den Fressbeutel richtig Appetit. Reife grüne Avocados, die wir uns mit Schale in den Mund schieben. Herzhafte Safus, die manche Urköstler an Salamipizza erinnern. Paranüsse, luftgetrocknete schwarze Oliven, frische Erdnüsse. Und immer wieder Wildis: Die scharfe Knoblauchrauke ersetzt jedes Gewürz, Platterbsen erinnern an frische Zuckerschoten, milde Lindenblätter sind der ideale Beilagensalat. Irgendwie hat das Zeug was. Vor allem offensichtlich geheime Superkräfte, die mich zu ungeahnten körperlichen Höchstleistungen antreiben. Ich habe es bis hierher geschafft – und ich will weiter. »Wenn du dir heute Morgen Toast und Eier reingezogen hättest und jetzt zum Mittag Braten und Kartoffeln, sähe das anders aus«, sagt Brigitte triumphierend. Ich gebe es ungern zu, aber sie hat vermutlich Recht. Während die Ausflügler neben uns auf der Bank Fischbrötchen, Wiener oder Waffeln auspacken, leckern Brigitte und ich uns durch das rohe Buffet und kichern wie junge Mädchen. Kein Neid überfällt mich, keine Heißhungerattacken wallen auf.

Eine Frau mit grauer Blumenkohlfrisur und quellendem Bauchfett nimmt neben uns Platz. Sie dürfte in etwa so alt sein wie Brigitte. Und trotzdem ist sie erschreckend anders. Die Blumenkohlfrau stellt einen Rollstuhl mit einer wächsernen bleichen Frau neben die Bank, dreht sich zu uns, sagt: »Ach, das ist ja schön, wie Sie so mit den Rädern unterwegs sind. Früher, als mein Mann noch lebte, habe ich das auch gern gemacht. Aber jetzt … ja, ich war schon lange nicht mehr draußen. Nur ein paar Runden mit meiner Mutter.« Wir schweigen, was sie nicht bremst. »Ich würde auch so gern mal wieder draußen sein, lachen und Spaß haben. Vielleicht sollte ich mal ein Lachseminar besuchen.« Dann hievt sie sich hoch und schiebt mit mühsamen Schritten den Rollstuhl und sich zurück in ihr unglückliches Leben. Es ist traurig.

Auf der weiteren Fahrt überlege ich: Würde mich die Urkost auch in guten Zeiten zum besseren Leben führen? Mich von der Mühsal des Schicksals befreien? Könnte sie verhindern, dass ich irgendwann eine Blumenkohlfrau werde? Brigitte glaubt, dass sie es mit ihrem Lebensstil schaffen kann, 150

Jahre alt zu werden – und fit zu bleiben. »Es gibt ja keine verlässlichen Aufzeichnungen darüber, wie alt unsere Urahnen tatsächlich geworden sind. Aber in der Bibel, dem Buch der Bücher, werden manche sogar 800 Jahre alt!« Mich überzeugt das Argument nicht wirklich, aber etwas an der Perspektive ist interessant: Brigitte glaubt, noch mehr als die Hälfte ihres Lebens vor sich zu haben. Sie will mit dem Fahrrad bis nach Asien fahren und sich nur von dem ernähren, was am Wegesrand wächst. Bücher schreiben. Ihr Haus verkaufen. Sich Tierbefreiern anschließen. Yoga ausprobieren. Mit einem Wohnmobil der Sonne hinterherfahren. »Ich hänge nicht an meinem Besitz«, sagt sie. »Mir reichen wilde Kräuter und ein paar Obstbäume zum Glück.« Sie ist frei.

Die Fahrradkilometer des Ausflugs ziehen so schnell vorbei wie die folgenden zwei Tage des Ausflugs in die Urkost. Jeden Morgen wache ich genau um 4.23 Uhr auf – ohne dass ein Wecker klingelt. Ich erfreue mich am Urtraining, dem Urwald, der Urkost, der Ursprünglichkeit. Es geht mir so gut wie schon lange nicht mehr. Als ich abreise, gibt mir Brigitte den größten Schatz mit, den sie in ihren Truhen verwahrt: zwei Beutel frischer Tropenfrüchte und Kräuter – damit das Ankommen in meiner Welt nicht so schwerfällt. Ich verstehe, warum, als ich die Haustür zu meiner Wohnung öffne. Da sitzen acht Freunde an einer voll beladenen Tafel. Pasta, Käse, Schokolade, Wein – das Beste der Schlechtkost ist da versammelt. »Damit du wieder zu Kräften kommst«, rufen sie. »Setz dich, iss endlich mal wieder was!« Damit hatte ich nicht gerechnet. Ich freue mich, wieder zurück bei meinen Leuten zu sein. Aber nicht bei meinen alten Essgewohnheiten. Soll ich jetzt Wasser predigen, während sie Wein trinken? Die Urkost war eine unglaubliche Erfahrung: Ich lernte, unabhängig von industrieller Lebensmittelproduktion zu sein und das auch noch als einen Gewinn zu empfinden. Mit Brigitte fühlte ich mich autark und fit zugleich. In der

Apokalypsenvorbereitung also ein echter Fortschritt. Doch als ich meine Freunde mit rotglühenden Gesichtern vor mir sitzen sehe, weiß ich, dass ich nicht schon jetzt – vor dem finalen Crash – die verrückte Kräutertante mit der Tupperdose voll Selbstgesammeltem sein will. Essen ist mehr als die reine Nahrungsaufnahme, es ist ein soziales Erlebnis. In dieses möchte ich die wilde Kost integrieren. Vorsichtig stelle ich meine Früchte und das Kräuterglas ab. Die Tischversammlung legt ihre Gabeln weg und fängt an, sich durch die fremden Stängel und Fruchtkörper zu kosten. Ich setze mich an die Tafel, nippe an einem Glas roten Wein, der sich wie ein Feuerstrahl in mir ausbreitet – und weiß, wo mich das hinbringt. Die innere Musikplatte springt wieder an: »And you ask yourself: How did I get here?«

4. Züchten –
Vom Pilz befallen

Es riecht nach Verwesung. Irgendwie eierfaulig, morchelig, erdig. Die Sohlen meiner Gummistiefel sinken in das aufgeweichte Herbstlaub, als ich um das Grab im Wald herumschleiche. Der Erdhügel mit den Feldsteinen ringsum ist plötzlich aufgetaucht zwischen den Büschen und Bäumen im Stadtwald. Darauf steckt ein Bild einer Frau mit dunklen Locken, heruntergebrannte Kerzen und welke Astern umrahmen es. »Totes Holz«, ruft Rainer Drießlich durch das Gebüsch. »Da wachsen wunderbare Hallimasch!« Der Mann mit der bunten Strickmütze kramt in seinem weißen Jutebeutel, bis er seine Kamera gefunden hat. Ich höre ein paar Klicks und ein zufriedenes Selbstgemurmel.

»Hier ist ein Grab«, rufe ich, aber er wendet sich schon wieder zum Gehen.

»Ich weiß, ich kenne jeden Zentimeter des Waldbodens. Wenn es sein muss, könnte ich mich hier mit verbundenen Augen orientieren.«

»Woran denn?«

»Na an den Pilzen. Ich erkenne etwa 200 Arten allein am Geruch.«

Das hört sich übertrieben an, aber unter der Bommelmütze steckt einer der umtriebigsten Pilzgurus Deutschlands. Jeden Tag streift der ältere Herr durch die Wälder der Stadt Dresden und sucht den Boden nach allen Arten von Pilzen ab. In seiner Tasche steckt ein Telefon, auf das die Pilzberatungshotline umgeleitet wird, wenn jemand nicht genau weiß, was er sich ins Körbchen gelegt hat. Auch der Giftnotruf vermittelt Ratsuchende an Drießlich, wenn es um Pilze geht. Wenn es jemanden gibt, von dem ich lernen kann, wie ich im Notfall mit Pilzen überlebe, dann er.

Pilze tauchen in der Literatur immer wieder als Notnagel in Ausnahmesituationen der deutschen Geschichte auf. Kriegsheimkehrer, die sich aus Russland zu Fuß auf den Heimweg machten, mussten sich von dem ernähren, was der Wald hergab. Genauso erging es Juden, Kommunisten und Flüchtlingen, die sich in den Wäldern versteckten. Der polnische Jude Artur Schneider schreibt in seiner Biografie beispielsweise, wie er in den Kriegsjahren für die Dorfgemeinschaft Pilze suchen musste. Aber er hatte ein Problem: »Ich konnte die essbaren Pilze nicht allzu gut von den giftigen unterscheiden. Nur wenn wir Steinpilze oder Butterpilze fanden, die man nicht verwechseln konnte, kochten wir diese.«

Das kann ich gut nachvollziehen. Als Kind bin ich mit meinem Vater und Großvater im Herbst durch unsere Reviere im Thüringer Wald gezogen, habe meinen Korb zuverlässig mit feinsten Maronen, Steinpilzen, Rotfüßchen und Hexenpilzen beladen. Ich war so gut darin, dass ich mir bis heute einbilde, mit Pilzesuchen eine gewisse Survival-Kompetenz zu haben. Allerdings bezieht die sich eben nur auf die Braunkappen und auf die Wälder des Mittelgebirges. Inwieweit Pilze auch in der Stadt Krisennahrung sein können, muss ich lernen. Deshalb renne ich mit dem Pilzguru durch den Wald.

»Wir suchen nicht, wir finden!« Rainer Drießlich zieht im Waldläuferstechschritt ab. Wir passieren sozialistische Ausflugsgaststätten, ein Wildgehege, einen Tümpel. »Sie müssen sich die Bäume angucken«, sagt er. »Nicht nur den Boden. Denn das Myzel geht mit Baumwurzeln oft eine Verbindung ein.« Ich kritzele mir ein paar Stichworte auf: Kastanien nie, Linden immer, Weiden und Erlen ziemlich gut, Buchen launisch. Wenn irgendwo Wasser in der Nähe ist, stehen die Chancen besser als auf trockenen Flächen. »Theoretisch können Sie das ganze Jahr hindurch Pilze finden«, erklärt Drießlich. Auch im Winter, in dem zum Beispiel der Samtfußrübling auf Baumstümpfen wächst. »Aber wenn Sie davon leben wollen, müssen Sie viel unterwegs sein und gute Stellen kennen.« Meine Füße in den Gummistiefeln beginnen zu schwitzen, und ich stelle mich dem Bommelmützenmann entschlossen in den Weg. Ich brauche einen Geheimtipp, einen, der dieses Gesuche beziehungsweise Gerenne abkürzt.

»Wenn Sie sich eine feine Pilzmahlzeit schnell zusammensuchen, wo gehen Sie dann hin?«

»Ich esse gar keine Pilze.«

»Warum suchen Sie die dann?«

»Weil ich sie fotografieren will und dann meinen Pilzfreunden aus Japan zeigen kann.«

»Und wenn Sie Ihre japanischen Freunde mit einem Pilzmenü faszinieren wollen?«

»Dann fahre ich mit meinem Rad zum Friedhof.«

»Sie scherzen!«

»Nein, mit einer Gießkanne am Lenker fällt das gar nicht auf. Und da wachsen die besten Steinpilze und Rotfüßchen.«

»Ist das nicht etwas morbide?«

»Wieso? Wenn ich tot bin, möchte ich, dass auf meinem Grab eine Eiche gepflanzt wird und die schönsten Steinpilze darauf wachsen.«

»Ich komme Sie dann besuchen.«

Da lacht er sogar und zeigt auf einen üppig bewachsenen Baumstamm mit braunen Hallimaschen. »Da haben Sie Ihr Pilzmenü«, sagt er stolz. Ich schneide ein paar Kappen ab und mache mich mit dem Guru auf den Rückweg zum Auto. Irgendwie bin ich froh, den Todesspaziergang hinter mir zu haben, als er mitteilt, er müsse schnell bei sich zu Hause vorbei. »Wenn

Sie wollen, können Sie mitkommen. Meine Wohnung ist eine Art Pilzmuseum.« Für einen Moment sehe ich mich von Schimmelpilzen befallen in einem Schaukasten stehen, dann willige ich ein. Die Neugier ist zu stark.

Hinter der Wohnungstür sieht es aus, als wäre in dieser Wabe eines DDR-Plattenbaus eine Bombe explodiert, die Fotos, Zeitungsartikel, Buchseiten, kopierte Zettel von der Decke bis auf den Fußboden in alle Richtungen gedrückt hätte. In einer Schrankwand im Wohnzimmer liegen Petrischalen mit exotisch leuchtenden Pilzkulturen. Auf dem Fußboden gären Fruchtweine mit Hefepilzkulturen ihrer Genießbarkeit entgegen. Es gibt keinen Platz zum Hinsetzen, selbst zum Stehen gibt es kaum einen freien Fleck. Rainer Drießlich öffnet die Tür zu seinem Schlafzimmer, wo er mir etwas zeigen möchte. Dann öffnet er einen Wandschrank und klappt ein selbst gebautes Chemielabor aus. »Hier experimentiere ich mit Pilzkulturen«, sagt er stolz. Während der Guru mir seine Hefepilze wie alte Freunde vorstellt, breitet sich diese Begeisterung auch in mir aus. Pilze züchten! Warum bin ich nicht vorher darauf gekommen?

Pilze haben einen hohen Eiweißgehalt und enthalten viele Ballaststoffe, sie sind frei von Cholesterin und gesättigten Fettsäuren und vermehren sich fast von allein. Schon heute – vor einer echten Krise – steigt der Pilzkonsum weltweit kontinuierlich an. Besonders tropische Sorten wie Shiitake, Majetake und Ganoderma kaufen Vegetarier und Veganer in den USA und Westeuropa gern. Professor Shuting Chang, einer der führenden internationalen Forscher für Pilzkulturen, vermutet, dass im Zeitrahmen einer Menschengeneration Pilze als Handelsware das Volumen von Kaffee und Metallen übertreffen werden. Das ist besonders für Krisen- und Entwicklungsländer eine gute Nachricht. Dort entwickelt sich die Pilzzucht zum Ausweg aus der Not.

Die junge Afrikanerin Chido Govera hat sich als Waisenkind aus der Hungersnot Simbabwes mithilfe von Pilzen befreit. »Als ich sieben Jahre alt war, ist meine Mutter gestorben«, schreibt sie in einer E-Mail. »Von da an musste ich meinen Bruder und meine Großmutter quasi allein ernähren.« Sie sammelte in der Regenzeit Pilze. Dann durfte sie als Elfjährige an einem Pilzzucht-Forschungsprojekt für Waisenkinder teilnehmen. Eine internationale Stiftung, die sich für Müllvermeidung engagiert, zeigte ihr das Konzept von kolumbianischen Bauern, die Pilze auf Kaffeeabfällen züchten. Das funktioniert so: Bei der Kaffee-Ernte fallen auf den Farmen Schnittabfälle der Kaffeebäume, Fruchtfleisch und Schalen der Bohnen an. Später in den Röstereien bleibt erneut jede Menge organischer Müll übrig. Wird dieser mit dem fruchtbaren Kaffeesatz vermischt, entsteht ein idealer Nährboden, der mit dem Myzel verschiedener Pilze beimpft werden kann. Nach etwa einem Monat wachsen die ersten Fruchtkörper aus dem dunklen Boden. »Als ich gelernt hatte, wie man Pilze züchtet, war ich nicht nur davon fasziniert, dass man Bioabfälle in Essen verwandeln kann, sondern auch, dass ich mir meinen Traum erfüllen konnte: anderen Waisen und benachteiligten Kindern zu helfen.« Chido will nicht weniger als den Hunger in der Welt bekämpfen. Dafür reist die jetzt Mitte Zwanzigjährige seit mehr als zehn Jahren von einer Nachhaltigkeitskonferenz zur nächsten und überzeugt Jungunternehmer davon, dass Pilze ein Ausweg aus dem Elend sein können.

Wenn die junge Frau mit den kurzen Rastazöpfen die Idee von der Kaffee-Pilz-Symbiose erzählt, ist ihr bewusst, dass es nicht ihre eigene ist. Sie geistert zum freien Nachahmen im Netz herum. Firmengeheimnisse, Patentschutz oder Alleinstellungsmerkmale passen nicht zum Gedanken, die Welt zu retten. Je mehr Menschen solche Ideen aufgreifen, umso besser ist das für das Überleben der Menschheit. Das Konzept ist ein

Beispiel der sogenannten Blue Economy, einer Wirtschaftsauffassung, nach der Unternehmen nachhaltig, sozial verträglich, transparent und energieeffizient arbeiten sollen. Die Blue Economy setzt an der Angst vor begrenzten Ressourcen angesichts einer wachsenden Weltbevölkerung an. Die Menschheit habe seit der Industrialisierung die Belastbarkeitsgrenzen der Erde bereits bei Weitem überschritten. »Die menschlichen Produktions- und Konsummuster sind nicht länger verträglich«, steht fett gedruckt auf der deutschen Seite der Blue Economy. Es führe deswegen kein Weg daran vorbei, mit Rohstoffen und Energie effizienter umzugehen, indem der Abfall eines Produktes als Ausgangsmaterial für ein anderes genutzt werde.

Im Keller eines Tempelhofer Handelshauses treibt die blaue Wirtschaft erste Früchte. Ein leichter Pilzgeruch weht die steile Metalltreppe herauf, unten liegen Kaffeesäcke. Im Raum dahinter hängen bei Rotlicht und im Dunst eines Luftbefeuchters in langen Reihen Plastikbeutel mit Kaffeesatz-Spelzen-Gemisch, aus denen sich Austernpilze und Rosenseitlinge durch kleine Löcher drücken. »Chido's Mushrooms« heißt das junge Start-up-Unternehmen, das frische Pilze für Berliner Starköche wie Sarah Wiener oder Kolja Kleeberg züchtet. »Natürlich könnte man Pilze auch auf Holz oder Stroh anbauen«, sagt der Geschäftsführer Philipp Buddemeier, »und das wäre auch nicht wirklich teurer als den Kaffeesatz aus Berliner Cafés hierher zu befördern. Aber es geht doch darum, neue Verwertungskonzepte auszuprobieren. Wir fragen uns, wie die Alternative zu einer Welt aussehen kann, die immer knapper werdende Ressourcen und immer weiter wachsende Müllberge nicht in den Griff bekommt.« Und wie man mit dieser Alternative auch noch Geld verdienen kann. Der Begriff des »Urban Farming« fällt, der für Stadtplaner und Utopisten im Moment die Zukunftsvision schlechthin für moderne Städte ist. An Hochhauswänden können vertikale Farmen angelegt werden, auf Flachdächern Fischtanks stehen, im Keller Pilzbeutel hängen. Bauernhöfe in der Stadt sollen die langen Anfahrtswege von Lebensmitteln in Städte reduzieren und damit auf lange Sicht günstiger sein als importierte Ware, die durch steigende Ölpreise immer teurer wird. »Wenn wir Pilzzucht-Seminare machen, merken wir, dass sich sehr viele Menschen aus europäischen Krisenländern dafür interessieren«, sagt Buddemeier. »Sie schreiben uns, dass sie vom alten Wirtschaftssystem frustriert sind, dass sie keine Arbeit mehr finden und dass sie etwas Neues wagen wollen.«

Auch ich habe mir in meinem Keller eine kleine Pilzfarm eingerichtet. Im Internet habe ich mir Braunkappen vom Online-Händler und Kräuterseitlinge aus dem Biopilzshop bestellt. Jetzt stehen drei Pappkisten mit Sägespänen in meinem Keller, die ich im Plastikbeutel gewässert und im Ofen wieder getrocknet habe. Dann habe ich kleine Glasscheiben mit Pilzsporen hineingelegt und eine Folie mit Atmungslöchern darübergezogen. Im Keller ist es zwar ausreichend warm, aber nicht besonders feucht. Deswegen ist auch meine Dusche zur vertikalen Farm mutiert, an deren Wand Pilzbeutel mit Kaffeesatz und Sporen von Austernseitlingen von Chido's hängen. Drei Mal am Tag muss ich die Beutel befeuchten, weswegen ich extra eine kleine Sprühflasche neben meine Shampoos gestellt habe. Herr F. ist kurz davor, den Chlorreiniger zu holen, als sich der dunkle Kaffeesatz nach ein paar Tagen ins schimmlig Weiße verändert. »Seit wann wollen wir denn Pilzkulturen an den Fliesen haben?«, fragt er entsetzt. »Seit es der heißeste Scheiß der urbanen Landwirtschaft ist«, antworte ich und sprühe den Sporenbeutel zärtlich ein.

Nach ein paar Tagen wagen sich die ersten weißen Pilzentakel aus dem Beutel. Wie dünne Zigaretten mit braunem Kopf gucken sie mir jeden Tag beim Duschen zu. Vielleicht ist es mein Kampf mit den Körperbakterien, der die Pilze erschreckt. Oder es ist Herrn F.s Antipilz-Energie: Nach zwei Wochen veröden die braunen Köpfe und sehen nur noch wie abgenuckelte, heruntergebrannte Zigarettenstummel aus. Es ist sehr traurig, diese jungen Pilzleben so vergehen zu sehen. Und es riecht noch nicht einmal nach der schönen modrigen Pilzverwesung wie im Wald. Bei Chido's Mushrooms im Keller hatte das so einfach ausgesehen.

Ich fahre noch einmal nach Berlin zu dem Virologen und Pilzliebhaber Eric Rakowski, den ich in einem Internetforum getroffen habe, wo er sich mit anderen Pilzköpfen darüber austauscht, wie sich eine Brut selbst züchten lässt. Er experimentiert mit Hefepilzen und Bakterienkulturen. Wir hätten Stunden über Vergärungsprozesse reden können, hätte Eric sich nicht irgendwann danach erkundigt, warum ich eigentlich eine kleine Pilzfarm bei mir einrichten will. »Ich bereite mich auf eine Zeit vor, in der es eventuell nicht immer alles im Supermarkt zu kaufen gibt«, sage ich vorsichtig. »Bist du etwa ein Crashie?«, fragt er überraschend begeistert.

»Ein Crashie?«, frage ich zurück.

»Na, jemand, der sich auf den großen Crash vorbereitet.«

»Ja, das könnte man so sagen.«

»Das ist ja großartig! Ich auch!«

Wir ziehen uns in eine dunkle Ecke des Pilzkellers zurück und steigen gut gelaunt in die Untergangsfantasien des anderen ein.

»Von welchem Crash gehst du aus?«, fragt Eric.

»Krisenkumulation wegen Hyperkonsumismus, Wachstumsdiktat und Ressourcenknappheit.«

»Ja, das wird ein Problem. Nichts wächst immer weiter. Irgendwann ist das System erschöpft. Was ist mit Sonneneruptionen?«.

»Nicht so mein Ding.«

»In Skandinavien haben sie schon zu Stromausfällen geführt. Das kann auch bei uns passieren.«

»Bist du vorbereitet?«

»Ich bin dabei.«

Eric ist promovierter Biochemiker und arbeitet für die Pharmabranche. Mit »am Schreibtisch E-Mails schreiben« umreißt er seine tägliche Jobroutine. Im Moment führe er so etwas wie ein Doppelleben: Auf der einen Seite verdient der 30-Jährige in schöner Systemkonformität das Einkommen für sich, seine Frau und die drei Kinder. Auf der anderen Seite ist er Teil einer Szene von Menschen, die sich von Systemzwängen befreien will: Freilerner, Veganer, Langzeitstiller. Zusammen mit 20 bis 30 Familien möchte er in naher Zukunft ein autarkes Dorf gründen, in dem Energie, Essen und Kindererziehung von der Gemeinschaft selbst übernommen wird. »Wenn alles zusammenbricht, möchte ich nicht in einer Stadt leben, weil sich hier alles viel extremer kriminalisiert.« Und der Crash wird kommen, sagt er, wenn nicht in unserer, dann in der nächsten Generation.

Die Lust an der Apokalypse wuchs bei Eric mit den Pilzen in der Petrischale. Je mehr Früchte er mithilfe selbst gezüchteter Hefe in Wein verwandelte und je üppiger Seitlinge aus Strohballen wuchsen, umso mehr erkannte er, dass er eine Überlebensfähigkeit kultivierte. Kaum jemand ist in der Lage, selbst eine Pilzbrut herzustellen und damit aus leicht zu beschaffenden Ressourcen wie Holz oder Papier essbare Waren herzustellen. »Meine Frau ist nicht begeistert davon, dass bei uns überall die Pilzgläser herumstehen«, sagt er. Ich nicke wissend. »Ich werfe die Gläser immer wieder komplett heraus, aber so ganz kann ich es doch nicht lassen.« Wenn der Crash erst da sei, werde er sich den ganzen Tag damit beschäftigen, Bäume zu fällen und mit Myzel beimpfte Dübel in Holzscheite zu bohren.

»Kann es sein, dass du dich auch ein bisschen nach der Apokalypse sehnst?«, frage ich. Er schweigt, guckt in die Dunkelheit des Kellers, in der die Pilzbeutel wie Larven an der Decke hängen.

»Das habe ich mich auch schon oft gefragt.«

»Und was hast du dir geantwortet?«

»Ich bin rational schon davon überzeugt, dass es so nicht weitergehen wird. Aber dazu kommt sicherlich auch eine emotionale Abenteuerlust.«

»Wie stellst du dir dein Leben nach dem Crash vor?«

»Ich habe die romantische Idee davon, dass ich dann machen kann, was ich will. Wenn ich nicht mehr jeden Tag zur Arbeit gehen muss, könnte ich so viel ausprobieren.«

»Warum steigst du nicht jetzt schon aus?«

»Das ist ein ziemlich radikaler Schritt, und ich stehe ja gerade erst am Anfang meiner Vorbereitung. Über die Pilze nähere ich mich dem Thema langsam an. Pilze sind nämlich das ideale Lebensmittel zur Autarkie, auch wenn sie keinen besonders hohen Kalorienwert haben. Aber die Myzelien könnte ich produzieren oder die Fruchtweine als Tauschmittel einsetzen.«

»Wie autark willst du denn sein?«

»Ganz allein könnte wohl niemand den Crash überstehen. Deshalb schließe ich mich schon jetzt mit den anderen Freilernern zusammen und will dieses Dorf gründen.«

»Sind die anderen auch Apokalyptiker?«

»Interessanterweise sind es meistens nur die Männer, die sich überlegen: Wo bekommen wir Saatgut her, wie erzeugen wir Energie? Die Frauen beschäftigen sich mit Stillen und der Erziehung.«

»Dann schlage ich wohl aus der Art.«

»Sieht so aus. Ich habe dir übrigens noch etwas mitgebracht!«

Eric kramt in seiner Tasche und zieht ein fest verschraubtes und mit Frischhaltefolie umwickeltes Glas heraus, das ich wie einen kleinen Gral mit nach Hause nehme. Dort steige ich gleich in meinen Hobby-Crashie-Keller. Ich will endlich Pilze ernten und schaue erwartungsfroh in die Pappkartons mit den Sägespänen. Schimmelpilz wuchert mir wie ein feiner grauer Teppich entgegen. Er hat sich bereits auf dem Kellerboden ausgebreitet. Es fehlt nicht mehr viel und mein Notvorrat wäre vom Schimmel mumifiziert worden. Ein schrecklicher Anblick. Ich hole Herrn F. und seine Chlorflasche, die zusammen ein unschlagbares Killerkommando sind. Mit spitzen Fingern tragen wir die Pilzsärge ins Freie und schrubben den Boden. »War's das jetzt?«, fragt er mit einer Mischung aus Ungeduld und Angst in der Stimme. Ich stelle das Glas von Eric vor seine Füße, in dem sich weißes Myzel um Holzdübel schmiegt. »Das kommt hier nicht mehr rein!«, sagt er streng. »Du musst dir ein anderes Experimentierfeld für deinen Autarkieflitz suchen.«

Ich hatte geglaubt, dass ich meine schöne Altbauwohnung in eine autarke Zelle verwandeln kann, in der ich allen Unbill der Zukunft überstehe. Mit Vorratslager und Mundraub-Revieren und Pilzzucht und Balkongarten. Aber das funktioniert so nicht. Herr F. ist genervt, und ich werde immer dünner vor lauter Zukunftssorgen, Prepperstress, Kräutersammeln und Zuchtversuchen – und das schon, bevor die apokalyptischen Zeiten überhaupt begonnen haben. Also Schluss mit Preppern, Urkost, Pilzfreaks. Ich will Teil einer Jugendbewegung sein, die hip und urban und bunt und postmodern ist. In der es um Gemeinschaft geht und gutes Leben. Und wo es nicht nach Verwesung riecht. Ich brauche einen Großstadtgarten.

5. Anbauen –
Gemüse für Großstadtgärtner

Die Suche beginnt in der Urzelle der neuen urbanen Gärtnerbewegung. Mitten in Berlin gibt es diesen Garten, in den sich jutebeuteltragende Studenten aus dem U-Bahn-Schacht flüchten, verhüllte Migrantenmütter mit leeren Taschen strömen und entfesselte Kinder auf Holzrädern düsen. Er hat eine Pforte, durch die sie alle hereinkommen und tun können, was sie wollen. Manche gehen direkt zu den Tomatenpflanzen in Reissäcken oder Salaten in Bäckerkisten und fangen an zu jäten, gießen, ernten. Andere wollen sich zwischen die schlanken Stämme von Buchen, Birken und Linden setzen und frisch geernteten Minztee trinken, wieder andere studieren die Infotafeln über Biodiversität und Saatgutverordnungen. Aus einem Überseecontainer, der zur Küche umfunktioniert wurde, duftet ein frisches Essen. Es wirkt wie einer der beruhigendsten Orte der Stadt. Aber kann er auch mich beruhigen in meiner Suche nach städtischer Autarkie?

Robert Shaw verdreht entnervt die Augen. »Ist jetzt nicht dein Ernst, oder?«, sagt er, gleich nachdem ich meine erste Frage gestellt habe. »Das ist doch totaler Schwachsinn! Warum solltest du denn ausgerechnet hier autark werden? Es gibt in unserem Land ein Überangebot an Lebensmitteln. Jeder kann alles zu jeder Zeit kaufen – aber niemand weiß mehr, wie es entsteht. Und das ist das Problem, das wir versuchen zu lösen. Wir bauen hier Bildung an, kein Gemüse.« Der Mann mit der Schiebermütze stellt zwei Bier vor uns ab, rollt sich eine Zigarette und setzt sich mir gegenüber. Er war es, der 2009 aus einer vermüllten Brache von 6000 Quadratmetern zusammen mit seinem Partner Marco Clausen den legendären Kreuzberger Prinzessinnengarten geschaffen hat: einen »fußballfeldgroßen Gegenentwurf zur Agrarindustrie« (*3Sat*), ein »Paradies« (*Die Zeit*), eine »Mahnung, dass die Stadt ohne die Natur nichts ist« und eine »Keimzelle städtischer Nachhaltigkeit« (Bezirksbürgermeister).

Vom ersten Tag an hatte Robert Shaw 150 Helfer auf der Brache am Moritzplatz in Berlin Kreuzberg. Sie wühlten sich mit ihm durch Containerladungen von Steinen und Dreck, organisierten Materialien und Menschenkraft. Arbeiteten schwer und viel. Alles freiwillig. Die Gemeinschaft wuchs so schnell wie die Samen in den Säcken. »Urban Gardening« entwickelte sich zum neuen Hobby unter jungen Großstädtern. Nicht nur im Prinzessinnengarten, sondern überall. Auf Häuserdächern entstehen urbane Farmen, auf Balkonen und an Fassaden wachsen vertikale Beete, auf Verkehrsinseln sprießen Guerilla-Saatbomben, in Hinterhöfen treffen sich Nachbarn zum interkulturellen gemeinschaftlichen Säen, Hacken, Ernten. Das mediale Echo über das Stadtgärtnern ist gewaltig, und man könnte glauben, dass dort eine grüne Revolution gedeiht, die alle Probleme unserer Zeit löst: Gärten beleben ödes Brachland, bringen Nachbarn zusammen, halten Flächen frei für Gemeinschaft statt Kapital, verbinden uns wieder mit unserer Nahrung, regulieren das Klima, locken Bienen und Vögel an, machen glücklich und klug.

Im gleichen Jahr, in dem Robert mit seinen Gärtnerfreunden den Prinzessinnengarten anlegte, erreichte die deutsche Finanzkrise einen ihrer Höhepunkte. Die täglichen Nachrichten waren mit schlechten Prognosen gespickt. Die EU-Kommission sah das europäische Wirtschaftswachstum einbrechen. Die Weltbank erwartete die schlimmste Krise seit der Großen Depression in den Dreißigerjahren. Und die UN zählte 100 Millionen hungernde Menschen mehr als im Vorjahr. Der Prinzessinnengarten erscheint inmitten der schlechten Aussichten vor der drohenden Katastrophe wie eine blühende Scholle. »Urban Gardening ist ein Krisenphänomen«, sagt Robert. Es sei auffällig, dass seit Beginn der Bankenkrise die Leute wieder das Gefühl haben wollen zu wissen, wie man eine Möhre aus dem Samen zieht.« Während in unseren Breiten offenbar noch das Gefühl für die Möhrenzucht reicht, ist das Anbauen von Obst und Gemüse in anderen Großstädten der Welt bereits zur Notfallstrategie geworden.

Robert Shaw kam auf die Idee mit dem Gemeinschaftsgarten, als er einige Jahre auf Kuba lebte. Dort sah er, wie sich auf den freien Flächen in Santa Clara und Havanna gemeinschaftlich bewirtschaftete Flächen entwickelten. Durch den Zusammenbruch der Sowjetunion war die Karibikinsel von Lebensmittelimporten und Agrochemikalien fast vollständig abgeschnitten. Innerhalb von zehn Jahren nahm jeder Kubaner im Durchschnitt um zehn Kilo ab, Mangelernährung breitete sich aus, Kuba stand am Rand einer Hungerkrise. Die Regierung Fidel Castros reagierte darauf, indem sie die Landwirtschaft radikal umbaute: Die Bevölkerung sollte in der Lage sein, sich aus eigener Kraft ohne Pestizide zu ernähren. Sie schulte die Menschen, wie sie die Kreisläufe der Natur nutzen können, um möglichst hohe Erträge zu erzielen. Es gab staatliche Geschäfte, die Samen, Geräte und Biodünger erschwinglich machten, und die Kommunen unterstützten gärtnerische Kooperativen, die sogenannten Organiponicos. In der Hauptstadt Havanna entstanden bis heute etwa über 8000 organische Gärten, die jährlich mehr als eine Million Tonnen Gemüse produzieren. Havanna hat in Spitzenzeiten bis zu 60 Prozent seines Nahrungsmittelbedarfs selbst in der Stadt produziert. Das machte sie unabhängig – und zum Vorbild für viele andere krisengeschüttelte Städte weltweit.

In Caracas oder Singapur, in Buenos Aires oder Harara retten die Miniäcker die Ärmsten in den Favelas und Slums vor dem Verhungern. Sie stiften aber auch neuen Sinn für jene, die sich vom System abgehängt fühlen. In westlichen Ländern hat sich das herumgesprochen. Zum Beispiel in Detroit. Bis in die Neunzigerjahre lebte die US-amerikanische Stadt fast ausschließlich von der Automobilindustrie. Als die Werke geschlossen wurden, brach die Stadt wirtschaftlich zusammen, eine Million Menschen zogen weg. Was blieb, war: Platz für Experimente. Ausgerechnet dort, wo früher ölschluckende Dreckschleudern produziert wurden, probieren die Menschen seither, sich auf ein postfossiles Zeitalter vorzubereiten. Heute gibt es weit mehr als 1000 private und gemeinnützige Gärten in Detroit. Und es werden immer mehr.

Der Prinzessinnengarten hat die Idee nach Deutschland geholt. Er ist zwar keine selbstversorgerische Agrarkommune, sondern eine Art Schaukasten, wie Leben in der Stadt auch aussehen kann. Nicht grau und gewerbegetrieben, sondern grün und gemeinschaftlich. Während Robert und ich auf den Recyclinghockern aus Sperrholz und Fahrradschläuchen sitzen, streifen muslimische Mamas mit vollen Beuteln an uns vorbei. Eine Studentin fragt, wo sie die Erde für die Setzlinge findet, und ein athletischer Baumkletterer bringt eine Ladung Baumabschnitt für den Kompost vorbei. »Es war unser Ziel, dass hier möglichst viele Leute aus unterschiedlichen Klientelen zusammenkommen, die sich gegenseitig ergänzen«, sagt Robert. »Da lernt einer vom anderen, und es macht einfach Spaß.«

»Wer über Selbstversorgung in der Stadt redet, tut das mit einem Latte Macchiato in der Hand«, sagt die Autorin Andrea Heistinger. Sie stellt im Prinzessinnengarten ihr neustes Werk *Das große Biogarten-Buch* vor. In ihrer Heimat in Österreich hat sie begonnen, sich mit einem eigenen Garten zum Teil selbst zu versorgen. Um sich völlig autark zu machen, könne man eigentlich nichts anderes mehr tun, noch nicht einmal Bücher schreiben. Sie hat gelernt: Selbstversorgung geht nicht allein, es braucht dafür ein Netzwerk. Möglichst mit Gärtnern aus der eigenen Stadt. Während Andrea Heistinger mit einem begeisterten Hobbygärtner-Publikum debattiert, wird mir klar, dass ich hier in Berlin nicht weiterkomme. Im Schaukasten werde ich den Hunger nicht stillen können.

Ich fahre zurück nach Leipzig. Die Stadt gilt in urbanen Gärtnerkreisen als äußerst fruchtbar. Im 19. Jahrhundert entstand hier die erste Schrebergarten-Kolonie, um Stadtkinder in ihren Mietshäusern näher an die Natur zu bringen. Bis heute hat Leipzig die höchste Kleingartendichte unter den deutschen Großstädten. Einige meiner Freunde haben sich nach der Geburt ihrer Kinder eine Parzelle gesichert und verbringen ihre Wochenenden damit herauszufinden, wie man richtig mulcht oder Wühlmäuse vertreibt. Sollte ich mir auch eine Laube samt Anbaufläche suchen? In den letzten zwei Jahrhunderten haben sich die Kleingärten nach den großen Kriegen oder während Hungersnöten zur Versorgung für die Armen bewährt.

Als ich begann, mich mit dem deutschen Bundeskleingartengesetz zu beschäftigen, war ich ziemlich schnell von der deutschen Bundeskleingeistigkeit genervt: Ein Kleingarten darf nicht größer als 400 Quadratmeter sein, ein Drittel der Fläche muss mindestens für den Gemüseanbau verwendet werden, die Laube samt Freisitz darf 24 Quadratmeter nicht übersteigen und auf keinen Fall bewohnt werden. Es gibt so viele Regeln und Verordnungen und Satzungen, dass mir die Lust verging, ausgerechnet dorthin auszusteigen, wo das System die seltsamsten Übertreibungen kultiviert. In den meisten Kolonien, die ich mir angeschaut habe, flatterten Deutschlandfahnen über den Obstbäumen, und böse kleine Kläffer machten sofort Rabatz, wenn ich nur in die Nähe einer Gartenpforte kam. Das fühlte sich nicht nach der Gärtnergemeinschaft an, die ich mir vorstelle. Dort, so war ich mir sicher, würde ich mit meinem Acker vereinsamen.

Deswegen schaue ich mich nun in den zeitgemäßen Formen der Gartenbewegung um und besuche jeden Gemeinschaftsgarten, den ich in Leipzig finden kann: einen privaten Nachbarschaftsgarten im Hipsterviertel, einen interkulturellen Gemeinschaftsgarten im Problemkiez, einen kommunalen Stadtgarten im Alternativmilieu. Fast jedes Wochenende gibt es in den grünen Refugien der Stadt Workshops, in denen man zum Beispiel lernt, wie Pflanzen angezüchtet werden, welche Pflanzen Schädlinge abhalten oder was eine Fruchtfolge ist. Immer wieder taucht dort ein junger Mann auf, der auf alle Fragen eine Antwort zu haben scheint. Mit grüner Bommelmütze und großer Ruhe steht er zwischen den Hochbeeten, die Hände in den Taschen der grünen Arbeitshose, eine Gruppe von Menschen um sich herum. Marian Schwarz nennt sich selbst »Stadtgärtner« und will den entfremdeten Städtern das nahebringen, was in den letzten Jahrzehnten weit aus der Stadt verbannt wurde: die Landwirtschaft.

»Ich glaube, du bist genau der Mann, den ich gesucht habe«, sage ich zu ihm an einem Sonntag im April.

»Oh, äh, schön. Aber ich bin in festen Händen.«

»Ich suche ja auch nur jemanden, der mir zeigt, wie ich meine eigene Nahrung anbaue.«

»Dann bin ich in der Tat dein Mann. Seit einem Jahr habe ich ein kleines Feld im Osten der Stadt, auf dem ich mit einer Gruppe von Leuten Gemüse anbaue.«

»Kann ich davon satt werden?«

»Kommt darauf an, wie viel du isst. Also ich werde satt.«

Eine Woche später stehe ich auf einem dreieckigen Zipfel Land, der keinen Hektar groß ist. Ein kleines Fußballfeld in etwa. Es ist Palmsonntag, und die Schneedecke ist noch nicht weggeschmolzen. Marian wartet vor einem grauen Minibauwagen mit einem Tannenzweig in der Hand. Ein paar vermumm-te Gestalten umringen ihn. Wir schreiten fast meditativ die Feldstücke ab. Hier kommen die Erbsen hin, dort der Kohl, da stehen die Erdbeerpflanzen und hier wächst Salat. Kürbisse verteilen sich überall auf der Fläche, dahinten ist das Kräuter-beet. Ich sehe überhaupt nichts, bin aber von der visionären Kraft beeindruckt, was hier in wenigen Monaten alles wach-sen soll. Das Gemüse wird ohne künstlichen Dünger und ohne maschinelle Hilfe angebaut. Das Saatgut stammt aus der ei-genen Zucht. »Wir versuchen, bedarfsgerecht zu produzieren, das heißt, wir bauen hier nur das an, was wir auch wirklich brauchen, um möglichst wenig Überschuss zu haben«, sagt Marian. Am Anfang des Gartenjahres schätzt die Gruppe, wo-von sie wie viel benötigt. Dann wird der Anbauplan festgelegt. Etwa 70 bis 80 Kilo Gemüse und Obst kann hier jeder im Jahr mitnehmen. Der bundesdeutsche Durchschnittsverbrauch liegt bei 40 Kilo. Jeder zahlt, so viel er kann und möchte, denn die Feldwirtschaft ist solidarisch organisiert. Bei einer Gruppe von etwa 30 Leuten braucht Marian 48 Euro pro Monat, um Pacht, Saatgut, Wasser und Löhne bezahlen zu können. »Sich als Ge-müsegärtner heute selbstständig zu machen, ist ein enormes Risiko, weil der Handel geradezu absurde Abnahmebedingun-gen stellt.« Als Bauer müsse man eine gewisse Masse liefern können, was als kleiner Gemüsebauer schwierig sei. Als er wäh-rend seines Studiums zum Landwirt auf verschiedenen Höfen arbeitete, lernte er das Modell der sogenannten »Community Supported Agriculture« (CSA) kennen – und probierte es selbst aus.

Das Konzept der CSA, das auch Versorgungsgemeinschaft oder Vertragslandwirtschaft genannt wird, kommt ursprüng-lich aus Japan. Seit den Sechzigerjahren gehen dort die Men-schen eine »Teikei« (Partnerschaft) mit Bauernhöfen ein. Seit den Achtzigerjahren taucht diese Wirtschaftsweise auch in den

USA und Frankreich auf, 1988 organisierte sich in Deutschland der erste Demeter-Hof solidarisch. Das Prinzip funktioniert folgendermaßen: Die landwirtschaftliche Produktion wird gemeinschaftlich organisiert. Produzent und Konsument teilen die Arbeit und das Risiko solidarisch untereinander auf. Die Gemeinschaft garantiert, die angebauten Feldfrüchte abzunehmen und dafür den vereinbarten Betrag zu zahlen – egal wie die Ernte ausfällt. Außerdem hilft sie auf dem Feld und vergibt manchmal auch Kredite zu niedrigen Zinsen für Investitionen. Im Gegenzug weiß sie über den Anbau ihrer Lebensmittel genau Bescheid, reduziert den eigenen CO_2-Abdruck, lebt mit den Jahreszeiten und rückt wieder näher an die Mittel zum Leben heran.

Stadtgärtner Marian hört oft von Städtern, dass sie autarker werden wollen von den globalisierten, kapitalistischen Produktionsketten. »Urbane Subsistenz wünschen sich viele«, sagt er, »aber sie allein zu erreichen ist in der Stadt sehr aufwendig. Da ist es gut, solche Gemeinschaften zu gründen.« Ich nicke gedankenverloren und beginne zu begreifen, was ich wenige Wochen zuvor theoretisch in Wien auf dem »Kongress für Solidarische Ökonomie« gelernt habe.

An der Universität für Bodenkultur sammelten sich am letzten Februarwochenende die Anhänger von alternativen Wirtschaftsformen: Studenten in Kapuzenpullovern, Altlinke mit grauen Pferdeschwänzen, Aussteiger, Ökos. Ich checkte in eine Studenten-WG ein, deren Bewohner alle irgendetwas mit ökologischem Landbau studierten, ihr Essen gemeinsam containerten und verkochten. In den Vorträgen auf dem Kongress war man sich darüber einig, dass man die »Zivilisationskrise unserer Zeit« überwinden müsse. Der Kapitalismus hätte zwar erfolgreich die Produktivität gesteigert. Die Schere zwischen Arm und Reich gehe aber immer weiter auf. Man könne mit dem Jeder-gegen-jeden-Prinzip des freien Marktes nicht die Probleme lösen, die wir gegenwärtig hätten und die sich in Zukunft noch verstärken würden. Das System, so formulierte man es dort, sei »ethisch bankrott«. Deswegen müsse man anfangen, Wirtschaft neu zu denken. Statt des Mantras vom schnellen Gewinnwachstum müsse sich eines vom langfristigen Gemeinwohl durchsetzen. Es war faszinierend, drei Tage lang mit Menschen zu diskutieren, die alle von einer anderen, besseren, weil gemeinwohlorientierten Welt überzeugt waren. Die Alten erzählten von den Sit-ins der Sechzigerjahre, die Jungen erklärten, wie sie die Ansätze heute pragmatisch interpretieren können.

Besonders inspirierend war ein Workshop über »Urbane Subsistenz«, in dem eine junge Wissenschaftlerin versuchte, den sperrigen Begriff zu umreißen. Subsistenz, sagte sie, sei eine nicht monetäre Selbstversorgertätigkeit. Unter Wirtschaftswissenschaftlern habe der Begriff immer einen negativen Beiklang, weil er eine wenig arbeitsteilige und primitive Wirtschaftsform beschreibt. Jeder sorgt für sich – das ist ineffektiv und aufwendig. Lange Zeit sei es Common Sense gewesen, dass es gut ist, die Selbstversorgerwirtschaft überwunden zu haben. Aber das ändert sich momentan, vor allem in den Städten. Denn dort entsteht ein neues Verständnis von Subsistenz. Es geht den subsistenten Städtern nicht mehr darum, völlig autark zu leben, wie es bei Selbstversorgern auf dem Land der Fall ist. Um unabhängiger von den maroden Strukturen von Markt und Staat zu werden, bauen sie kleine, dezentrale und lokale Gemeinschaften auf. Sie produzieren Nahrung, Güter, Wissen oder Kultur und teilen alles solidarisch untereinander auf. Marians CSA-Gruppe in Leipzig war dafür das perfekte Beispiel.

Ich werde also solidarische Feldwirtschafterin, was zuerst bedeutet, jede Woche in einen dunklen Keller eines Projekthauses zu fahren, wo Kartoffeln, Rote Bete, Pastinaken, Möhren und Sellerie in Obstkisten mit Sand liegen. So bleibt das

Lagergemüse länger haltbar. Dazu gibt es den Wintersalat Postelein und bald auch den ersten Spinat. Ich versuche, mich vom Vegetarier zum Veganer hinzuentwickeln. Denn mit dem Anspruch, mich von Stadtäckern zu ernähren, läuft es irgendwie darauf hinaus: nur Gemüse und Obst. Tiere haben wir nicht außer zwei Hasen, die nicht angefasst werden dürfen. Ständig geschmorter Kohl und Rote-Bete-Salat füllt aber weder meinen Bauch noch mein Herz mit purer Freude. Ich muss mir weiterhin Brot, Nudeln, Reis, Öl und Gewürze kaufen. Wie schon durch das fleischlose Leben nehme ich zwar ohne jegliche tierische Produkte weiter unaufhörlich ab, so richtig freuen kann ich mich aber nicht. Erstens habe ich dafür gar keine Zeit bei dem ständigen Autarkiestress, und zweitens schmeckt es mir einfach nicht. Vielleicht weiß ich auch nur nicht genug über die Finessen der veganen Küche. Schmeckt diese nur, wenn man politische Korrektheit als wichtige Ingredienz begreift?

Auf meinen Ausflügen in die alternativen Szenen fallen mir die veganen Vorkämpfer einer anderen Welt auf. Beim Frühlingsfest im Gemeinschaftsgarten, auf dem Kongress für Solidarische Ökonomie, in linksalternativen Projekthäusern und bei Demonstrationen gibt es immer eine kulinarische Stärkung des Widerstands. Die sogenannten »Volxküchen« kochen mit und für wenig Geld meist vegan oder mindestens vegetarisch. Niemand soll aufgrund seines Essens- und Lebensentwurfs vom großen Gemeinschaftstopf ausgeschlossen werden. »Wir sehen uns nicht als unpolitische Dienstleistung, sondern als Mitmachküche, die nach Möglichkeit in die politische Aktion eingebunden wird«, sagen zum Beispiel die Initiatoren der Berliner Volxküche »Food for Action«. Wo es politisch brennt, heizen sie den Herd an. Der Begriff »Volxküche« leitet sich von den Armen-, Suppen- und Volksküchen ab, die seit 150 Jahren Essen zu erschwinglichen Preisen anbieten. Seit die Volksküchen in den Achtzigerjahren mit den Hausbesetzern in linke Zentren, Jugendtreffs und Kollektivkneipen zogen, wurden sie Bestandteile der linken Protestkultur. Denn mit leerem Bauch kann man keine andere Gesellschaft denken, geschweige denn leben. Als ich das erste Mal in einer Vokü stand, war mir das ganze basisdemokratische, spendenbasierte, ökologisch korrekte, gemeinschaftsorganisierte Gebaren vor und hinter der Essenstheke fremd. Wie viel soll ich jetzt dafür zahlen? Wie viel darf ich nehmen? Soll ich mithelfen? Darf es mir auch nicht schmecken? Ich musste lernen, dass es niemanden gibt, der mir darauf Antworten gab. Nimm, so viel du brauchst, gib, so viel du kannst, mach, was dir gefällt. Das sind die Regeln. Alternativ sein ist voll der Stress, dachte ich. Ständig muss man wissen, wer man ist, was man will und wie sich das mit der Gemeinschaft verträgt. Selbst wenn es um ein simples Abendbrot geht. Je öfter ich aber meine Teller mit Gemüseeintopf füllte oder mich am Lehmofen für eine vegane Pizza anstellte, umso besser wurde es. Ich futterte mich regelrecht rein in die Szene. Mir schmeckten die Sprossensalate, Chutneys, Aufläufe, Gemüsesuppen und Pastapfannen immer besser. Es wurde nie langweilig, weil es immer andere Köche mit anderen Rezepten gab. Und die Gespräche am Tisch waren auch interessanter als in einer Dönerbude. Mit jedem Löffel nahm ich die Idee der Volxküchen in mich auf. Sie beeinflussten mich nicht nur mit Rezeptideen, wie ich selbst mein Gemüse vom Feld verkoche. Ich erkannte in ihnen diese kleinen subsistenten Gemeinschaften, die mich ein Stück weit vom üblichen Konsumtrott unabhängiger machten.

Zurück zur solidarischen Feldwirtschaft. Mit dem späten Frühling komme ich immer mehr in der Gärtnergemeinschaft an. Statt in einem Fitnesscenter jede Woche Hanteln zu stemmen, fahre ich jetzt montags mit dem Fahrrad eine halbe Stunde hinaus. Mein grünes Herz hüpft, wenn ich junge Frauen in

Blumenkleidern, Männer mit Strohhüten und Kinder mit nackten Füßen herumspringen sehe. Jeder buddelt, pflückt, gießt oder sitzt entspannt zusammen und knabbert schon mal an der Ernte in den Kisten. Marian zeigt mir, wie ich mit einer Kralle den Boden umpflüge oder mit einer Hacke zwischen den Pflanzen die Erde bearbeite. Das bringt mir oft einen ähnlichen Muskelkater in den Armen wie früher das Zirkeltraining im Fitnessstudio. Nur dass ich hier auch noch den Kopf trainiere, wenn ich Marian peinliche Städter-Fragen stellen darf: Wie schneide ich richtig einen Salatkopf ab? Kann man die Blüten vom Feldsalat auch essen? Was mache ich mit Topinambur? Er lächelt dann mild, versenkt die Hände in die Hosentaschen und schreitet mit mir durch seine grüne Welt. Jede Woche lerne ich etwas Neues. Nicht nur von ihm, sondern auch von allen anderen. Ein pragmatischer Tischler baut aus Europaletten Sitzmöbel direkt neben dem Feld, weise Frauen verraten mir Tricks zum Lagern der Feldfrüchte, eine Studentin erklärt, worauf es beim Imkern ankommt, eine Permakulturalistin weiß, wie sich die Zyklen der Natur nutzen lassen.

Im frühen Sommer, als die Kisten endlich überquellen mit grünen Bohnen, Paprika, Gurken, Tomaten, Brombeeren und Mirabellen, werde ich plötzlich sehr traurig. Die Sonnenblumen blühen, und die Wespen umschwirren die Körbe – aber mich befällt eine ungekannte Müdigkeit. Seit nicht einmal einem halben Jahr strampele ich jede Woche raus aus der Stadt, versuche endlich zu verstehen, wie man Sachen anbaut, pflegt und erntet. Ich hinterfrage alles, was ich esse, kaufe, verbrauche. Ich irre durch die Regale von Supermärkten und frage mich: Darf ich das jetzt kaufen? Könnte ich das nicht irgendwie anders beschaffen – durch Selbermachen, Tauschen oder Anbauen? Überall sind nur noch Fragezeichen. Die einzelnen Versuche, zu Hause eine autarke Zelle einzurichten, andere Autarkisten kennenzulernen, mein Konsumverhalten zu hinterfragen und mich selbst als wirksam zu begreifen, höhlen mich aus. Ich bin nicht nur körperlich ausgemergelt, sondern auch innerlich ausgehöhlt. »Was ist los mit dir?«, fragt Marian, der für alles Lebendige ein Gespür besitzt. »So habe ich dich ja noch nie erlebt.« Ich schaue erst ihn und dann die Beete an, zucke mit den Schultern, sage: »Ich bin nicht zu diesem Konservierungs-Workshop gegangen.«

»Welcher Workshop?«

»Ich hatte doch versprochen, dass ich diesen Workshop in einem Nachbarschaftsgarten besuche und lerne, wie man Gemüse konservieren kann. Das wollte ich dann hier der Gruppe vorstellen. Aber es war wie eine Blockade. Ich konnte einfach nicht. Ich war einfach nur alle. Diese ganze Subsistenz-Suche hat mich nur noch angekotzt.«

»Ist nicht so schlimm. Konservieren können wir uns auch gegenseitig zeigen.«

»Ja, aber ich wollte auch was einbringen. Nicht immer nur zugucken. Ich bin immer noch total unfähig!«

»Niemand erwartet von dir, dass du in ein paar Monaten alles kannst.«

»Außer ich selbst.«

»Du musst dir Zeit zum Reifen geben. So etwas passiert nicht über Nacht.«

Zu Hause setze ich mich auf meinen Balkon und blicke auf den kleinen Wäscheplatz hinter unserem Haus. Rostige Eisenstangen, leere Wäscheleinen. Jemand hat in eine Ecke eine Hollywoodschaukel gestellt, die aber fast immer leer ist. Ich bedauere es, dass dieses kleine bisschen Grün in der Innenstadt für so etwas Ödes wie nasse Wäsche freigehalten wird. Da könnte man doch etwas draus machen. Vielleicht wohnen ja hier direkt neben mir Menschen, die sich auch nach mehr Lebendigem sehnen. Ich beginne, meine freie Zeit auf der Hollywoodschaukel zu verbringen, in der Hoffnung auf Mitstreiter. Eines Abends kommt eine schwarzhaarige Schönheit mit roten Pumps und Seidenoverall angeradelt, steigt von ihrem weißen Fahrrad und lässt sich neben mich auf die Schaukel fallen. »Endlich sitzt hier mal einer«, sagt sie. »Ich verstehe nicht, warum das so lange gedauert hat. Das Ding steht schon ewig hier.«

»Weil eine Schaukel nicht besonders sozial ist. Man kann nebeneinander sitzen und Wäsche angucken. Dafür lässt sich doch keiner vom Balkon locken.«

»Du aber offensichtlich schon. Wie kommt's?«

»Ich sage es einfach direkt heraus: Diese Hollywoodschaukel könnte doch der Anfang eines wunderbaren Gartens werden.«

Wir reden darüber, was mit diesem trostlosen Fleckchen alles passieren könnte. Lotte gärtnert selbst nicht gern, weiß aber von einer jungen Mutter aus dem vierten Stock, dass sie noch bis vor Kurzem einen Schrebergarten hatte.

»Als Erstes brauchen wir einen Tisch. Das ist das wichtigste Möbel für eine Gemeinschaft. Dann kommt der Rest von allein«, schlaubergere ich.

»Und wo bekommen wir den her?«, fragt Lotte.

»Ich könnte versuchen, ein paar Paletten zu organisieren. Ich bin nämlich seit einiger Zeit im Konsumstreik und kaufe mir keine Möbel oder Klamotten oder Zubehör.«

»Und das klappt?«

»Wir werden sehen.«

Mit dem Elan von Pionieren gründen wir die WhatsApp-Gruppe »Beetschwestern«. Damit sind die junge Mutter Luise und die schicke Geschäftsfrau Charlotte und ich immer auf dem Laufenden, was auf dem Wäscheplatz passiert oder passieren könnte. Ich beschaffe uns zwei Europaletten und schicke Baupläne herum, was sich daraus so alles bauen ließe. »Ist ja der Hammer, was für geiles Designerzeug man aus den Palet-

VON EINER, DIE AUSSTIEG

ten machen kann«, sagt Lotte. »Das sollten wir als Geschäftsmodell entwickeln.« Vorerst stapeln wir sie aber einfach übereinander, klipsen eine Tischdecke daran – und stoßen mit Sekt auf den sozialen Ort an.

Während wir mit Arbeitshandschuhen und Gartengeräten die Erde umpflügen, beobachten uns die Männer belustigt. Sie schreiten um das kleine Beet, in das wir Anzuchtpflanzen von befreundeten Gartenprojekten gesetzt haben. »Sieht aus wie ein Grab«, feixen sie und schleppen Schaukelsitze an, die wir an den Wäscheständern aufhängen können. In meinen Gartenbüchern habe ich gelesen, dass das Herz eines jeden Gartens ein Kräuterbeet ist, weil man es praktisch immer braucht. Ich will ein Kräuterbeet nach den Prinzipien der Permakultur anlegen, weil deren Ideen gerade die gesamte urbane Gärtnerszene geradezu durchwurzelt. Im Grunde geht es bei der Permakultur darum, die geschlossenen Kreisläufe der Natur zu nutzen und nachzuempfinden. Ein wichtiges Element ist dabei das durchdachte »Nichtstun«, was mir sehr entgegenkommt. Der japanische Landwirt und Philosoph Masanobu Fukuoka proklamierte in seinen weltweit verkauften Büchern, dass man in der Landwirtschaft häufig Dinge lieber durch die Natur regulieren lässt als mit Dünger und Bodenbearbeitung einzugreifen. Die »One-Straw-Revolution« breitete sich unter den Permakultur-Anhängern aus, die damit Waldgärten statt Felder, Hochbeete in Holzkisten oder vertikale Farmen an Hochhäusern anlegten. Permakulturalisten geht es aber nicht nur um pragmatische landwirtschaftliche Methoden, sondern um ein ganzheitliches Miteinander. Die Gründungsväter der Idee, die Australier Bill Mollison und David Holmgren, verstehen darunter ein System aus ökologischer Landwirtschaft, Design, Architektur bis hin zu nachhaltigen ökonomischen Strukturen. Ihrer Überzeugung nach ist unsere Ernährung ein ursprüngliches Kernthema jedes Einzelnen, weswegen wir nicht die volle Verantwortung dafür an Bauern und Gärtner abgeben können. Einen kleinen Beitrag sollte jeder selbst produzieren und den Rest aus biologischen, regionalen und fairen Strukturen ergänzen.

Ich suche mir für den Anfang die Kräuterschnecke aus, mit der ich ein Stück Permakultur ins Bewusstsein pflanzen will. Sie soll so etwas wie die »Visitenkarte eines jeden Permakultur-Gartens sein«, lese ich im Internet. Bei der Kräuterschnecke wird der Boden auf die Bedürfnisse der Kräuter abgestimmt, und sie versammelt verschiedene Bodenarten für unterschiedliche Kräuter. Im unteren Teil an einer kleinen Wasserstelle befindet sich feuchter, nährstoffreicher Boden, nach oben hin wird die Erde immer trockener. Es ist ziemlich einfach, sie aus Ziegeln und Steinen zu bauen, die man eben so in den Hinterhöfen von Häusern findet, und sie mit reichhaltiger Komposterde, schnöder Gartenerde bis zu feinem Sand zu befüllen. Sie kostet mich also nichts bis auf die Kräutersamen und sieht zumindest interessant aus.

In den folgenden Wochen passiert fast jeden Tag etwas auf dem ehemals öden Wäscheplatz. Luise und ich jäten Unkraut und gießen die Pflanzen, Charlotte hängt Windspiele, Lichterketten und Girlanden an die rostigen Eisenstangen. Abends kommen Freunde und Nachbarn dazu und stellen einen Grill auf. Die Hollywoodschaukel ist jetzt ständig besetzt. Es wird noch lange dauern, bis wir vom Beet Tomaten und Zucchini ernten. Aber das kleine Grab ist umringt von Leuten, die sich im Pflanzenbestimmen üben, und die Kräuterschnecke wirft beträchtliche Mengen an Minzblättern für Cocktailpartys ab. Als ein italienischer Einwanderer aus der Nachbarschaft mit einem Mochito-Glas in der Hand sagt, er sei erst in diesem Garten in Deutschland angekommen, muss ich an Robert Shaw und seinen Berliner Prinzessinnengarten denken. Im Nachbarschaftsgarten wird Gemeinschaft gepflanzt, keine Autarkie.

Ich werde nicht zum Selbstversorger mit dem, was ich auf dem kleinen Wäscheplatzgrab anbauen kann oder was ich vom Gemeinschaftsfeld wegschleppe, sondern habe mich höchstens meinem Ziel angenähert. Zwar hat sich mein Speiseplan grundlegend verändert – es gibt mehr lokal Produziertes, biologisch Angebautes und fair Gehandeltes auf dem Teller –, aber an allem selbst mitzuwirken wäre eine 24-Stunden-7-Tage-die-Woche-365-Tage-im-Jahr-Aufgabe. Ich begnüge mich damit, so viel ich eben kann, selbst zu pflücken, zu züchten, zu bewirtschaften, zu unterstützen. Aber ich kann und will es nicht zum Dogma machen, ausschließlich davon zu leben. Wichtiger und effektiver als die individuelle Autarkie ist eine Gemeinschaft, auf die man sich verlassen kann, wenn die Krise droht. Und die schon jetzt jenseits von Angst funktioniert. Ich habe den Eindruck, dass ich sie gefunden habe.

»Willst du auch ein Steak, Greta?«, ruft der Italiener, der ein saftiges Stück Lende auf den Grill gelegt hat. Die Lichterketten leuchten, Kinder spielen an der Wasserstelle der Kräuterschnecke, es duftet nach sommerlicher Unbeschwertheit. Ich zögere, weil ich mir für dieses Jahr vorgenommen habe, kein Fleisch mehr zu essen. »Oder willst du erst losziehen und Tiere abknallen?«

6. Jagen –
Ich brauche Fleisch

Als das Reh aus dem Dickicht tritt, will ich kein Vegetarier mehr sein. Es dreht sein feines Gesicht mit dem weißen Fleck und dem stattlichen Gehörn suchend in alle Richtungen. Seine Ohren zucken. Die Nase wittert den Feind. Der sitzt keine 200 Meter weiter auf einem Hochsitz, hält den Atem an. Fernglas ans Gesicht gepresst. »A Bock«, sagt Uwe König und packt mich fest am Arm. »Net bewegen, gell?« Ich erstarre in einer unbequem verdrehten Haltung. Jetzt bloß keinen Fehler machen und das Tier entwischen lassen. Über den Wiesen des Münchner Umlands liegt die satte Dämmerung eines Augustabends. Es duftet nach frischer Mahd, über der Fliegen und Mücken schwirren. Die Sonne zieht orangefarbene Streifen über den Horizont. Zusammen mit dem Reh ist es ein Bild, das selbst für ein Postkartenmotiv zu kitschig wäre. Uwe atmet leise schnaufend. Unter seinem braunen Filzhut stehen ihm kleine Schweißtröpfchen auf der Stirn. Er streift die Büchse von seinem khakifarbenen Hemd und entsichert sie in Zeitlupentempo. Ein leises Klackklack. Der Bock schaut auf. Mir schießt das Blut in die Schläfen. Ich will nicht, dass er entwischt. Ich will, dass er stirbt. Ich will ihn essen.

Dass ich das so klar wünsche, überrascht mich dann doch ein bisschen. Sollte ich jetzt nicht Mitleid empfinden mit dem schönen Geschöpf? In die Hände klatschen und es retten? Hatte ich mich nicht selbst vor acht Monaten zum Vegetarier erklärt? Innerhalb der Apokalypsen-Vorbereitung wollte ich ein

Jahr lang probieren, ob es für mich auch ohne Fleisch geht. Denn im Fleischkonsum, so war ich überzeugt, zeigt sich am deutlichsten, wie überkommen unser System ist. Wenn es etwas gab, das uns in der Zukunft direkt in die Hölle führen würde, dann war es dieses unkontrollierte Fleischfressen, das kein Ende kennt.

Wie bei so vielen anderen Dingen, die unvernünftig toll sind, ist die Nachfrage nach Fleisch in den letzten Dekaden immer weiter gewachsen. Greenpeace schätzt, dass von 1980 bis 2008 der weltweite Fleischverzehr um 40 Prozent gestiegen ist. Bis 2050 soll sich die globale Fleischproduktion nochmals verdoppeln. Und dieses Immer-mehr soll in Zukunft auch immer mehr Probleme unterschiedlicher Art mit sich bringen, sagen die Fleischkritiker. Das drängendste: globaler Hunger. Würde man die komplette Getreideernte der Welt als menschliches Nahrungsmittel nutzen, könnten zehn Milliarden Menschen satt werden. Bei mediterraner Kost – also mit wenig Fleisch – würde das Getreide für fünf Milliarden Menschen reichen. Bei einer amerikanischen Lebensweise mit etwa 123 Kilo Fleisch pro Kopf reicht es für gerade einmal 2,5 Milliarden. Das Problem ist, dass die Tiere einfach unglaublich viel von dem futtern, was wir auch anderswo einsetzen könnten – zum Beispiel für Brot oder Biodiesel. Um die Tiere massenhaft zu halten und zu züchten, werden bereits jetzt 80 Prozent aller Weide- und Ackerflächen der Welt beansprucht. Dafür werden Regenwälder gerodet und Weideflächen in monokulturelle Mais- und Sojafelder umgewandelt. Dass dort dann auch noch intensiv mit Phosphor und Stickstoff gedüngt, dadurch der Boden ausgelaugt und das Grundwasser vergiftet wird, macht die ökologische Katastrophe aufgrund des Fleischessens unausweichlich.

Früher konnte ich den künftigen Öko-Exitus und daraus resultierenden Welthunger gut ausblenden. Als geborene Thü-

VON EINER, DIE AUSSTIEG

ringerin wurde ich quasi mit der Mett-Nuckelflasche groß-
gezogen. Den größten Teil meines Lebens war es normal für
mich, den Tag mit einem Salamibrötchen zu beginnen. Wenn
ich mittags die Wahl zwischen einem vegetarischen Auflauf
und einer Rinderroulade hatte, entschied ich mich immer für
Letztere. An ein Abendbrot ohne Aufschnitt oder Fleischpas-
teten war gar nicht erst zu denken. Jeder Deutsche isst statistisch jedes Jahr 61 Kilogramm Fleisch, was etwa 15 Hühnern,
einem halben Schwein und einem Achtel Rind entspricht. Ich
lag vermutlich sogar über dem Durchschnitt. »Fleisch ist mein
Gemüse« – wenn ich ein saftiges Steak auf dem Teller hatte,
konnte ich alles um mich herum vergessen. Es sah einfach gut
aus, wie es so zart rosa schimmernd dalag. Vielleicht sogar zu
gut. Ich merkte, dass ich ein Stück Fleisch nur dann als wertvoll beurteilte, wenn es ästhetisch schön war. Es durften keine
Haare oder Federn mehr daran sein, kein Blut sollte heraustrop-
fen, keine Knorpel das Fleisch durchziehen, Knochen nur in
Ausnahmefällen. Alles, was mich daran erinnerte, dass es zu einem Tier gehört hatte, ekelte mich an. Gutes Fleisch, so lehrte
mich die Konsumindustrie, ist muskulös, glatt und portionswei-
se verpackt. Anders als auf Milchprodukten war bei Wurst und
Fleischwaren selten das lebende Tier auf der Verpackung abgebildet. Statt Metzger mit blutigen Schürzen sah ich nur noch
Fleischereifachverkäuferinnen in weißen Kitteln. Fleisch verkauft sich offensichtlich umso besser, je weiter der Konsument
vom Produkt und den Umständen seiner Entstehung wegge-
rückt wird. Wir vergessen dadurch, was genau wir da eigentlich essen. Nämlich: ein totes Lebewesen, in dem so viel mehr
steckte als die Filetstücke.

Aus moralischen Gründen kein Fleisch mehr zu essen war
spätestens seit Jonathan Safran Foers Buch *Tiere essen* für die aka-
demisch gebildete Mittelschicht um die dreißig zur neuen Re-
ligion geworden. Der Berliner Schriftsteller Jakob Hain sagt

zum Beispiel von sich, er sei nach der Lektüre zum »Mode-Vegetarier« geworden: »Was Foer über Massentierhaltung und Qualität von Fleisch zu sagen hatte, das fand ich cool argumentiert. Küken, die sofort nach der Geburt geschlachtet werden, Schweine, die nie die Sonne sehen. Dafür kann man doch nicht sein.« Bei mir blieb trotzdem oft das Gefühl zurück: Wer in einer Currywurstbude nach einer Tofu-Variante fragt oder Gummitiere ohne Gelatine im Schrank hat, dem geht es nicht nur um die Rettung der Welt, sondern auch um seinen Ruf als bewusster, ethischer, sensibler Supertyp. Vegetarismus ist der neue Buddhismus. Das hat mich schon aus Prinzip lange auf der Seite der Fleischesser gehalten. Mein liebstes Argument gegen den Verzicht: Wir Menschen stehen eben am Ende der Nahrungskette. Hurra, hurra, Darwin ist da. Je öfter ich das vorbrachte, umso mehr musste ich mir allerdings eingestehen, dass ich überhaupt nichts mehr mit dem angeblichen Raubtier in mir zu tun hatte. Das Recht des Stärkeren hatte ich doch längst an unbekannte Dritte übertragen. Andere sollten die dreckige Arbeit in Massentierhaltungsbetrieben und an Massentötungsapparaten verrichten, die das Fressen und Gefressenwerden in unserer Welt voraussetzt.

Nun aber wollte ich nicht mehr teilnehmen am Geschäft mit dem Fleisch. Raus aus der Logik des Immer-mehr-Fleisch-Essens und Immer-weniger-Tier-Erkennens. Ich beschloss auszusteigen. Die Entscheidung beeinflusste jeden einzelnen Tag. Im Kühlschrank hatte Herr F. die feinsten Wurstwaren gelagert, im Restaurant dufteten die Steaks der anderen, Wurstbuden schickten ihren verführerischen Duft durch die Straßen. Es war ein Martyrium. Ich gewöhnte mich zwar irgendwann daran, meine Brote mit Käse zu belegen und zu Grillpartys mein eigenes Gemüse mitzubringen. Aber die Fleischeslust blieb hartnäckig. Es musste eine Möglichkeit geben, Fleisch zu essen ohne ökologische Reue und moralische Entfremdung. Wenn ich schon nicht auf Fleisch verzichten konnte, dann wollte ich mich mit dem tatsächlichen Preis dafür auseinandersetzen: mit dem Tod und dem Töten.

Ich rufe im Beutehaus an, einer PR-Plattform für Wildfleisch, die im Internet mit Postkarten wirbt, auf denen eine friedliche Winterlandschaft zu sehen ist. Darüber steht »Massentierhaltung Jägerstyle«. Die Stimme am anderen Ende der Leitung erzählt mir, seiner Ansicht nach sei Jagen die anständigste Art der Fleischbeschaffung. Die Wildtiere verbringen ihr Leben in Freiheit, sie werden im Winter gefüttert und nur nach strengen Richtlinien gejagt. Laut dem ungeschriebenen Ehrenkodex der Jäger, der Waidgerechtigkeit, soll das Wild immer die Chance haben zu entkommen, weswegen in Deutschland nicht mit Schalldämpfern oder Nachtsichtgeräten gejagt wird. Ich finde, der Wildlobbyist vertritt seine Sache sehr gut, aber weil ich perspektivisch auf der Suche nach urbaner Autarkie bin, frage ich ihn, ob man denn auch in der Stadt etwas Essbares jagen könne, wenn es denn sein müsste. Und so lerne ich den Münchner Stadtjäger Uwe König kennen und werde eine Arbeitswoche seine Jägerpraktikantin.

Uwe sieht so aus, wie man sich einen Münchner Jäger vorstellt: eine stattliche Gestalt im Janker mit dröhnender Stimme und Jagdhund an der Seite. Als er mich in seinem kleinen grünen Geländewagen abholt, weiß er schon, wie die nächsten Tage aussehen werden. Fallenstellen, Waffenhandhabung, Falkenjagd, Jagdausflug. »Du kommst einfach überall mit hin«, sagt er. Und ich gehorche bereitwillig. Der Fünfzigjährige ist in seinem Leben immer direkt auf das zugegangen, was ihn herausgefordert hat. Nach der Hauptschule hat er Elektriker gelernt, dann bei der Bundeswehr eine Technikerausbildung gemacht, um schließlich bei einem Rüstungsunternehmen Panzer zu bauen. Er hat auf der Abendschule sein Abitur nachgeholt und ist Technischer Angestellter bei der Stadt München geworden. Danach kam die internationale Karriere in der freien Wirtschaft. »Ich war immer mit einer sehr hohen Schlagzahl unterwegs«, sagt er. »Habe mich überall ausprobiert. Handwerk, öffentlicher Dienst, Industrie, Ausland. Irgendwann konnte ich nicht mehr die gestärkten Kopfkissenbezüge in den schicken Hotels ertragen.« Er wurde krank – und stieg aus. Während der Auszeit erinnerte er sich an die Jagdausflüge mit seinem Großvater, als er noch ein kleiner »Bub« war, legte die Jagdprüfung ab, machte das Hobby gleich wieder zur Berufung und wurde Stadtjäger. Wenn es in der Stadt ein Problem mit Wildtieren gibt, wird er von der Stadt, Privatleuten oder Institutionen gerufen, um das tierische Problem zu lösen. Er fängt lästig gewordene Füchse, Marder oder Waschbären, schießt wild gewordene Wildschweine oder entsorgt angefahrene Rehe.

Wir steuern ein ruhiges Wohngebiet in München an. Mehrgeschösser wechseln sich mit Einfamilienhäusern ab, zwischen denen kleine Weiher und umzäunte Biotope liegen. »Hier hat der Fuchs schon ziemlich viel Unheil angerichtet«, sagt Uwe. Die Tiere stehlen Schuhe, fressen Entenküken und zerwühlen die Mülltonnen. »Wir sind dafür verantwortlich, dass die Wildtiere überhaupt erst in der Stadt sind«, erklärt er weiter. Mit »wir« meint er die Stadtmenschen. Als Kulturfolger ist der Fuchs dorthin umgezogen, wo es für ihn mehr und leichtere Beute gibt. Eistüten im Sommer auf den Straßen, Rosinen im Winter in den Vogelhäusern locken den Fuchs. Und nicht nur ihn: Viele Wildtiere flüchten sich vom monokulturell geprägten Land in die facettenreichen Lebensräume der Stadt: lichte Wälder in Parks, Steinwüsten im Gleisbett, Kletterwände an Fassaden. Das ist ein interessanterer Lebensraum als immer nur Maisfelder und Kiefernwälder. Es heißt, in den Städten gäbe es heute schon eine größere Artenvielfalt als auf dem Land. »Was davon kann ich essen?«, frage ich, und Uwe zählt eine ziemlich lange Liste auf: Jede Menge Kaninchen leben in Parks, zunehmend Wildschweine und Rehe in den Stadtwäldern, Wildenten- und Gänse, Blesshühner, Fasane. Waschbären sollen auch nicht schlecht schmecken. »Was ist mit dem Fuchs, den wir hier versuchen zu fangen?«

»Den kann man nicht essen. Aber das Fell könnte man gut für eine Jacke nutzen.«

»Würde ich mich nie trauen anzuziehen. Damit komme ich bestimmt nicht weit, ohne einen Farbbeutel abzubekommen.«

»Ach, das ist auch so ein Schmarrn. Pelz ist ein reines Naturprodukt und das Beste, was man sich bei Kälte anziehen kann.«

»Ich glaube, das bestreitet keiner. Es geht eher darum, dass für einen Luxusartikel Tiere getötet werden.«

»Die Neidgesellschaft!«

»Das ist es nicht nur. Pelzgegner kommen meistens aus der Tierschutzecke.«

»Aber dann ziehen sie sich Goretex-Jacken an! Wie viele Ressourcen für so ein Plastikding verbraucht werden! Da wäre ein Fuchspelz ökologischer!«

Uwe schlägt sich durch ein Gebüsch bis zu einer sitzbankgroßen schwarzen Kiste, die nach beiden Seiten offen ist. Ringsherum streut er Hundetrockenfutter. Ein paar der Fleischkringel legt er in die Falle. Auf der Kamera, die er daneben aufgestellt hat, sieht er, dass bisher nur Katzen um die Falle herumgeschlichen sind. Er will auf den Nachtsichtbildern aber sehen, wie sich der Fuchs verhält und ob es vielleicht sogar mehrere Tiere sind. »Diese Vegetarier gehen mir auf die Nerven«, schiebt er noch hinterher. »Da nehmen sie lieber in Kauf, dass ihre Kinder sich bei Füchsen anstecken, die die Räude haben, als dass man das Tier erschießt. Und wenn sie den Ausschlag auf der Haut sehen, glauben sie, das Kind hat eine Lactose-Allergie.« Er winkt ab. »Da ist so viel Wissen verloren gegangen in den letzten Jahrzehnten.«

Uwe will den Städtern sein Wissen über die Jagd weitergeben. Er hat eine Jagdschule gegründet, wo er zusammen mit seiner Frau Jagdinteressierte auf das »grüne Abitur« vorbereitet. Das ist die Prüfung für den Jagdschein, die in jedem Bundesland etwas anders aussieht, in jedem Fall aber ziemlich aufwendig ist. Bei der Ausbildung merke er, dass viele noch nicht einmal mehr ein Jagdmesser ordentlich aufklappen können, geschweige denn wissen, wie man ein Tier aufbricht. »Es wird aus unserem bequemen Leben einfach ausgesperrt, dass Tiere essen auch Tiere töten voraussetzt«, sagt er. »Und wie das überhaupt geht.« Ich will wissen, wer die Menschen sind, die diese Kulturtechniken wieder lernen wollen. Und Uwe nimmt mich mit.

In seinem privaten Jagdzimmer stehen auf einem Regal ausgestopfte Wildtiere, an einer Wand hängt ein stattliches Hirschgeweih, im Schrank stehen Bücher wie *Chicks with Guns* oder *Hemingways Waffen* und die Klassiker des namibianischen Berufsjägers Kai-Uwe Denker. Hier finden die Schulungen für Nachwuchsjäger statt. Uwe sagt, dass es immer schwieriger wird, Waffen mit an einen öffentlichen Ort zu nehmen. Die Vorbehalte gegenüber Jägern seien im städtischen Bereich sehr groß. Nach und nach trudeln die Jagdschüler ein: eine Ärztin, ein Banker, ein Student, ein Beamter. Sie sehen nicht aus wie blutrünstige Mordlustige oder aggressive Waffennarren. Im Gegenteil: Hier sitzt das artige, Mittelklassewagen fahrende, Steuern zahlende Bürgertum. »Jäger sind die bravsten Bürger überhaupt«, sagt einer. »Wir sind gläserne Menschen und müssen vom Staat als unbedenklich eingestuft werden, um den Jagdschein machen und behalten zu dürfen.« Selbst wenn sie an einem Autounfall beteiligt sind oder Steuern hinterziehen, wird ihnen die Lizenz zum Töten entzogen. Mehrere Tausend Euro und fast ein ganzes Jahr wöchentliche Seminare in Theorie und Praxis investieren die Jagdschüler. Die meisten von ihnen kommen aus einer Jägerfamilie, es kostet für sie keine Überwindung, ein Tier zu töten. »Ich habe Respekt vor dem Lebewesen«, sagt Uwes Frau Martina König. Sie ist auch Jägerin und leitet die Schulungen. »Aber ich weiß, dass es meine Nahrung ist.« Fleisch schmecke anders, wenn man es selbst schießt, aufbricht, zerlegt und verwertet. Manche ihrer Schüler essen ausschließlich selbst gejagtes Fleisch und ernähren sich sonst vegetarisch.

Während des Unterrichts lerne ich, dass das Blut des angeschossenen Tieres »Schweiß« genannt wird. Damit klingen dann auch gleich die anderen Fachwörter aus dem Jägerlatein weniger martialisch: Schweißhund statt Bluthund, Schweißarbeit statt Blutsuche. Während die anderen erklären müssen, was der Unterschied zwischen Totverbellen und Totverweisen ist, beginne ich mich ein bisschen zu langweilen. Ich hatte mir die Jägerszene irgendwie krasser vorgestellt. Schließlich ging es bei ihnen um Leben und Tod, um den ultimativen Kampf zwischen Mensch und Tier, um das Existenzielle. Stattdessen treffe ich artige, freundliche, disziplinierte Menschen, für die Jagen eine Technik und kein Thrill ist. Ich beneide sie ein bisschen um ihre Abgeklärtheit.

Auf dem Seminartisch rollt Martina eine grüne Filzunterlage aus, Uwe legt einen Revolver und eine Pistole darauf. Mir werden augenblicklich die Finger feucht. Ich hatte noch nie eine geladene Waffe in der Hand. Einer nach dem anderen darf die Kurzwaffen aufnehmen, sichern, auseinanderbauen, laden. Ich kenne Revolver nur aus Westernfilmen und die Walther PPK von James-Bond-Filmen. Sie jetzt mit einer messingfarbenen Pufferpatrone am Ende meines ausgestreckten Arms zu haben kickt mich. Ich lade die Pistole durch, ziele auf das Hirschgeweih auf der gegenüberliegenden Wand. Atme zwei Mal durch. Es ist ruhig im Raum. Dann lasse ich den Arm wieder sinken. »Du hast Talent«, sagt Uwe. »Du gehst sicher und mit Respekt auf Waffen zu.« Ich lache verlegen. Wenn er mein Geheimnis kennen würde, hätte er mir die Waffe vielleicht nicht übergeben.

In meinem Keller liegt nämlich ein grüner Rucksack, direkt neben den Pilzen und Konserven. Er begleitet mich auf einigen meiner Touren in die urbane Autarkie. Darin liegen zwei Angeln, ein Kescher, verschiedene Köder, Fischfutter, Schlachtermesser. Seit ich ein Kind bin, begleite ich meinen Opa zum Angeln ans Meer, an Seen, Teiche und Flüsse. Wenn ich mit den Watstiefeln ins fließende Nass steige, auf den rutschigen Steinen Halt suche, das Wasser nach sauerstoffreichen Stellen absuche, die Angel vorbereite und den Blinker mit feinem Schwung platziere, dann verschwindet alles ringsherum. Dann sind da nur noch der Fisch und ich. Und jede Menge Mücken. Eine Erlaubnis habe ich nicht, den Jagdtrieb aber schon. Fischwilderei ist genau wie Jagdwilderei nach dem Strafgesetzbuch ein Delikt, das mich Tausende von Euro und sogar die Freiheit kosten kann. Ich gehe deswegen nicht ständig aus Spaß in fremde Gewässer und hole heraus, was ich bekommen kann. Aber wenn mich eine Krise oder Extremsituation dazu zwingen würde, selbst für meine Nahrung zu sorgen, würde ich es ohne mit der Wimper zu zucken tun. Zumindest Fische weiß ich mir zu holen.

Wilderei ist ein typisches Krisenphänomen. Sie steigt an, wenn die Bevölkerung Hunger oder Not leidet; aus dem Verständnis heraus, dass die Natur für alle da ist. Noch bis ins Mittelalter durfte jeder freie Mann in den deutschen Wäldern ohne Beschränkung jagen, um sich und seine Familie zu ernähren. Doch je mehr sich der Adel Ländereien zu eigen machte und Bauern belehnte, umso stärker regulierte er auch, wer wann was schießen durfte. Hochwild zu jagen, worunter damals neben Schalenwild, Auerwild und Steinadler auch Fasane, Bären und Luchse zählten, war ein hübscher Zeitvertreib für den hohen

Adel. Der entzog den Bürgern das Jagdrecht für die edlen Tiere und stellte jedes Zuwiderhandeln unter Strafe. Das ländliche Leben war karg und stand im krassen Gegensatz zu dem ausschweifenden Leben des Adels. Fleisch wurde zum Luxusgut – und Wilderei zum Ausdruck des Widerstandes gegen eine verschwenderisch lebende Obrigkeit. Die Revolution von 1848 schaffte zwar das aristokratische Privileg des Jagens ab. Fortan durften formal auch kleine Bauern wieder alles jagen, aber die Jagdgründe gehörten kapitalkräftigen Bürgerlichen, die den Lebensstil des Adels zu imitieren versuchten. Die arme Bevölkerung blieb weiterhin ausgeschlossen. Bis in die Sechzigerjahre des letzten Jahrhunderts verstanden sich Wilderer daher auch als Sozialrebellen, die sich nicht damit abfinden wollten, dass nur eine privilegierte Schicht über das Wild im Wald verfügte. Sie wurden teilweise zu Helden der unterdrückten Klasse stilisiert. Der Autor Roland Girtler zeigt in seinem Buch *Wilderer – Rebellen in den Bergen*, dass es aber nicht nur ein Akt der Rebellion war, wenn junge Männer in die Wälder zogen. Sie wollten vor allem ihren Hunger stillen. Und wurden oft eingesperrt. »Im Winter hat ihnen das nichts gemacht, denn im Gefängnis haben sie etwas zu fressen bekommen. So war es in der Zeit nach dem Ersten Weltkrieg. Die Leute waren schon sehr arm. Sie sind wildern gegangen. Was hätten sie auch sonst tun sollen?« Auch in der Großen Depression und nach dem Zweiten Weltkrieg war das Wildern ein Massenphänomen.

Bis heute werden in deutschen Wäldern illegal Tiere geschossen. Es gibt zwar keine verlässlichen Zahlen darüber, wie viel illegal aus deutschen Wäldern und Gewässern gezogen wird, aber in Zeitungen werden immer wieder Fälle von abgeschnittenen Hirschköpfen und grausam verendeten Luchsen berichtet, die als Trophäen gejagt wurden. Ein Jäger mit eigenem Revier erzählt mir, dass er beobachtet hat, wie nachts Wilderer in den Wald fahren, die Tiere mit ihren Autoscheinwerfern blenden und mit schallgedämpften Waffen das Wildbret schießen. Er sagt, es seien viele Osteuropäer dabei, die sich tatsächlich davon ernähren wollen. Denn Jagen ist bis heute ein kostspieliges Hobby. Wer die Tausende von Euro für den Jagdschein und die Kosten für ein Revier oder die Erlaubnis, darauf zu jagen, nicht aufbringen kann, bleibt davon ausgeschlossen – oder er wildert.

Ich frage mich, ob das Jagen auch bei uns im Falle einer Wirtschaftskrise wieder in Mode kommen würde. Der Autarkie-Prophet Martin Hoffmann, der auf seinem Blog Elfenwald seine Versuche zu einem selbstbestimmten Leben dokumentiert hat, sagt, es schade nicht, sich für den Ernstfall bereits jetzt ein paar Waffen zum Jagen und zur Selbstverteidigung zu besorgen. »Wenn eine große Hungersnot angesagt ist, wird man jemanden mit Flinte oder Armbrust und großem Messer hinter den Wildschweinen herwetzen sehen.« Amerikanische Endzeitstimmen sind da noch deutlicher. Auf der Internetseite simpleppreppingnow.com erklärt der ehemalige US-Marine Rick Hoffmann, wie er bei Auslandseinsätzen von seinen Kameraden verschiedene Jagdtechniken gelernt habe. Jahrelang war es für ihn ein faszinierender Sport, aber nach allem, was er an Elend und Zerstörung auf Auslandseinsätzen gesehen hatte, begann er, nicht mehr an ein ewig dauerndes Glück im Wohlstand zu glauben. Er und seine Frau bereiteten sich auf harte Zeiten in der Zukunft vor. Das Jagen wurde für ihn zum Mittel der Selbstversorgung. Sein Blog erklärt mit Bildern und klaren Sätzen, wie man ein Tier zerlegt und konserviert. »Wenn du dich auf das Ende der Welt, wie wir sie kennen, vorbereitest oder einfach nur eine Leckerei suchst, dann ist das hier vielleicht dein nächster Lieblingssnack«, schreibt er unter einem Rezept.

Ich will beides: Endlich mal wieder Fleisch essen und dabei unabhängig vom System sein. Am nächsten Tag packt mich Uwe wieder in seinen Geländewagen, wir kontrollieren die

Fuchsfalle (immer noch leer), spüren auf einem Sportplatz einer Dachsfamilie hinterher (viel Kot gefunden) und besuchen einen Falkner, der in der Stadt mit Raubvögeln und Frettchen Kaninchen fängt. »In der Stadt kann man meistens nicht schießen«, sagt Wolfgang Schreyer. Mit Raubvögeln sei die Stadtjagd deswegen viel einfacher. In seinem Garten sitzt ein Bussard an einer Leine und guckt mich regungslos an. In Volieren hocken verschiedene Arten von Falken, ein Bengalen-Uhu und ein Steinadler. Normalerweise geht er mit ihnen los, sucht Kaninchenbaue in der Stadt, schickt Frettchen in die Erdlöcher, die die Tiere heraustreiben. Dann schlägt der Greifvogel zu. Als Belohnung bekommt der Vogel ein gutes Stück Fleisch. In guten Jahren gibt es etwa 3500 bis 4000 Kaninchen in München, »Massenware«, wie er sagt. Er könnte also ausschließlich davon satt werden. Aber er mag auch Fasane oder Rehe. Im Umland von München hat er deshalb zwei Pachtreviere. Dort fährt Uwe mit mir hin – auch, weil die Vögel bei den heißen Temperaturen im Sommer nicht fliegen.

Auf den Ansitz zu gelangen ist gar nicht so einfach. Wir gehen schweigend einen Feldpfad entlang, schlagen uns durch Brennnesseln und Schilf über einen improvisierten Steg aus Ästen bis zum Hochstand, der geschützt zwischen einigen Bäumen liegt. Uwe zündet sich eine Pfeife an, deren süßer Duft sich mit der Abendmilde vereint. Knatternde Mopeds zerreißen die Stille, Spaziergänger promenieren vorbei, auf einem Spielplatz in der Ferne ertönt Lachen. Nachdem die Sonne verschwunden ist, verschwindet auch das menschliche Gewusel. Und der Bock taucht auf. Er äst seelenruhig vor uns auf der Wiese. »Noch 20 Meter näher, dann schieße ich«, sagt Uwe. Mir erscheint er schon jetzt geradezu aufdringlich nah. Im Zickzack kommt er näher. »Sind dahinten noch Leute?«, flüstert Uwe. Ich gucke durch das Fernglas. »Niemand da«, sage ich und denke: »Schieß!«. Aber Uwe legt die Flinte ab, schüttelt den Kopf. Zu gefährlich. Es könnte einen Querschläger geben in Richtung des Spielplatzes, der am Rand der Wiese gebaut wurde. Der Bock steht genau zwischen uns und den Klettergerüsten. Er tastet sich langsam weiter vor. Meine Hand zuckt. Ich wünsche mir jetzt die geladene Pistole vom Training in meine Hand. »Der Winkel ist ungünstig. Wir würden ihn nur verletzen und die Eingeweide treffen«, sagt Uwe. Der Bock umrundet uns, verschwindet in einer Böschung direkt neben dem Hochsitz. Es raschelt. Die Dunkelheit legt sich über die Wiesen und Felder. Jeder Heuballen und jeder Maulwurfshügel wird vor meinen Augen zum angeblichen Wildtier. Ich weiß nicht, ob es Jagdfieber oder Fleischlust ist, das meine Sinne täuscht. Uwe schnauft lange, sichert die Flinte und sagt anerkennend: »Er ist weg. Wie auch immer er das geschafft hat. Diesmal war der Bock schlauer als wir.«

Das Adrenalin pumpt noch durch unsere Venen, als wir wieder mit dem Geländewagen zurück nach Hause fahren. »Aus dir wird noch a g'scheide Jagerin«, sagt Uwe. »Du hast einen ausgeprägten Jagdinstinkt.«

Im Münchner Zuhause auf Zeit angekommen frage ich mich, ob ich die gleiche kribbelnde Euphorie auch dann noch in mir gespürt hätte, wenn ich am Ende tatsächlich den leblosen Rehbock vor mir liegen gesehen hätte. Dem Tod war ich durch das Fallenstellen und die Waffenübungen und die Jagd noch nicht näher gekommen. Eher dem Töten. Am nächsten Morgen rufe ich Uwe noch einmal an. »Du willst ein Tier sterben sehen?«, fragt er ungläubig. »Rausfahren werde ich heute nicht mehr, aber ich muss noch in den Schlachthof und ein Rinderherz für den Hund kaufen. Ich nehme dich gern mit.« Wenig später brechen wir auf zu unserer letzten gemeinsamen Tour.

Auf dem Schlachthof ist es ungewöhnlich ruhig. Es sind kaum Menschen zu sehen zwischen den weitläufigen Backsteingebäuden. Selbst als vier Viehtransporter vorfahren, hört man kaum einen Laut. Die Kühe hängen ihre sabbernden Mäuler aus den Eisenstangen, ihre Augen sind seltsam starr. Ein Laster nach dem anderen fährt zur Laderampe. Arbeiter treiben die Tiere mit Eisenstangen in die Gänge, aus denen es kein Zurück gibt. In vier Reihen stehen die Kühe tonlos hintereinander, Schritt für Schritt treten sie der Bolzenschussanlage entgegen. »Was guckt ihr so?«, ranzt mich ein grober Kerl in gelben Gummistiefeln an. »Fremde können hier nicht rein!« Ich sehe, wie der mächtige Körper einer Kuh hinter der Klappe wegbricht, ihre Hinterbeine werden in Richtung Decke gezogen, eine Klinge schneidet die Schlagader auf. Ein roter Schwall platzt heraus. »Wir waren nur … also wir wollten nur …«, stottere ich. Die Stirn des Kerls zieht eine bedrohlich tiefe Falte. »Wie werden die Rinder denn hier getötet?«, wirft Uwe fragend dazwischen, was den Kerl offensichtlich sofort entspannt. »Wir haben hier viel herumprobiert. Hier nehmen wir den Bolzenschuss.«

»Kein Gas?«

»Für Gas haben Kühe ein zu großes Volumen.«

»Aaaach so, klar klar. Aber bei Schweinen geht es?«

»Ja, bei Schweinen geht Gas.«

»Und Strom?«

»Haben's auch mit Strom probiert, aber bei Rindern muss man zu viel durchjagen, und dann verbrennen die Fasern.«

»Klar.«

»Ja, wir haben viel herumprobiert.«

»Ja gut dann, danke schön. Wir gucken mal rüber zum Tierfutter, gell? Servus.«

Als wir auf die andere Seite des Schlachthofs gehen, ist noch ein Laster mit Kühen übrig. Ich kann den seltsam verdrehten Augen nicht entgehen. Die wissen, dass sie tot sind, denke ich im Vorbeigehen. Das wissen sie schon ihr ganzes Leben. Vor der Tierfutterabteilung lädt ein Mitarbeiter in weißer Metzgerschürze einen nackten Schlachtkörper von einer

Schubkarre in den Kühlraum. Die Kuh sei umgeknickt, jetzt darf sie nur noch als Tierfutter verwendet werden, erklärt er uns. In den Regalen liegen große Stiegen mit schwarzem und weißem Pansen, riesigen Lungen und Speiseröhren. In Plastiktüten lagern getrocknete Ochsenschwänze. Früher waren das Delikatessen, jetzt sind sie aus dem menschlichen Speiseplan aussortiert. Ich bemerke, wie sich mehrere dunkelhäutige Frauen der Tierfutterabteilung nähern. Sie holen sich Pansen und Leber. Nicht für ihre Haustiere, sondern für ihre Familien. »In Deutschland bekommen die Hunde besseres Essen als in Afrika die Menschen«, sagt eine Frau. »Das ist sehr verrückt, dass diese guten Sachen Abfall sein sollen.« Sie hebt den Beutel.

Beim Anblick der zottigen weißen Pansenstücke wird mir klar, dass mich dieses Fleisch vom Schlachthof nicht wieder ins Reich der Karnivoren zurückholen wird. Ich will nicht dafür verantwortlich sein, dass ein grober Kerl an Zombiekühen Gas-, Strom- und Bolzenschussmethoden probiert, um am Ende nur einen Teil des ganzen Wesens als für den Menschen wertvoll zu betrachten. Die Verschwendung ekelt mich mehr an als das Töten. Denn es zeigt, wie wenig Respekt wir inzwischen vor Tieren haben – den lebendigen und den toten. Beim Jagen hatte ich das anders erlebt: Die meisten Jäger sind verbunden mit den Kreisläufen der Natur, sie wägen vor jedem Schuss sorgfältig ab und lieben letztlich, was sie töten. Ich werde also Vegetarierin bleiben. Und sollte mich doch einmal wieder die Fleischeslust überfallen, dann werde ich lieber dem nächstgelegenen Jäger sein Wildbret abkaufen, als den nächsten Fleischer zu suchen, der Wurst und Steaks aus Massentierhaltung anbietet. Denn dort im Fleischereifachgeschäft ist ein Blick in die Abfalltonnen genauso lohnend wie ein Blick in die Auslage. Aber: Würde ich das wirklich bringen? Essen aus dem Müll? Es kam auf einen Versuch an.

7. Schmarotzen –
Check-in bei modernen Nomaden

Ich kann hier nicht atmen. Jedes Mal wenn ich versuche, meine Lungen voll Luft zu ziehen, schnürt sich die Luftröhre zu, als verweigere sie es, den Dunst aus Müll und Körperschweiß, der in der Wohnung hängt, als Luft zu begreifen. Ich halte ein kleines Gläschen Espresso direkt unter meine Nasenlöcher, damit ich weiter aufrecht lächelnd auf dem Küchenstuhl sitzen kann. Neben mir steht ein selbst gezimmertes Regal mit Holzkisten, in denen braune Bananen und matschig weiche Mangos liegen. Dahinter zerfrisst ein grüner Schimmelpilz die Wand. Ich will zuhören, lernen und mich öffnen für die Geschichten, die die anderen erzählen, die um den Küchentisch hocken und ebenfalls an Espressogläsern nuckeln. Da sitzt ein blondgelockter Riese in selbst genähten wallenden Batikkleidern aus Holland, ein Franzose im plüschigen Ganzkörper-Wolfskostüm, ein stummer Australier mit einem abstehenden Rastazöpfchen, ein Mädchen mit Strickmütze und Blümchenkleid und ein langhaariger Physiker mit Karohemd. Aus ihren Mündern quellen Geschichten vom Leben frei von allen Verpflichtungen. Sie alle sind zwischen zwanzig und dreißig. Ohne Haus, ohne Job, ohne Geld. Sie wissen, wie es ist, auf der Straße zu schlafen, sich aus Mülleimern zu ernähren und den Daumen in den Wind zu halten auf der ewigen Reise ihres unsteten Daseins. Sie wollen frei sein von den Zwängen, die die moderne bürgerliche Gesellschaft ihren Nachkommen vorgeschrieben hat – mit geregelter Arbeit und kalkulierbarem Einkommen und vorstrukturierter Freizeit. Stattdessen wollen diese jungen Menschen jeden Tag entdecken, was die Welt da draußen für sie an Abenteuern bereithält. Und das scheint ihnen ganz gut zu gelingen. Denn es gibt – zumindest in entwickelten Ländern – dafür eine Infrastruktur.

Ich bin in einer »nomad base« gelandet. Das ist eine offene Wohnung, die Reisenden, Abenteurern, Suchenden und Heimatlosen aus aller Welt für ein paar Tage bis Monate zum Zuhause wird. Es ist kein Hostel und keine Privatpension, sondern ein Zuhause auf Zeit für jedermann. Wer die Türschwelle überschreitet, ist hier Gast und Gastgeber zugleich. Er kümmert sich darum, dass es ihm und der Gemeinschaft gut geht, er nutzt, so viel er braucht, und gibt, so viel er kann. Von denen kann ich lernen, denke ich. Die kennen sich mit den existenziellen Fragen aus, wo man in den Städten dieser Welt Essen, Unterkunft, Kleidung und Gesellschaft findet – ohne dafür zu bezahlen.

Das Haus im Berliner Friedrichshain ist ein ganz normales Mehrfamilienmietshaus, am Klingelschild deutet nichts darauf hin, dass im dritten Stock eine Wohngemeinschaft eingezogen ist, die pro Jahr bis zu 200 Menschen beherbergt. Im Flur hängen Pappschilder der Tramper, auf denen mit Edding »Berlin« in Druckbuchstaben geschrieben steht. In den zwei kleinen Zimmern liegen Isomatten, Schlafsäcke, Kissen, Klamotten, Rucksäcke im wilden Durcheinander. Ich kann den Bodenbelag darunter nicht mehr erkennen. Selbst auf dem Balkon sind noch zwei Decken, unter denen sich im Notfall Neuankömmlinge zusammenrollen können. Es ist Januar.

»Die Wohnung kommt mir jetzt so leer vor«, seufzt Fabian, der Physiker im Karohemd. Er hat die Wohnung zusammen mit seiner Freundin Ella gemietet und vor einem Jahr zur Nomadenbasis erklärt. »Zu Silvester hatten wir 50 Leute hier«, sagt er. »Die Hälfte von ihnen hat auch hier übernachtet. Auf jedem freien Fleck lagen sie dicht gedrängt in ihren Schlafsäcken. Das war so schön.« Ich lächele gequält, weil ich mir unter schön etwas anderes vorstelle, als mit zwei Dutzend Fremden auf mehreren Lagen dreckiger Kleidung meine Bettstatt auszubreiten. Ich stecke meine Nase tiefer in die Espressotasse, um den Gedanken daran mit Röstaromen wegzuschnüffeln.

Fabian erzählt, dass er bis vor Kurzem noch an der Universität Philosophie und Physik studiert und als wissenschaftliche Hilfskraft auch Geld verdient hat. Damit bezahlt er Miete und Nebenkosten für die Wohnung. Er hat die Fächer gewählt, weil er verstehen wollte, was die Welt im Innersten zusammenhält. Aber das war eine Enttäuschung. Wenn er auf den Straßen unterwegs ist, käme er der Antwort näher als in einem Hörsaal. Deswegen hat er das Studium mittlerweile geschmissen und wird bald wieder aufbrechen. Zu den Orten, die vielleicht nicht die Welt an sich zusammenhalten, aber doch seine Welt. Zu den Nomadenbasen anderer. Die Szene der Dauer-Traveller organisiert ihre Trips über das Internet. Dank digitaler Bettenbörsen wie Couchsurfing, Hospitality Club oder BeWelcome finden Heimat- und Rastlose überall auf der Welt für ein paar Tage eine kostenlose Unterkunft. Allein bei Couchsurfing haben sich seit Gründung des Portals über drei Millionen Menschen angemeldet. Am Anfang waren es hauptsächlich idealistische Rucksackreisende, die ohne viel Geld viele Länder sehen und bei Gleichgesinnten auf die Matratze springen wollten.

Mittlerweile ist die Idee, Fremden ein Bett, ein Zimmer oder gleich die ganze Wohnung zu überlassen, massentauglich geworden. Nicht nur arme Studenten und Langzeit-Traveller nutzen die Portale, sondern auch Individualtouristen unterschiedlicher sozialer Schichten. Sie alle wollen ihre Reiseziele kennenlernen, als wären sie nicht nur Besucher, sondern Bewohner des Ortes. Daraus hat sich ein einträgliches Geschäftsmodell entwickelt. Wohnungstauschbörsen wie AirBnB, Wimdu oder 9flats verlangen 15 Prozent Vermittlungsgebühr dafür, dass sich Menschen gegenseitig beherbergen. In den hippen Vierteln von London, New York und Berlin mieten mittlerweile finanzstarke Investoren ganze Wohnungen, um sie über die privaten Vermittlungen ebenso finanzstarken Touristen zu überlassen. Der deutsche Mieterbund schlägt deswegen Alarm und warnt, dass in gut zehn Jahren etwa eine Million Wohnungen in Deutschland fehlen könnten, wenn das so weitergeht.

»Es ist ätzend, dass die Idee so ausgehöhlt wird«, sagt Fabian. »Wir meiden die kommerziellen Portale.« Ihre Nomadenbasis ist wie der Gegenentwurf zu den schick sanierten Apartmentwohnungen in den Kommerzbörsen. Das Leben dieser urbanen Nomaden funktioniert weitgehend geldlos – zum einen, weil Langzeitreisende sich oft nur mit Gelegenheitsjobs über Wasser halten und kaum Einkommen generieren, zum anderen, weil Geld nicht die Währung ist, die sie reich macht. Sondern Gemeinschaft. Manche Nomadenbasen lassen sich mit Begriffen wie »collective«, »complete-commons« oder »attempted-commons« in den Bettenbörsen finden. Die Wohnung als Gemeingut. Das klingt utopisch und radikal – und wirft Fragen auf.

»Stehen hier nicht unglaublich viele Leute auf der Matte?«

»In den letzten Monaten hat es schon ziemlich krasse Ausmaße angenommen. Jeden Tag bekommen wir Anfragen im zweistelligen Bereich. Aber wir suchen bei denen, die hier über Couchsurfing herkommen wollten, sehr gezielt aus.«

»Und wie organisiert ihr das Zusammenleben?«

»Das organisiert sich selbst. Ella und ich mieten zwar die Wohnung, aber wir haben nicht mehr Rechte oder Pflichten als alle anderen Menschen, die hier einziehen, auch.«

»Wählt ihr aus, wer hier rein darf?«

»Eigentlich nicht. Jeder, der ankommt, bringt seine eigene Geschichte mit, und das ist es, was es so interessant macht.«

»Darf ich auch hierbleiben?«

VON EINER, DIE AUSSTIEG

»Ja klar, wenn du willst.«

Was war das denn jetzt? Habe ich mich gerade selbst einge-mietet? Wo ich doch olfaktorisch mit dem Überleben kämp-fe? Das muss der fehlende Sauerstoff sein. Andererseits kann es ja nicht schaden auszuprobieren, ob ich mich auch als ur-baner Nomade durchschlagen und in Gemeingüterwohnungen unterschlüpfen könnte. Es ist ja nicht so, dass ich noch nie in der Bude eines Fremden geschlafen hätte. Im Gegenteil: Wenn ich mit dem Rucksack losziehe, rolle ich meine Isomatte gern bei gastfreundlichen Einheimischen aus. Im Garten mazedo-nischer Künstler. In der Plattenbauwohnung eines polnischen Filmregisseurs. Auf dem Flachdach einer kurdischen Familie in Syrien. Das war immer aufregend und fühlte sich – Achtung Modewort – authentisch an. Diese Wohnung allerdings, mitten in der deutschen Hauptstadt, kommt mir exotischer vor als ein Nomadenzelt in der Wüste, weil das hier mein Kulturkreis ist und dann doch wieder nicht. Ich weiß, dass ich in den nächsten Tagen meine spießbürgerlichen Kategorien von Mein und Dein und Sauber und Dreckig und Normal und Anders ablegen muss. Dass ich mich einlassen muss auf Menschen, die Plüschkostüme und Batikkleider tragen. Und dass ich nicht mehr atmen darf.

Fabian, der Franzose im Wolfspelz und der stumme Austra-lier rutschen auf ihren Stühlen unruhig herum. Draußen ist es dunkel, und die zwei Kühlschränke müssen noch gefüllt wer-den. Sie wollen containern gehen, also in den Müllcontainern hinter Supermärkten nach essbaren Lebensmitteln stöbern. »Man findet dort wirklich alles, was man zum Leben braucht«, sagt Fabian. Selbst das Geschirr, den Mixer, die Thermoskan-nen und die Hygieneartikel im Bad haben sie dort herausgezo-gen. »Es ist eine nie versiegende Quelle. Alles, was du im Laden kaufen kannst, kannst du auch dahinter in der Tonne finden.« Die vielen hungrigen Münder in der Nomadenbasis können sie mit Mülltauchen problemlos satt kriegen.

Laut Filmemacher Valentin Thurn, der in seiner Dokumentation *Taste the Waste* die strukturelle Lebensmittelverschwendung aufgedeckt hat, wird in Deutschland etwa die Hälfte aller produzierten Lebensmittel weggeworfen. Zwar sei das, was der Handel in die Tonne kippe, im Vergleich zur Landwirtschaft und dem Endverbraucher noch relativ gering. »Aber der Handel hat so eine Scharnierfunktion«, erzählt mir Thurn in einem Interview. »Er ist dafür verantwortlich, was in der Landwirtschaft weggeworfen wird, weil er bestimmt, was abgenommen wird und was nicht. Und er hat eine Verantwortung dafür, was wir Verbraucher einkaufen. Mit Zwei-für-eins-Angeboten werden Konsumenten dazu verführt, mehr zu kaufen, als sie eigentlich brauchen.« Und am Ende mehr wegzuwerfen, als nötig wäre. Lange könnten wir uns diese Verschwendung nicht mehr leisten, denn in Zeiten knapper werdender Rohstoffe zögen auch die Lebensmittelpreise an. »Doch bis es wirklich ökonomisch notwendig wird, weniger wegzuwerfen, haben wir vielleicht schon einen Großteil unserer Ressourcen aufgebraucht«, fürchtet Thurn. »Deswegen müssen wir schon vorher die Umkehr schaffen.«

Nach seinem Dokumentarfilm ist eine ganze Bewegung von Lebensmittelrettern in Deutschland entstanden, die über das Internet verteilt, was bei Biosupermärkten, bei der eigenen Ernte im Garten oder im Kühlschrank übrig bleibt. Bevor es vergammelt, kann es als Essenskorb im Internet weitergereicht werden. »Foodsharing« ist die saubere Variante des »Containerns«, die ich mir als Nahrungsquelle für später aufhebe. Jetzt will ich es zuerst einmal schmutzig und von der fatalen Verschwendung in unserer Gesellschaft profitieren. Ich stelle das Schnüffelgläschen ab, ziehe mir meinen Schal bis zur Nase hoch und schließe mich der Mülltauchergruppe an. Die Jungs schultern ihre Rucksäcke, in denen Plastiktüten stecken. Ich bekomme eine Gemüsekiste, die ich mir auf ein rot lackiertes

Postfahrrad klemme. Dann brechen wir zur alternativen Shoppingtour auf.

Der Schnee eines Parkplatzes reflektiert das gelbe Licht des Netto-Logos. Die Glastüren öffnen sich, als wir dicht an ihnen vorbei in Richtung Laderampe fahren. Dort stehen die schwarzen Müllcontainer in einem Metallgitter, das glücklicherweise nicht abgeschlossen ist. Die Jungs rollen die Container heraus, schieben den Deckel nach hinten, springen am Rand in den Stütz und lassen ihren Oberkörper in die Tonne sinken. Es sieht wirklich aus, als würden sie tauchen. Mir schlägt eine olfaktorische Peitsche aus Leben und Vergehen ins Gesicht, und mir wird plötzlich klar, wie der Müllgeruch in die Nomadenwohnung gekommen sein muss. Fabians Hände durchwühlen angefrostete Radieschen, Gurken und Litschis. »Die sind jetzt alle durchgefroren«, sagt er, »aber Containern im Winter ist immer noch besser als im Sommer. Wenn es richtig heiß ist, kann es ganz schön eklig werden.«

Ich ziehe meine weißen Lederhandschuhe aus, die ich mir einst auf einer Schlemmerreise in der Toskana gekauft habe, und kippe ab in den sinnlosen Überfluss. Als ich mich vorher über das Containern informierte, stand in den Artikeln, dass die Supermärkte Gemüse wegwerfen, das hier und da eine dunkle Druckstelle oder Schimmelspuren zeigt. Im Grunde sei das aber alles noch essbar. Das, was ich nun aber am Grund der Tonne sehe, erinnert mich sehr an meinen eigenen Biomüll. Ich wage es nicht, darin mit nackten Händen herumzuwühlen, will aber auch nicht ganz ohne Beute wieder auftauchen. Am Rand entdecke ich ein kleines Rosengesteck, von denen ich bei späteren Touren in Berlin, Leipzig und Wien noch massenweise in den Biotonnen entdecken werde. Es ist mein erster Tonnenschatz und wie eine Gratulation: »Herzlichen Glückwunsch zur Container-Premiere!«

»Wir sind zu spät«, sagt Fabian. Dieser Supermarkt sei schon von Nahrungskonkurrenten abgegrast worden. Die Szene, so bekomme ich im Laufe der Recherchen im Restemilieu mit, ist eine immer größer werdende, ziemlich heterogene Gruppe. »Dumpster Diving« ist in den USA aus einer Gruppe von Systemverweigerern zum Trend gewachsen, die die Lebensmittelverschwendung der westlichen Welt nicht weiter mittragen will. Auch in Deutschland rekrutiert sich ein großer Teil der Szene aus dem linksalternativen Milieu, dem zwar das Gemüse schmeckt, das es vom System abgreift, nicht aber das System selbst. Jedes Jahr werden in der gesamten EU drei Millionen Tonnen Brot weggeworfen. Damit könnte man ganz Spanien ernähren. Dass frisches Brot am Ende eines Verkaufstages nur noch den Schlund der Biogasanlage füttert, ist für die Nomaden ein unerträglicher Gedanke. Um das zu verhindern, riskieren sie sogar Anzeigen wegen Hausfriedensbruch und Diebstahl.

Nach meiner Berliner Müllpremiere bereiste ich einige deutsche Städte und deren Supermarktcontainer. Immer hatten meine Begleiter andere Motivationen, sich aus dem letzten Rest zu versorgen. Es gibt die Freeconomists, also Menschen, die sich komplett ohne Geld durchschlagen und ausschließlich Geschenktes, Getauschtes, Geteiltes, Geklautes, Erbetteltes oder eben Gefundenes konsumieren. Dann gibt es die Schatzsucher, meist junge Männer mit Entdeckerdrang, die das Adrenalin mögen, wenn sie über Mauern klettern, Schlösser knacken oder sich in Hinterhöfe schleichen, um dort verrückte Sachen wie Bauchmuskeltrainer oder Apfelbräter aufzustöbern. Wenn sie das Zeug selbst nicht brauchen, reichen sie es weiter, umsonst auf den entsprechenden Märkten und in Umsonstläden oder in Giveboxen, die am Straßenrand, an Bushaltestellen oder in anderen öffentlichen Nischen zum kostenlosen Mitnehmen einladen. Und schließlich sind da noch die Pioniere des Mülltauchens: die Obdachlosen, Armen und Hungrigen, die sich nicht aus Spaß oder Überzeugung in die Tonne beugen, sondern aus Not.

Die Nomaden und ich steigen auf unsere Fahrräder, und wir quälen uns weiter durch den Schneematsch der Nacht. Auf einer Stadtkarte haben die Jungs etwa 20 Kaiser's, Lidl und Netto-Supermärkte eingezeichnet, bei denen die Tonnen außerhalb des Geländes stehen, wo kein Rattengift über die Lebensmittel gekippt wird und die Mülltaucher nicht vom Sicherheitspersonal verscheucht werden. Ich lerne, wie nützlich Arbeitshandschuhe, eine Kopfleuchte und Plastiktüten für eine Containertour sind. Etwas körperliche Fitness, um über Mauern zu klettern, schadet auch nicht. »Ich habe mit der Zeit ein richtiges Bewusstsein dafür bekommen, wo ich etwas finden kann«, erzählt Fabian. Er könne an keiner Tüte am Straßenrand vorbeigehen, ohne hineinzugucken. Der französische Wolf sagt, er wühle mittlerweile auch die Mülleimer an einer Straßenbahnhaltestelle durch, wenn die Tram noch nicht da ist. »Wenn ich einen warmen Döner finde, ist das wie ein Geschenk des Himmels.« An besonderen Tagen gehen die Freunde zusammen »Table Diven«. Dann ziehen sie aus der Geschirrrückgabe von Restaurants die abgegebenen Teller heraus und stellen sich aus den Resten ein eigenes Menü zusammen.

Mit jeder Tonne werde ich mutiger, staple belegte Brötchen in die Holzkiste, befreie Joghurtbecher von Kaffeesatz und Schmodder, hebe Möhren und Blumenkohl aus dem Dunkel der Biotonne. »Hier habe ich wohl die Reste der Fleischtheke«, rufe ich, als ich einen Müllsack finde, in dem altes Hackfleisch wie blutige Knete in den Ecken klebt. Fabian stürmt zu mir. Seine Augen haben einen Gesichtsausdruck, wie ich ihn mir bei Junkies vorstelle, wenn man fragt, ob das weiße Pulver auf dem Klokasten Backpulver ist. »Es ist unglaublich, wie viel Fleisch weggeworfen wird«, sagt er. »Aber da muss man vorsichtig sein wegen Salmonellen und anderer Krankheiten.« Jeder Containerer müsse selbst abschätzen, was sein Magen verträgt. Viele sind Vegetarier und Veganer. Ich kann das angesichts der Tüte nachvollziehen und bin froh, als Fabian sie wieder in die Tonne sinken lässt.

Zurück in der Nomadenbasis stellen wir die Kisten mit der Beute in die Küche und setzen uns an den Küchentisch. Der Holländer in Batikkleidern schnappt sich ein Brötchen und fragt, wer Kaffee wolle. Milch gibt es nicht mehr – und niemand kann sagen, wann es wieder welche in einem Container und damit auf dem Speiseplan gibt. Auch Öl, Bier, Tabak oder Gummibärchen findet man eigentlich nie. Für Suchtmittel braucht man wohl in jeder Szene harte Tauschmittel. »Ich habe meinen Kaffee schon mit Möhrensaft gemischt«, sagt der Holländer. »Das hat komisch geschmeckt, aber was soll's.« Er erzählt, dass er immer mal wieder völlig ohne Geld lebt – »die besten Zeiten meines Lebens«. Er zieht von einem Land ins andere, ohne Plan und ohne Ziel. Er nimmt alles so an, wie es kommt, ohne sich zu fragen, was er selbst will. Das Schicksal oder der Zufall oder das Fliegende Spaghettimonster entscheiden über jeden einzelnen Tag.

Jetzt fehlt nur noch, dass er *Wem Gott will rechte Gunst erweisen* anstimmt. Das Lied singt der Held aus Eichendorffs Novelle *Aus dem Leben eines Taugenichts*, als er mit seiner Geige in die Welt hinauszieht. Sein Vater hat ihn verstoßen, weil er lieber in der Sonne dem Tag entgegendöste, als den Acker zu bestellen. Er solle endlich lernen zu arbeiten, mahnte der Vater. Doch der Taugenichts tat das genaue Gegenteil und kultivierte auf seiner Reise nach Österreich und Italien das süße Hedonistenleben. Er traf Musiker und Maler, die sich dem spießigen, eintönigen, bürgerlichen Leben entzogen, und fand die Liebe. Im Grunde sind diese Nomaden die modernen Versionen des Eichendorff'schen Taugenichts. Gleichzeitig kracht das blütenduftende bunte Bild vom Freigeist auf das weniger duftende bunte Bild des Batik-Holländers mit seinen zerzausten Locken und bunten Bändern (»für Rastas bin ich zu faul«), seinem schmerzenden Knöchel, den er abwechselnd mit Rotwein und Schmerztabletten kuriert (»wirkt zusammen wie LSD«), und seiner bemerkenswerten Zahlungsmoral (»ich bezahle mit Umarmungen«).

Die neu entdeckte Spießbürgerin in mir beschließt, das Tonnengemüse von seinem Vorleben zu befreien und es abzuspülen. Ich hocke mich vor die Säcke, halte die Luft an, stecke die rechte Hand hinein. Meine Fingerspitzen berühren die matschige Schale einer Mango. Und ich kotze. Nicht im übertragenen Sinne, leider. Am Geruch ändert sich kaum etwas. Als ich mir den Mund voller Abscheu ausspüle, weiß ich, dass ich nicht mehr weiter kann. In mir schmerzen ein nüchterner Magen und die mentale Ernüchterung.

Ich hatte, wie bei meinen anderen Selbstversuchen auch, gehofft, durch die nomadische Extremerfahrung etwas zu lernen, das mir im Krisenfall nützlich sein kann. Aus dem Nichts schöpfen und sich reich fühlen: Tolle Idee für einen Systemabsturz! Ein bisschen Kaffeetrinken, ein bisschen Fahrradfahren, ein bisschen im Dreck wühlen. So schlimm war das doch nicht – vor allem im Vergleich zur Notfalldiät und den Urkost-Experimenten, die ich schon hinter mir hatte. Immerhin litt ich keinen Hunger. Doch sosehr ich mich auch einlassen wollte, alle Poren öffnete und alle Nervenenden freilegte: Ich kam aus meiner kleinbürgerlichen Spießerwelt nicht heraus, wo Obst in sauberen Schüsseln lag und jeder meistens wusste, wo er abends schlief, und Herr F. Duftsteine in die Kloschüsseln hängte. Ich hatte mich angestrengt und wollte einer von ihnen sein – und fühlte mich trotzdem fremd.

Am nächsten Tag breche ich früh auf. Ungeduscht und ohne ein selbst erbeutetes Brötchen aus der Kiste zu essen, packe ich meine Sachen zusammen. Der Batik-Holländer ist schon wach und will mir einen Kaffee einschenken. »Ich gehe wieder«, sage ich, und er hält mich nicht auf, wie es Nomaden wohl nie tun, umarmt mich aber, als wäre ich ein zarter Vogel. So schlecht ist sein Zahlungsmittel eigentlich gar nicht, denke ich, bevor ich mich in die winterkalten Straßen der Großstadt entlasse. In einem kleinen Café will ich mich mit einem fettigen Stück Kuchen aus dem Stimmungstief beamen, aber als ich vor der Theke stehe, muss ich an die Kiste mit den Blätterteigteilchen auf meinem Postfahrrad denken. Soll ich jetzt wirklich 1,50 Euro dafür ausgeben? Gibt es hier irgendwo einen Hintereingang? Ich trabe weiter, und die automatischen Türen eines Supermarktes laden mich ins unbegrenzte Einkaufsland ein. Ich sehe die knallbunten Regalreihen von außen und fühle mich schon überfordert. An einer Straßenbahnhaltestelle hat die Stadtreinigung auf einen orangefarbenen Mülleimer den lustig gemeinten Spruch »Bitte füttern« gedruckt, den ich paralysiert anstarre. »Über 50 Prozent aller Lebensmittel«, wispere ich. »Über 50 Prozent!« Eine Plakatwerbung macht Werbung für Plakatwerbung, indem wohlfrisierte nackte junge Menschen mit Farbbeuteln beworfen werden und dazu leblos in die Kamera starren. »Außenwerbung wirkt«. Das ist zu viel. Ich habe das Bedürfnis, laut zu schreien, vielleicht tue ich es auch. »Seid ihr denn alle bekloppt, ihr hohlen Konsumzombies? Ihr degenerierten Shopping-Victims, die ihr euch jeden Tag selbst zum goldenen Opferkalb macht! Die ihr ausgeschlachtet und mit bunten Must-haves und It-Bags und Sales jeden Tag aufs Neue vollgestopft werdet! Und wie ihr euch freut über 30 Prozent mehr im Nutella-Glas, als ob ihr damit auch gleich um 30 Prozent glücklicher werden würdet. Ihr macht euch schuldig. Schuldigschuldigschuldig! Euer Gierschlund ist das schwarze Loch unserer Gesellschaft, in dem Klima, Rohstoffe und Anstand verschwinden.« Ich kotze, dieses Mal im übertragenen Sinn, die ganze Straße voll. Diese geleckte Konsumwelt ekelt mich gerade genauso an wie ihre Überreste, die ich gestern aus den Containern fischte. Ich will mir nicht mehr meine Finger schmutzig machen – zumindest nicht mehr als nötig – und fasse einen krassen Entschluss.

»Ich trete in den Konsumstreik«, sage ich zum Batik-Holländer, als ich wieder in der Küche der Nomadenbasis stehe. »Ich werde mir nur noch kaufen, was absolut notwendig ist. Keine neuen Klamotten, keine Accessoires, keine Schuhe, keine Bücher, keine Technik, keine Möbel. Ein Jahr lang kaufe ich mir nur noch das, was unbedingt notwendig ist – Tabak und Wein und Kaffee und ein bisschen Essen. Wenn ich das überstehe, überstehe ich alles.«

Ich schnappe mir einen Kürbis, ein paar Möhren und Orangen und fange an zu schnippeln. Wenn das hier auch mein Zuhause sein soll, dann brauche ich dringend ein Komplettprogramm für die Sinne. An die Lautsprecherboxen schließe ich mein Smartphone an. Gil Scott-Heron singt mir mit seiner rauchigen Stimme ins Ohr: »Turn around, turn around, turn around / And you may come full circle and be new here again.« Aus den Schlafzimmern kommen die anderen mit müden Gesichtern gewankt. Ich stelle wortlos aufgebackene Blätterteigteilchen auf den Tisch, die nach Neubeginn riechen, und versinke in meiner Schnippel-Koch-Pürier-Meditation, um eine Kürbiscremesuppe mit Schmand-Cashew-Koriander-Topping zu kredenzen. Die anderen lassen sich vom Gourmet-Flitz anstecken und wir machen aus den Champignons Risotto und aus Matschmangos Sorbet. Ich rede kaum und habe es vollkommen aufgegeben, ein guter urbaner Nomade sein zu wollen. Keine offenen Poren, keine freien Nervenenden – ich bin einfach nur da und koche. Als wir alle um den Küchentisch herumsitzen, mit dem Löffel die heiße Suppe umrühren und pusten, fällt mir auf: Ich kann wieder frei atmen.

Der kleine Ausflug in die Welt der Nomaden hätte eine bloße Episode bleiben können. Mich in Müllcontainer zu hängen ist nicht gerade das Leben, dem ich entgegenstrebe. Abgesehen vom Ekelfaktor ist es auch ziemlich aufwendig, sich ausschließlich von den Resten der Gesellschaft zu ernähren. Man braucht mehrere Supermärkte und Bäcker, bei denen man nach Abfällen fragen kann oder direkt an die Tonnen kommt. Aber ob und was es dort zu holen gibt, ist jeden Tag ungewiss. Um eine ordentliche Auswahl an Lebensmitteln mit nach Hause zu bringen, muss man schon ganz ordentliche Mengen wegschleppen – und die dann auch schnell verbrauchen, weil sie meistens schon gammelige Stellen haben. Für beides – Beschaffung und Verzehr – braucht man also eine mehrköpfige Gemeinschaft, mit der man sich die Arbeit aufteilen kann. Für Häuserprojekte, Kommunen und größere Wohngemeinschaften ist es also eine durchaus interessante alternative Lebensmittelquelle. Für zwei Vollzeitbeschäftigte in einer isolierten Wohnwabe eher weniger. Trotzdem ziehe ich auch zu Hause ab und zu mit Freunden los in die Hinterhöfe der Konsumketten und versuche, das Containern in mein Leben zu integrieren. Wie Outlaws schleichen wir durch die Stadt, machen unsere Rucksäcke voll, laden jede Menge Leute ein und experimentieren am Ende alle zusammen, wie sich das Zeug zu abenteuerlichen Currys, Salaten und Smoothies verarbeiten lässt.

Mit jedem Ausflug hinter die Supermärkte verändert sich mein Blick auf die Warenwelt. Es stellt sich keine Befriedigung mehr ein, wenn ich aus den dicht bestückten Bäckerregalen ein Brötchen auswähle. Fitnessriegel, Weltmeister, Kartoffelknöllchen – sind das noch Brötchen oder nur noch aufgewärmte Versprechen? Brauche ich diese Pseudo-Wahlfreiheit zwischen Marketingbegriffen? Macht mich diese Diversität wirklich glücklicher, wenn ich weiß, wie viel davon am Ende des Tages weggeworfen wird? Ich merke, dass es immer schwieriger wird, nach den Ausflügen in die Abfallwelten wieder in mein geordnetes bürgerliches Leben zurückzukehren. Es schmeckt einfach nicht mehr so unbeschwert. Ich frage mich, wie weit ich es treiben kann, mich komplett jenseits des Marktprinzips zu bewegen. Keine Nachfrage generieren, keine Gegenleistung erbringen. »Das nennt man Schnorren«, sagt Herr F., der sehr gern Weltmeisterbrötchen isst.

»Das klingt so negativ«, antworte ich.

»Ist es ja auch«, sagt er.

»Aber in prekären Zeiten könnte das eine sehr wertvolle Fähigkeit sein.«

8. Reisen –
Die Währung Solidarität

Ich wollte mich in die Krise stürzen. Das sollte das Reiseziel für meinen diesjährigen Sommerurlaub sein. Die ganze Zeit hatte ich mich theoretisch gefragt, wie es wohl wäre, wenn die Wirtschaft kollabiert, Chaos ausbricht, Versorgungsstrukturen zusammenkrachen, es an allem fehlt. In den südlichen Ländern Europas war diese Katastrophe zum Teil bereits eingetreten. Spanien beispielsweise. Das Land war nicht nur eines der beliebtesten deutschen Reiseländer, sondern in den letzten Jahren von der Krise hart getroffen worden. Der Staat strich im Gesundheits- und Bildungssektor, Firmen kürzten Gehälter und entließen massenweise, Studenten verloren ihren Studienplatz, weil sie die Gebühren nicht mehr zahlen konnten. Jedes dritte Kind gilt in Spanien laut UNICEF als arm. Tausende von Spaniern sammelten sich vor den Parlamentswahlen im Jahr 2011 auf öffentlichen Plätzen und machten ihrer Verzweiflung Luft. Die Indignados, »die Empörten«, wollten ihre Regierung zu einem Kurswechsel zwingen, hofften auf Hilfe von oben. Doch die blieb aus. Ähnlich wie die Occupy-Bewegung in den USA, Israel, Deutschland und anderen westlich geprägten Ländern vereinten die spanischen Proteste verschiedene soziale Gruppen: chancenlose Jugendliche, abgeschriebene Alte, Migranten, Arbeitslose. Der Effekt der am 15. Mai 2011 entstandenen 15M-Bewegung war der gleiche wie bei Occupy im Rest der Welt: Es passierte wenig bis nichts. Wenn es von oben keine Hilfe gab: Was bedeutete das für unten? Wie gingen die

Menschen mit der desolaten Situation um? Wie war es, mitten im Herzen der Krise zu sein? Könnte ich dort etwas lernen?

Um mich auf die Situation einzustellen und nicht als satter Elendstourist dort aufzuschlagen, beschloss ich, komplett ohne Geld zu reisen. Über 2000 Kilometer gen Südwesten. Jeden Kilometer wollte ich mit Trampen oder Schwarzfahren zurücklegen, um jedes Bett wollte ich bitten, jedes Essen erschnorren. Ich dachte, das wäre eine gute Vorbereitung auf die künftige Krise, eine persönliche Schrumpfkur sozusagen. Es konnte nicht schaden, mir die Zwänge des geldlosen Lebens bei anderen anzuschauen und sie gleichzeitig selbst zu erleben.

Der Entschluss war einfach. Aber je näher der Sommer rückte, umso nervöser wurde ich. Ich hatte keine Ahnung, ob und wie ich überleben sollte – so völlig ohne Geld, Vorräte, Freunde da draußen auf den Straßen Europas. Meine bisherigen Experimente hatten mich bereits mit dem Gefühl vertraut gemacht, weniger zu haben und weniger zu wollen. Ich kaufte so gut wie nichts mehr ein, machte vieles selbst und lernte zu verzichten. Aber jetzt, das spürte ich, würde es existenziell werden. Mein Unterbewusstsein spielte schlimmste Szenarien durch. In meinen Träumen sah ich mich wie einen ausgesetzten Hund am Straßenrand, geknebelt bei heimtückischen Couchsurfern, verlottert in der Gosse. Noch bevor ich zur Krise aufgebrochen war, war die Krise in mir angekommen. Das würde ich nicht allein durchstehen.

Ich brauchte jemanden an meiner Seite. Einen Reisepartner, dem ich vertrauen konnte. Jemanden, der bereit war, mit mir bis zum Äußersten zu gehen. Herr F. hatte anderes mit seinem Sommer vor, als zum Schnorrer zu werden, und so fragte ich die Frau, die mir im Laufe meines Selbstversuchs zum Spiritus Rector in alternativen Lebensfragen werden sollte: Jakuba. Genau wie ich war Jakuba um die dreißig, Akademikerin aus dem Kreativbereich, selbstverwirklichungsgetriebenes Stadtkind.

Außerdem sah sie mit ihren goldenen Locken, den Sommersprossen und den Kristallaugen so gut aus, dass sich die Mitnahmechancen auf der Straße deutlich erhöhen dürften. Sie sagte sofort zu.

»Was machen wir denn jetzt?«, frage ich, als wir schließlich am Straßenrand von Leipzig stehen. In unseren Rucksäcken haben wir eine selbst geschneiderte Reisekollektion, ein Zelt, Schlafsäcke, Isomatten, Notnüsse und Früchteriegel, ein Messer, ein Smartphone, Duschgel und Zahnputzzeug, Pappschilder, Edding, Straßenkarten mit eingezeichneten Tankstellen. Das soll uns – neben den blonden Haaren – als Vorbereitung eigentlich reichen. Denken wir. Aber als dann die Laster und Kleinwagen und Motorräder am Autobahnzubringer an uns vorbeirauschen, ist sie wieder da: die Angst vor dem ersten Mal. Hinter den Lenkrädern schütteln Menschen ihre Köpfe, winken ab, sogar ein paar Stinkefinger recken sich uns entgegen. In der digitalen Tramper-Bibel *hitchwiki*, wo neben guten Tramper-Orten auch Erfahrungsberichte stehen, lernten wir, dass es völlig natürlich ist, am Anfang nervös zu sein. Jeder Tramper kenne das. Aber dafür gebe es keinen Grund. Irgendwann bleibe immer jemand stehen und nehme einen mit, und dieser jemand sei im Normalfall auch kein Massenmörder. Und wenn doch, sollte man auf jeden Fall vorher das Nummernschild aufschreiben und vor den Augen des Fahrers per SMS einem Freund schicken. Außerdem sei es ratsam, sauber, wohlriechend, dezent gekleidet und höflich, aber bestimmt aufzutreten. Über Vereine wie abgefahren e. V., Facebook-Gruppen für Hitchhiker-Wettbewerbe und Weltmeisterschaften verteidigen Hitch-Helden das Trampen als alternative Form des Fortbewegens, Reisens und irgendwie auch Lebens. Seit seinen Hochzeiten in den Sechziger- und Siebzigerjahren waren Tramper allmählich aus dem alltäglichen Straßenbild verschwunden. Damals trampten Studenten, Kapitalismuskritiker und arme Leute ohne Auto – also jene, die sich ein eigenes Gefährt nicht leisten konnten oder wollten. Heute gibt es für sie digitale Mitfahrzentralen im Internet, wo man den genauen Tag, Abfahrt- und Zielort und Reisekostenbeteiligung abrufen kann. Die Idee, mit Fremden ein Auto zu teilen, hat sich über die Jahre vom nicht kommerziellen gemeinschaftlichen Teilen zum lukrativen Geschäftsmodell entwickelt. Die größte Börse, mitfahrgelegenheit.de, wurde 2013 sogar zum Teil an den Daimler-Konzern verkauft, der ab 100 Kilometern eine Vermittlungsgebühr verlangt. Man wolle damit die Idee einem breiteren Publikum zugänglich machen, hieß es in der Begründung. Ein Shitstorm ging daraufhin durch das Internet. Geändert hat es nichts. Ich kapiere das nicht ganz, warum eine Idee ausgerechnet dann massenkompatibel werden soll, wenn ein unbeteiligter Dritter daran verdient. Soll das Geld den Nutzern etwa Sicherheit, Verlässlichkeit, Korrektheit suggerieren? Können zahlende Kunden keine Massenmörder sein? Zwar gibt es immer noch kostenlose Alternativen wie bessermitfahren.de, DRIVEme oder fahrgemeinschaft.de, aber auch dort müssen sich die Mitfahrer an den Benzinkosten beteiligen. Das ist grundsätzlich nicht verwerflich. Ich nutze das MFG-System selbst oft und gern, aber jetzt hier auf der Ausfallstraße in Leipzig wird mir klar, dass die geldbasierten Mitfahrgelegenheiten das Trampen zur Freak-Idee degradiert haben. Wer den Daumen hebt, steht nicht nur am Rand der Straße, sondern auch am Rand der Gesellschaft.

»Vielleicht sollten wir ein Schild schreiben«, schlägt Jakuba vor und kramt ein braunes A4-großes Pappding aus dem Rucksack. »Valencia ist vielleicht etwas zu abschreckend«, sage ich. »Dann denken die Fahrer ›Nö Kinnersch, da gann isch eusch ni weiderhelfen‹ und drücken auf die Tube. Aber die Autobahnnummer wäre doch gut.« »Dann hält niemand mit Navigationssystem an, weil die ja gar nicht mehr wissen, welche Routen sie eigentlich fahren«, erwidert Jakuba. Am Ende einigen wir uns auf »SÜDEN«. Das klingt fernwehmütig verheißungsvoll und wird noch eine ganze Weile stimmen. Leider nützt es überhaupt nichts. Es hält niemand. Unseren ersten Lift bekommen wir von Jakubas Freunden, die gerade auf dem Weg nach Berlin sind und uns fröhlich winkend am Straßenrand entdecken. Wir steigen in ihren bequemen Volvo und sind froh, unser erstes Mal mit so lieben Menschen hinter uns zu bringen. An der Autobahnauffahrt Richtung München entsteigen wir der Familienkutsche. Von dort aus nimmt uns ein Familienvater bis zur nächsten Tankstelle mit, dort gabelt uns eine Ethno-Mutti mit Blumenrock auf, die es allerdings nicht schafft, am Autobahnkreuz die Abfahrt zur Raststätte zu finden. Eher aus Hilflosigkeit denn aus böser Absicht setzt sie uns an einem Kornfeld in der Thüringischen Pampa aus. Und dort sind wir verloren. Wir haben alle Anfängerfehler des Trampens innerhalb weniger Stunden gemacht: zu kurze Strecken, zu unerfahrene Fahrer, vollkommen absurder Tramppunkt zum Weiterkommen. Wir balancieren auf dem Seitenstreifen des Autobahnzubringers. Wir wissen, dass es verboten ist, haben aber keine Ahnung, was wir sonst tun sollen. »Ich habe Angst, meinen Arm auch nur ein paar Zentimeter von mir zu strecken«, sage ich. »Der wird doch sofort abgefahren.« Jakuba schweigt betroffen. Wir marschieren stumm und tapfer, bis ein gelber Golf mit einem strohblonden Jungen mit gelber Sonnenbrille und gelben Hawaiishorts neben uns hält. »Ist ein bisschen gefährlich hier, Mädels«, sagt er. Nicht nur für uns, sondern auch für ihn. »Los, steigt ein. Ich nehme euch bis zur Autobahnauffahrt mit.« Er will ein Ladegerät für sein Handy bei Freunden abholen, das erzählt er auf der kurzen gemeinsamen Tour. Dann stranden wir an der vermutlich einsamsten Autobahnauffahrt Deutschlands. Nur Autos mit regionalem Kennzeichen ziehen vorbei. Zwei Stunden lang kommen genau sieben Autos, die gen München fahren. Und die halten nicht. Es ist langweilig, warm und sinnlos. »Ich rufe jetzt Herrn F. an«, sage ich. »Der soll uns befreien.« Jakuba lacht zuerst, als sei es ein Scherz, findet die Idee aber mit jeder Minute in der Mittagshitze besser. Wir sind bereits seit vier Stunden unterwegs und haben noch nicht mal 100 Kilometer geschafft. Ich mache gerade den ersten Notruf, da hält der gelbe Retter wieder neben uns. »Ihr steht ja immer noch hier«, sagt er aus dem heruntergelassenen Fenster. »Was soll's, ich fahr euch zum Hermsdorfer Kreuz. Von dort sollte es eigentlich laufen.«

Und das tut es dann auch. Einmal auf den Hauptschlagadern des Langstreckenverkehrs angekommen, steigen wir von einer edlen Karosse in die nächste. Unser Chauffeurschema kristallisiert sich schnell heraus: Geschäftsmänner zwischen 35 und 65. Sie sind routiniert zügig unterwegs, haben Platz in geräumigen Autos, verbringen mehr Zeit hinter dem Lenkrad als mit ihrer Familie und haben offenbar nichts gegen zwei junge Blondinen als Begleitung einzuwenden. Immobilienmakler, Internetunternehmer, Ingenieure – die Straßen sind voll von fleißigen Pendlern, zu deren Beruf das Kilometermachen gehört. Am Anfang schreibe ich mir noch die Namen, Professionen, Nummernschilder und Eigenarten der Fahrer auf. Aber mit jedem Auto, in das wir einsteigen, verschwimmen die Profile mehr. Kurz vor Stuttgart, als wir mit drei Kampfsportlern in einem Kleinwagen sitzen, werden wir von der Polizei herausgezogen. Wir folgen dem Streifenwagen von der Autobahn bis zu einem verlassenen Industriekomplex. »Bringen die uns jetzt nach Abu Graib oder was?«, frage ich noch, bevor wir alle aus dem Wagen aussteigen und uns nach Drogen filzen lassen müssen. Mich beunruhigt weniger die Kontrolle als die Tatsache, dass wir schon wieder Zeit verlieren und es vor Sonnenuntergang nicht mehr bis Basel schaffen werden. Dort hatte ich uns via Couchsurfing ein Quartier organisiert. »Kennen wir jemanden in Stuttgart?«, fragt Jakuba. Mir fallen Exfreunde, alte Studienkollegen und Bekannte ein. »Ich frage auf Facebook herum«, antworte ich und tippe einen Hilferuf ins Statusfenster. Wenige Minuten später kommen die ersten Bettenangebote. Im Ruheraum einer Rettungsstation, im Redaktionsbüro einer Jugendzeitschrift, in der unmöblierten Wohnung eines Freundes von einem Freund. Als wir unsere Isomatten auf dem Echtholz-Parkett von Letzterem ausrollen, haben wir unsere erste Lektion gelernt: Wenn du kein Geld und keine Zeit hast, dann brauchst du ein Netzwerk, das dir weiterhilft. Zu Hause am Rechner waren all die Kinderfotos von alten Bekannten, die losen Assoziationen zum Fernsehprogramm von Schulkameraden oder geposteten Mittagessen von Kollegen oft eine sinnlose Ablenkung. Aber unterwegs auf den Straßen entdecken wir, wie wertvoll es sein wird, in fast allen europäischen Ländern Menschen zu kennen und mit ihnen in Kontakt geblieben zu sein. Sie sind keine digitalen Netzwerkzombies, sondern Helfer in der Not. Ohne sie geht es nicht. Davon sind wir fest überzeugt. Noch.

Am zweiten Tag hat das Trampen seinen Thrill verloren. Ohne Wartezeiten hopsen wir von einem Auto ins nächste. Drei Mal fragen, drei Mal mitgenommen werden. Ein sehr guter Tag. Mal hechelt ein schwitzender Mops uns ins Genick, mal raucht ein langhaariger Künstler seinen Van voll, mal erfahren wir Geheimnisse eines Lebensmittelkontrolleurs. Es ist immer wieder eine neue Welt, in die man da für ein paar Minuten bis Stunden einsteigt. Das ist ziemlich lustig, geht aber auch ganz schön an die Substanz. »Wir sind ja noch jung«, sage ich zu Jakuba, als sie sich den schmerzenden Rücken von der Parkettnacht und den Langstreckentrips geradedrückt. »Zumindest haben wir das beschlossen«, antwortet sie. Denn wir haben da etwas bemerkt. In den Autos unserer Aufsammler sehen wir irritierte Blicke in den Rückspiegel wandern, wenn wir uns als voll berufstätig outen. Zwei gestandene Frauen, die sich bewusst auf die Suche nach der geldlosen Zukunft machen. »Seid ihr Psychopathinnen?«, fragt einer nur halb im Scherz. Das Attribut »verrückt« bekommen wir in fast jedem zweiten Wagen angeheftet. Irgendwann gehen wir dazu über, uns lieber als Germanistikstudentinnen vorzustellen, die einen Roadtrip ohne Geld machen. Seitdem bleiben die Blicke in den Rückspiegel aus. Es scheint, als respektiere die Gesellschaft ein Heraustreten aus der üblichen Logik von Geben und Nehmen nur, solange man jung, idealistisch und experimentierfreudig ist. Kinder dürfen von ihren Eltern alles nehmen, ohne eine Gegenleistung zu erbringen. Wir dürfen das nicht mehr. »Kind, warum machst du dich denn so abhängig von der Gunst anderer?«, fragte meine Mutter vor der Reise.

Dabei ist es doch so schön, das Steuer den anderen zu überlassen, sich nicht kümmern und keine Spritpreise vergleichen zu müssen. Wie die Vögel, die auf den Rücken von Nashörnern leben, lassen wir uns von den Wagen weitertragen. Ich stöpsele im letzten Auto des Tages, einem komfortabel ausgestatteten Geschäftswagen, mein Telefon an die Anlage und lasse Jaques Palminger und Erobique musikalische Unbeschwertheit verbreiten: »Ich liebe die Träumer, die Aufbruchsgeister, die überall Samen erkennen. Die Fehlschläge nicht zu ernst nehmen und immer das Gute benennen. Nicht die, die Zukunft auswendig kennen. Die Begeisterung als Naivität anschauen. Und die ihre altbekannten Ängste als Ratschläge verpackt um die Ohren hauen. Ich schulde dem Leben das Leuchten in meinen Augen. Wann strahlst du?« Das ist vielleicht nicht erwachsen – aber das ist das Tolle daran. Als Kinder wollen wir lernen, wollen wir spielen, wollen wir den Moment genießen.

Der Fahrer mit Socken in Trekkingsandaletten und kurzärmeligem Karohemd liefert uns direkt vor unserem zweiten Gastgeber ab. Aubin. Französischer Schweizer in Genf, der dort ein kleines Apartment in einem grünen Vorort der Stadt bewohnt. Männer spielen im Garten Boule, vom Pool her dringt jugendlicher Überschwang, auf dem Balkon wachsen Tomaten. Wir haben von ihm über unseren Stuttgarter Parkett-Kontakt erfahren, weil ihn unsere Tramptour an Aubin erinnert hat. Er ist so etwas wie eine Legende, weil er zwei Jahre trampend durch Europa, Nord- und Lateinamerika zog, auf einem Containerschiff seine Überfahrt verdiente, illegal in die USA einreiste, als Rikscha-Fahrer in Miami arbeitete und dabei quasi als Trinkgeld ein Auto geschenkt bekam. Heute hat er einen eigenen Rikscha-Taxi-Service in Genf gegründet. Ein Auto wurde dort allerdings noch nicht verschenkt, weswegen er außerdem auf dem Markt den Käse seines Bruders verkauft, der in den Bergen einen Biobauernhof führt. Mit den zusätzlichen Einnahmen aus einer kleinen Gartenpflege kann er sich die Wohnung leisten. Aubin hat auf seiner Reise so viel Gastfreundschaft erfahren, dass er uns sofort aufnimmt. Er räumt sein Bett für uns frei, kocht Reis mit Gemüse, versorgt uns mit Buskarten und Stadtplänen. Er versteht unser Reisekonzept, sagt aber: »Irgendjemand muss das Geld verdienen, auch wenn ihr es nicht tut.« Als er uns durch seine Räume führt, zeigt er auf ein weinrotes Sofa, ein weißes Regal, seinen Esstisch, Blumentöpfe: »Das ist alles Müll, das auch und das auch. Ich ziehe eigentlich alles aus dem Müll. Es gibt da draußen alles.« Den Rest schenkten ihm Freunde und Familie. »Ich bin arm«, sagt er französisch schüchtern. Zum ersten Mal fühlen wir den Stich, ihm mit nichts Greifbarem danken zu können. Es ist etwas anderes, ob man bei jemandem im Auto mitfährt, der sowieso unterwegs ist, oder ob man sich aus Kühlschränken, Getränkekisten und Obstschalen bedient. Es ist beschämend. Womit vergelten, wenn nicht mit Geld? Oder: Haben Schnorrer eine Währung?

Nach zwei Tagen auf der Straße legen wir eine Pause ein. Die prachtvolle Stadt Genf ist wie eine Antipode zu unserem Experiment. Hinter jedem Fensterladen, hinter jeder Spiegelfassade, hinter jeder Sonnenbrille steckt das pure Geld. Die Belle Epoque ist hier nie zu Ende gegangen. Jakuba und ich lassen uns durch die Einkaufsstraßen treiben. Ein paar Tupfer Parfüm aus den Probierflacons, ein Probier-Nespresso im Turbo-Kaffeemaschinen-Flagship-Store, ein Probier-Keks in der Bäckerei. Alles sehr nett, alles sehr wenig. Die Probiererei wühlt alte Muster auf: haben wollen. Was wäre schon dabei, mal ein kleines Konditortörtchen zu naschen oder eine handgeschöpfte Seife als Mitbringsel mitzunehmen? Die Stadt ist voller schöner Dinge, die von schönen Verkäuferinnen in schöne Tütchen gepackt werden. Wir gucken zu. Der Verzicht lastet auf unseren Schultern wie sonst unsere Rucksäcke. Nur wenige Brachen oder Leerstellen entdecken wir zwischen den Shoppingmeilen und Bankhäusern. Genf erscheint uns als Konsumparadies – und wir stehen außen vor.

Von ein paar Lindenbäumen zupfen wir die hellgrünen frischen Blätter ab. Meine Urkost-Lehrerin Brigitte hatte gesagt, dass man den »Salatbaum« eigentlich überall findet und er mit seinen weichen, schleimigen Blättern gut einen strapazierten Magen auskleidet. Zusammen mit unseren letzten Notnüssen schaffen wir es bis zum Nachmittag, aber dann wird es langsam ernst. Hunger meldet sich. An die Müllcontainer gibt es in der Innenstadt kein Rankommen. Außerdem sollen die Schweizer angeblich Rattengift über ihre Abfälle kippen. An Betteln ist nicht zu denken. Woher nehmen, wenn nicht stehlen? »Dort ist ein Beet«, sagt Jakuba merkwürdig tonlos. »Ohne Zaun. Und es steht auch kein Schild daneben. Und es gibt Essbares darauf.« Wir umkreisen Rhabarberstauden, Borretsch, Apfelbäumchen und Mangold mit Sammleraugen. Sollte das etwa ein Gemeinschaftsgarten sein? Die Zeichen sind eindeutig. Wir schauen uns an: Würden wir als überzeugte Nachbarschaftsgärtner zwei Felddiebe in unseren Beeten entdecken, die sich an den Früchten unserer Arbeit bedienten, wären wir geschockt. Und jetzt treibt uns der Hunger selbst auf die Seite der Mundräuber? Die willkommene Ausrede: Wenn wir für Aubin ein Dankeschön-Essen davon kochen, bleibt der Kerngedanke des Gemeinschaftsgartens erhalten: nämlich fremde Menschen zu einer Gemeinschaft zu vereinen. Vorsichtig pflücken wir uns einen Beitrag zu einem Abendessen zusammen und machen bei Aubin einen Eintopf und einen Kuchen. Es schmeckt weniger moralisch verdorben als angenommen und ist ein schöner Abschied.

Noch einmal wollen wir das aber nicht machen und reisen am nächsten Morgen weiter gen Süden. Auf die Rückseite unseres Pappschildes schreiben wir jetzt »Sued«, das französische Wort für Süden, schultern die Rucksäcke und trampen los. Unsere T-Shirts kleben am Rücken, die schweren Stiefel sind zu warm. Anders als in der Schweiz sind die Franzosen gegenüber Trampern skeptisch. Wenn wir an Raststätten stehen, spüren wir ihr Misstrauen. Sie ducken sich weg, erfinden Ausreden, viele nehmen prinzipiell keine Autostopper mit. An einer Mautstation verlassen wir einen Wagen und stehen plötzlich schutzlos in der heißen Sonne. Der Geruch des Asphalts beißt in die Schleimhäute und lässt die Abgase in unsere Lungen diffundieren, bis uns schwindelig wird. LKWs fahren nur wenige Zentimeter an unseren Füßen vorbei. Die Haut spannt vom staubigen Smog. Die abfälligen bis ängstlichen Blicke hinter den Windschutzscheiben geben mir den Rest. Ich möchte mich am liebsten vor Hunger und Scham gekrümmt in den Straßengraben werfen, aber jetzt heißt es, Contenance zu wahren. Um überhaupt jemanden zum Anhalten zu bewegen, versuche ich, zu jedem vorbeirauschenden Auto in Bruchteilen von Sekunden eine Beziehung aufzubauen. Ich singe, balanciere auf dem Seitenstreifen, albere mit dem Pappschild herum, lache in das Dunkel der Wagen hinein. Jakuba steht ein paar Meter weiter hinten, um zögernde Fahrer noch einmal mit einem Lächeln zum Anhalten zu bewegen. Es kommt mir vor wie Prostitution, derart werbend am Straßenrand zu stehen. Die Selbsterniedrigung des Flehens macht mir zu schaffen. Ohne Geld sind wir freiwillig zu Aussätzigen geworden. Geld macht unabhängig und erlaubt, alles sofort zu bekommen, was man meint zu brauchen. Allerdings – und das ist das Problem in einer geldbasierten Gesellschaft – wissen wir ja gar nicht mehr so genau, was wir eigentlich wirklich brauchen. Herbert Marcuse zeichnete schon in den Sechzigerjahren das Bild des »eindimensionalen Menschen«, der nicht mehr zwischen »wahren« und »falschen« Bedürfnissen unterscheiden könne, also zwischen den vitalen Grundbedürfnissen und all den anderen Verlockungen, die erst von der Gesellschaft beziehungsweise der Werbung geschaffen werden. Marcuse schreibt: »Die Individuen müssen selbst entscheiden, sofern sie frei genug sind, ihre eigenen Antworten zu finden.« Ich rede mir ein, dass ich durch den radikalen Geldverzicht herausfinden kann, welche meine echten Bedürfnisse sind, muss aber die ganze Zeit an eine eisgekühlte Coke denken. Kommt das jetzt vom unglaublichen Durst oder von zu viel Fernsehen in den Neunzigern?

Als wir Marseille erreichen, sind wir völlig am Ende. Die Stadt passt zu unserer psychischen und physischen Verfassung. Auf den Straßen liegt Hundekot, in den unteren Etagen der Häuser bieten Boutiquen billige asiatische Mode an, auf den Schaufensterbrettern sitzen junge schwarze Männer mit wässrig-roten Augen. Es riecht nach mediterraner Verschlissenheit: eine Mischung aus Knoblauch, Pisse, Schweiß und Meerwind zieht durch die Häuserfluchten. Diese Reise bringt uns mehr an unsere eigenen als an die Ländergrenzen, denke ich, während ich versuche, mit Jakuba Schritt zu halten, die nach eigener Aussage »auf Automatik« umgeschaltet hat, um nicht auf offener Straße umzukippen. Marseille ist 2013 europäische Kulturhauptstadt, und wir passieren Theaterfestivals und Kunstinstallationen. Wäre ich mit Geld unterwegs, würde ich mich in das bunte Gewusel hineinbegeben, eine Meeresfrüchteplatte bestellen, Pastis trinken und danach irgendwas mit Kunst machen. Jetzt suchen unsere Augen nur eines: Essen. Es ist bereits nach acht Uhr und wir haben außer ein paar Keksen, die uns die Autofahrer schenkten, nichts gegessen. Wir wissen nicht, wo wir um diese Uhrzeit anfangen sollen, nach Supermarkt-containern, Obstbäumen oder Volxküchen zu suchen. Wir kennen auch niemanden, der das weiß. Und wir sind immer noch zu schüchtern, um unsere Mittellosigkeit offen zu zeigen. Wir irren durch endlose Straßenzüge. Irgendwas muss jetzt passieren. An einem kleinen Straßenmarkt sehen wir, dass die Händler gerade zusammenpacken und Feierabend machen. Das ist unsere Chance. Unter dem Stuhl eines türkischen Händlers entdecken wir ein dunkelrotes Viertel einer Melone. Sie hat schon ein paar weiche Stellen, ist aber bestimmt süß und groß-artig. Vorsichtig fragen wir auf Französisch, ob wir es haben könnten, und legen unsere Hände bittend auf die knurrenden Mägen. Wir hätten kein Geld, sagen wir, und der Verkäufer interpretiert, dass es uns offenbar gestohlen wurde. Wir dementieren es nicht. Er überreicht uns die Melone mit einem mitleidigen Blick, der wohl eher der Melone als uns gilt, weil er sie jetzt hergeben muss. Wir tragen das Riesenstück vorsichtig mit beiden Armen. »Wie ein Baby!«, rufen uns Passanten lachend zu. Es war eine schwere Geburt.

Auf einem kleinen Zettel habe ich die Adresse von einer WG notiert, in der irgendwann mal ein Freund von mir gewohnt hat. Im Notfall, sagte er, können wir dorthin. Weil bei uns in den letzten Tagen immer irgendwie Notstand herrscht, schleppen wir uns, die Rucksäcke und die Melone bis in den ersten Stock eines Gründerzeithauses und lassen uns dort in die Plastikstühle auf einer Dachterrasse sinken. Vier Klischeefranzosen mit wilden Haaren und rauchigen Stimmen sitzen um uns herum. Wir kennen niemanden, aber die Melone ist ein echter Eisbrecher. Auch bei Erbetteltem gilt: Wer einsteckt, muss auch austeilen können. Wir schneiden sie auf und spülen sie mit Rotwein aus einem 10-Liter-Softpack herunter. Bevor wir unsere Schlafsäcke auf einer Couch ausrollen, müssen wir aber noch die digitalen Netzwerke checken: Welche Orte empfiehlt die Tramper-Crowd für Marseille, um wieder auf eine Autobahn zu kommen? Hat jemand in Spanien auf unsere Wohnungsanfragen in den Bettenbörsen reagiert? Welche Tipps haben Facebook-Freunde für Barcelona? Wir machen das jeden Abend, um wenigstens ein bisschen Orientierung zu haben, wie wir uns durchschlagen können. »Warum habt ihr denn ein Handy dabei?«, sagt eine aus der Terrassenrunde, als wir über dem leuchtenden Bildschirm hängen. »Das ist doch total langweilig! Ihr müsst es ausmachen! Jawohl! Sonst lernt ihr überhaupt nichts!« »Vollkommen ausgeschlossen«, erwidere ich. »Die Netzwerke sind die Währung, die wir statt des Geldes benutzen.« Wenn wir auch diese aufgeben, was bleibt denn dann?

Als wir uns in den nächsten Tagen weiter in Richtung Krise begeben, gärt der Vorschlag der Französin in uns wie eine überreife Melone in der Sonne. Wir sollten es wagen: Handy aus! In Valencia haben wir keine Couchsurfing-Couch, keine zugesteckten Adressen, keine Pläne. Der ideale Ort also, um uns frei von allen Vorprägungen zu machen. Der Tag läuft gut, weil uns ein Autofahrer mit ans Meer nimmt und dann zum Mittagessen einlädt. Ein zweiter veranstaltet eine kleine Stadtrundfahrt durch Valencia und setzt uns am weißen, weichen Stadtstrand ab. Dort bekommen wir Drinks ausgegeben und dösen zufrieden in den Abend hinein.

Ein schwitzender Mann mit fleckigem T-Shirt und Schweißperlen auf der Stirn hält vor uns an, drückt uns Sangria in Plastikbechern in die Hand und beginnt, hektisch auf uns einzureden. Er wischt sich die Stirn mit dem ganzen Arm trocken und beugt sich dicht zu uns herunter. Ob wir nicht mit zu einer Party kommen wollen, da seien alle so nett wie er, wir sollten auch mal ein anderes Valencia kennenlernen als den Strand, und überhaupt müssten wir keine Angst haben. Gar keine Angst. Ich zücke mein ausgeschaltetes Telefon und gebe vor, mit einem Freund zu sprechen. »Er wartet da hinten auf uns«, sage ich dem Hektiker, und er guckt in die Richtung meines unbestimmten Fingerzeigs. Da sitzt tatsächlich jemand auf der niedrigen Mauer, die den Sand von der Flaniermeile trennt. Ein Prachtexemplar von einem Hippie: barfuß, Rastalocke, Nasenring, Jonglierkeulen im Rucksack, Joint in der Hand. Jakuba steht auf und steuert den zufällig Auserwählten an. Sie hat einen Plan. »Hallo«, sagt sie und lässt sich geschmeidig neben ihm nieder, »weißt du, wo man hier am Strand pennen kann?« Der Hippie pustet die Backen auf. »Das würde ich euch nicht raten. Da weiß man nie, wer sich nachts heranpirscht.« Er zieht am Rauchwerk, wir gucken dramatisch desillusioniert. »Aber es gibt da so ein Haus. Nicht weit von hier. Da könnt ihr mit Sicherheit pennen. Ich frage gleich mal nach, wenn meine Leute hier sind«, schiebt er hinterher. Zu Solidarisierungszwecken rauche ich den Dübel runter und glaube wenig später, eine Art Fata Morgana zu sehen. Ein Tross von Männern mit Didgeridoos, Trommeln, Feuer-Pois, Gitarren und Flöten taucht am Horizont auf. Hunde streunen herum, einer trägt einen rosa Zylinder, einer eine Schiebermütze, einer humpelt. »Da sind ja meine Leute!«, sagt der Vorzeige-Hippie. Wir hocken uns mit ihnen an den Rand der Strandpromenade. Im Wechsel jonglieren die Jungs mit Feuerkeulen, improvisieren auf der Gitarre oder machen Akrobatik. Ich lasse mir von einem in die Jahre gekommenen Blumenmädchen Poi zeigen: Das sind in diesem Fall leuchtende LED-Kugeln an Seilen, die bei kunstvollem Wirbeln bunte Muster in die Luft malen. Ich kreise die Bälle, bis ich Blasen an den Händen habe. Eine Münze in die Mütze auf dem Gehweg bringt es trotzdem nicht. Dafür gehören wir jetzt offiziell zum Straßenvolk, was sich ungewohnt, aber nicht unangenehm anfühlt.

Mit der Gruppe laufen wir durch ein staubiges Viertel von Valencia. Nachbarn sitzen auf Campingstühlen vor ihren Häusern und grüßen die bunte Truppe. Wir landen vor einem Haus, dessen Fassade mit abstrakten Figuren bemalt ist, innen formen Trapezstangen, Matten, Festivalplakate und Graffiti das Gebäude zu einem Kosmos der Fantasie. Ständig kommen andere Gestalten aus den abgedunkelten Zimmern und schleppen kistenweise containertes Fast Food herbei. Es gibt Pommes und Burger. »Das müssen wir gar nicht aus dem Mülleimer holen«, sagt ein deutscher Punk. »Wir fragen einfach im Laden nach, und dann bekommen wir etwas.« Er sagt das genauso selbstverständlich, wie dass er seit einem Jahr mit seiner Freundin einen ganzen Olivenhain besetzt hat und dort versucht, genügend Öl zu produzieren, um es als Tauschmittel einsetzen zu können. »Gegen Solarzellen zum Beispiel. Hat auch schon geklappt.« Mann, sind die gut. »Wie geht das denn? Mit dem Besetzen?«, frage ich den Deutschen. »Das ist eigentlich nicht schwer. Es gibt so viele verlassene Olivenhaine und Bauernhöfe hier. Da suchst du dir einfach einen aus. Es gibt sogar ganze besetzte Dörfer. Irgendwann sind von dort alle Menschen weggezogen, in die Städte oder ins Ausland. Was weiß ich. Und jetzt kehren junge Leute dahin zurück.« Der Punk erzählt von dem legendären andalusischen Dorf Marinaleda, 450 Kilometer südlich von Madrid. Die kleine Gemeinde hat sich selbst aus der Arbeits- und Perspektivlosigkeit befreit und eine Finca besetzt, die nach kommunistischen Prinzipien funktioniert. Etwa 3000 Gemeindemitglieder stellen in einer Kooperative Artischocken, Paprika, Bohnen und Olivenöl her. Jeder verdient das Gleiche – etwa 1200 Euro pro Monat. Der Rest der Gewinne wird auf die Gemeinschaft umgelegt, weswegen sich der Ort auch kleinen Luxus wie ein Fußballstadion, Fitnessstudios, Schwimmbad und Parks leisten kann. Anders als im Rest des Landes leiden die Menschen dort nicht unter hohen Immobilienkrediten oder Mieten, sondern bauen sich ihre Häuser selbst mit Materialien, die sie zu einer sehr geringen Rate von der Gemeinde gestellt bekommen. Die Bewohner reklamieren die fruchtbare spanische Erde wieder für das, wofür sie immer da war: um mit und von ihr zu leben. Sie soll kein Spekulationsobjekt sein, sondern Lebensraum. Später lese ich in Zeitungsartikeln, dass in Zeiten der Krise geradezu ein Ansturm von Wirtschaftsflüchtlingen nach Marinaleda erfolgt und den Ort an seine Kapazitätsgrenzen bringt. Die Spanier aus anderen Regionen sollten sich dagegen selbst wieder das nehmen, was ihnen zusteht, sagte der Bürgermeister in einem Interview. Und kämpfen, kämpfen, kämpfen.

Auch die Hippies in Valencia haben ihr Refugium illegal besetzt. Die Tür ist wegen jederzeit möglicher Polizeirazzien fest versperrt. Das Wasser wurde von der Kommune abgestellt, weswegen sie für die Klospülung eimerweise Wasser von einer öffentlichen Dusche heranschleppen müssen. Als wir dort einchecken, sind die Eimer leer. Alle Bewohner scheinen mit anderen Dingen beschäftigt. Bis tief in die Nacht trainieren junge Männer mit Dreads und freien Oberkörpern an Trapezstangen. Andere lassen sich Griffe auf der Gitarre zeigen oder verfeinern eine Jongliertechnik. Der Haufen ruht eigentlich nie, ständig werden Fähigkeiten geteilt. Es ist eine Wertschöpfung, mit der sich weder Wasserrechnungen bezahlen noch Kühlschränke füllen lassen. Und trotzdem wird da etwas produziert, das aus dem Haus auf die Straßen von Valencia wirkt: Artistik, Kunst, Schönheit. Während sich die Feuerstangen vor meinen Augen drehen, bemerke ich, dass ich die Leute nicht mehr als Schnorrer betrachten kann. Sie haben eine Währung, die mir oberflächlich betrachtet besser gefällt als Wertpapiere: Lebenskunst. Mit ihren Feuerbällen erleuchten sie den dunklen Strand, als lebende Statuen sehen sie Menschen, die sonst unsichtbar in der Masse treiben, als Musiker geben sie einem Tag am Meer den Soundtrack. Dafür verlangen sie keine angemessene Vergütung – sie bitten darum. Sie werden nicht besser, wenn jemand einen Schein in die Mütze wirft, und sie hören nicht auf, wenn jemand nur zuhört. Was sie einnehmen, ist eine Gabe aus freien Stücken – weil jemand die Idee oder die Umsetzung gut findet. Die amerikanische Punkmusikerin Amanda Palmer, die nach ihrem Kunststudium als lebende Statue Geld verdiente, sagte einmal, sie habe auf einer Kiste am Straßenrand stehend gelernt, dass Menschen geben wollen: »Es ist eine Frage des Vertrauens. Man muss lernen, den Menschen zu vertrauen.« Dass jemand eine Münze gibt, sei kein Akt der Gnade, sondern entstehe aus einem winzigen Moment der Verbundenheit. Heute organisiert Amanda das Geld für Plattenaufnahmen über Crowdfunding im Internet. Über eine Million Dollar hat sie so für ein Album gesammelt. Das sei die logische Fortsetzung der Erfahrungen auf der Straße: Sich mit Menschen verbinden ist das Kapital der Zukunft. Die Tatsache, dass weltweit immer mehr Kreative über Portale wie kickstarter.com in den USA oder startnext.de und VisionBakery.com in Deutschland ihre Filme, Musikalben, Bücher oder Theaterprojekte von einem digitalen Schwarm finanzieren lassen, bestätigt das. Für Zukunftsforscher ist Crowdfunding einer der vielversprechendsten Ansätze einer solidarischen Gesellschaft. Für mich zeigt es, dass gute Ideen auf der Straße liegen und man sich nur dafür öffnen muss, um zu lernen.

Im Grunde machen Jakuba und ich mit unserer Tramper-Tour nichts anderes: Wir gehen auf die Straße, machen uns abhängig und verletzbar, aber vertrauen auf die Kraft alter und neuer Verbindungen, um zu überleben. Und das Erstaunliche ist: Es klappt. Es war am Anfang schwierig zu bitten, und noch

VON EINER, DIE AUSSTIEG

schwieriger, anzunehmen. Alle Autositze, Betten und Mahlzeiten, die uns geschenkt wurden, kamen uns erschlichen vor, weil wir sie nicht bezahlt hatten. Zumindest nicht mit Geld. Dass wir aber etwas anderes zurückließen, merkten wir erst mit der Zeit. Einige der Autofahrer schrieben uns später, dass wir ihnen einen öden Tag auf der Autobahn versüßt hätten, dass wir ihnen wieder das Vertrauen in Tramper zurückgegeben oder sie sogar dazu inspiriert hätten, selbst wieder einmal zu trampen. Bei unseren Gastgebern hinterließ Jakuba kleine selbst gemalte Zeichnungen und ich jede Menge Geschichten. Die Abschiede waren jedes Mal traurig. Je länger wir uns ohne Geld durch Europa bewegten, umso mehr vertrauten wir der Währung Solidarität. Ob wir bei einem Schweizer Unternehmer oder bei spanischen Zirkusleuten waren – überall fanden wir Verbundenheit. Auch wenn wir diese Erkenntnis oft erst mit Hunger, Erschöpfung, Scham und Überwindung erlernen mussten.

»Wir können wieder nach Hause«, sage ich zu Jakuba nach ein paar Tagen Valencia. »Wir haben uns selbst in genug existenzielle Krisen gestürzt. Und sie irgendwie gemeistert. Wir wissen jetzt, wie wir ohne Geld durchkommen.«

»Ich will aber nicht zurück«, entgegnet Jakuba.

»Wegen der gut aussehenden Jongleure?« Sie lacht.

»Nein, weil es noch nicht reicht. Wir haben gelernt, dass wir auf Solidarität vertrauen können, wenn wir in eine Krise geraten. Aber funktioniert das auch, wenn das ganze Land in die Krise rutscht?«

Es reicht. Genug mit dem Quatsch. Sich selbst in die Krise stürzen? Als gäbe es noch nicht genug Leute auf der Welt, die leiden! Da braucht es doch wirklich nicht noch zwei deutsche Touristinnen dazu, die ausprobieren wollen, wie das so ist, das Elend. Scheiße ist es!

Jakuba und ich rennen seit 18 Stunden durch die verschachtelten Gassen von Barcelona und suchen nach einem Schlafplatz. Wir wollen herausfinden, wie die Menschen in der katalanischen Hauptstadt die Krise bewältigen. Stattdessen werden wir von einer eigenen Krise überwältigt. »Es ist nirgendwo sicher«, kreische ich hysterisch. »Überall nur Bumsurlauber und Penner!« Jakuba nickt träge, sie schläft fast im Gehen. Am Strand lungern Tagediebe, auf Parkbänken liegen besoffene Touristen, in Häusernischen krümmen sich Obdachlose. Unsere Beine zittern vor Erschöpfung und machen schmerzmäßig der flirrenden Migräne Konkurrenz. Und dann diese Müdigkeit. Jakuba kippt auf einem öffentlichen Platz einfach zur Seite, um wenigstens ein paar Minuten die Augenlider schließen zu können. Ich darf auf gar keinen Fall auch schlappmachen, denke ich. Dann sind unsere Rucksäcke weg. Ich krame die Jonglierbälle von der Hippiefrau aus Valencia heraus, knipse die LED-Leuchten an, stelle ein Spendendöschen auf und schwinge mich in eine Poi-Meditation. Barcelona, so dachten wir, ist das Mekka der Straßenkunst. Aber nicht eine einzige lebende Statue steht auf der Hauptflaniermeile Ramblas oder neben der

Kathedrale! Keine Punks sind am Strand! Ich fühle mich voller Hass und Resignation. Wenn Jakuba wieder aufwacht, gehen wir zum Bahnhof und steigen in den nächstbesten Zug nach Hause, beschließe ich. Mit Speisewagen und Schlafsesseln! Ich kann nicht mehr.

Die Pois malen bunte Kreise in das Dunkel der Stadt, als wären sie die letzten Leuchtkugeln, die ein untergehendes Schiff abschickt. Plötzlich steht ein langhaariger Typ vor mir.

»Das Schälchen solltest du lieber wegpacken. Die Polizei ist gerade unterwegs. Sie hat unsere Ausweise eingesammelt.«

»Warum das denn?«

»Weiß auch nicht. Seit einiger Zeit gehen sie ziemlich rabiat gegen Straßenkünstler vor und vertreiben sie von ihren Plätzen.«

»Das erklärt einiges. Meine Freundin und ich haben den ganzen Tag nach dem alternativen Volk gesucht.«

»Schläft sie? Ist nicht so wirklich sicher hier.«

Jakuba richtet sich auf. »Weißt du einen besseren Ort?«, fragt sie ohne zu zögern. Der Typ überlegt. »Das Roig21 ist direkt um die Ecke. Das ist ein Haus, das zu einer sozialen Kollaborative gehört. Da könnt ihr es versuchen.« Er gibt uns die Adresse, wünscht uns viel Glück, und mit der beginnenden Dämmerung taumeln wir los.

Im Stadtteil Raval beenden die Nutten soeben ihre Schicht, und die schwarzen Bierverkäufer verschwinden in die Seitengassen. Das besagte Haus fügt sich unscheinbar in die Zeile ein. Im Souterrain steht die Tür offen und gibt den Blick auf einen kleinen Versammlungsraum frei. Ale, ein chilenisch-italienischer Programmierer, sitzt hinter einem Computer und winkt uns herein mit buddhistisch mildem Lächeln. Er versteht sofort unsere Not, macht ein paar Anrufe und nur wenig später haben wir ein eigenes kleines Zimmer im Haus. Erst nach ein paar Stunden Schlaf sollten wir verstehen, dass wir gerade ein quasi-besetztes Haus quasi besetzt hatten. Das Roig21 ist ein Wohnblock mitten im Rotlichtmilieu der Stadt. Seine vorigen Mieter mussten ihre Wohnungen verlassen, weil der Eigentümer seine Hypothek nicht an die Bank zurückzahlen konnte, als die Immobilienblase in Spanien platzte. Wie so viele Häuser in Spanien stand es über Jahre leer. Eine tote Fassade, in der nur noch Schulden lebten. Dann kamen die Kommunarden der »Catalan Integral Cooperative«, kurz CIC, vorbei und machten dem Eigentümer ein interessantes Angebot: Das spanische Gesetz erlaubt, dass auch in gepfändeten Objekten weiterhin Menschen für fünf Jahre wohnen können. Statt das Haus zur leblosen Spekulationsruine einer Bank verkommen zu lassen, überließ der Eigentümer der Kollaborative das Haus für eine sehr geringe Miete. Ale sagt, in der alten Anarcho-Hochburg Barcelona würden viele Menschen ihre Häuser lieber der Revolution als dem Feind übergeben. Die Kommunarden halten es instand – und probieren dort ein anderes, gemeinschaftliches, geldloses Leben aus.

Die CIC gehört zum Netzwerk »Aurea Social«, das sich nach den Protesten der 15M-Bewegung gründete. Ihr Ziel: die existenziellen Bedürfnisse der Menschen befriedigen, ohne dabei auf Staat und Wirtschaft vertrauen zu müssen. Man etabliert Hausprojekte und Gemeinschaftsgärten, bezahlt mit der Alternativwährung Eco, organisiert Umsonstläden und Tauschakademien, bietet kostenlos medizinische Versorgung an. Es soll ein ganzheitliches Konzept sein, das die entscheidende Frage umfassend beantwortet: Wie wollen wir leben? »Mit der Wirtschaftskrise hat sich der Wunsch nach einem anderen, weniger kapitalistisch getriebenen Leben auch jenseits des linken Milieus ausgebreitet«, sagt Ale. Besonders die Generation zwischen zwanzig und dreißig, die nach dem Crash ihre Chancen verloren glaubte, am westlichen Wohlstand teilzuhaben, wollte experimentieren. Sie nutzte die Energie der Proteste und fing an, sich mit ihrer Selbstwirksamkeit auseinanderzusetzen. Sie fragte sich: Wo fangen wir an und wie weit können wir gehen?

Ale klemmt sich ein Notizbuch unter den Arm, schließt die Haustür von Roig21 ab und geht los. Er will sich heute nach neuen Häusern umsehen, die man für CIC erschließen könnte. Er glaubt, jede Revolution sei sinnlos, solange die Menschen kein Dach über dem Kopf haben. Dann könnten sie sich nie aus dem Hamsterrad der Geldlogik befreien. Mein Magen glaubt, dass dazu auch noch Essen gehört. Und weil Ale auch weiß, wo wir das finden können, kommen wir mit in seine Welt. Im Stadtteil Raval stehen arabische Männer in Häusernischen und rauchen. Indische Frauen schleppen ihre Kinder durch die verwinkelten Gassen. Es riecht nach exotisch Fettgebackenem. Ale legt den Kopf in den Nacken und sucht mit den Augen die Häuserzeilen ab. Viele der Objekte auf seiner Liste sind bereits illegal besetzt oder von einem anderen Kollektiv übernommen. »Wenn man hier ein Fenster offen lässt, sind sofort Leute drin«, sagt er. Er findet das richtig: Es sei ein Irrsinn, dass Leute auf der Straße leben, während gleichzeitig Häuser leer stehen. Wir passieren anarchistische Buchläden und Kneipen, in denen sich alte Franco-Oppositionelle und junge Utopisten treffen. In einem ehemaligen Hotel behandelt ein Arzt einmal pro Woche kostenlos Patienten. »Rettet Menschen, nicht Banken«, steht auf einem riesigen Plakat an einem Haus, das vom Kollektiv La Pah besetzt wird. »Das ist eine schlagkräftige Truppe, die immer dort auftaucht, wo besetzte Häuser von der Polizei geräumt werden. Sie haben schon einige Räumungen verhindert oder organisieren den Hausbesetzern sofort neue Objekte.« Es kommt mir vor, als sei der ganze Stadtteil ein einziges Anarcho-Nest. Je länger ich mit Ale um die Häuser ziehe, umso nachvollziehbarer finde ich es, dass leere Objekte von der Bevölkerung übernommen werden. Aber es bleibt dieses eine Problem: Am Ende müssen sie alle, Besetzer und Projektler, wieder heraus.

Davon hatte ich bereits in Deutschland bei Konzepten der Zwischennutzung erfahren. In meiner Heimatstadt Leipzig entstand zum Beispiel vor etwa knapp zehn Jahren die Idee der Wächterhäuser. Weil es in der Stadt viele leer stehende Objekte gab, in denen Jugendliche die Fenster einschlugen oder Feuer legten, ersann eine Gruppe von Stadtplanern und Architekten die Idee, die Häuser vor dem völligen Verfall zu bewahren und dort Kreative und Künstler für drei bis fünf Jahre und eine symbolische Miete einziehen zu lassen. Der Eigentümer sorgt für Wasser und Strom und ein dichtes Dach. Die Nutzer renovieren nach eigenem Ermessen – und haben Platz für ihre Selbstverwirklichung. Die Idee der Wächterhäuser verbreitet sich schnell. Nicht nur in Leipzig, sondern in ganz Deutschland. Es schien wie die perfekte Win-Win-Win-Situation: für arme Künstler, frustrierte Eigentümer und hilflose Kommunen. Heute gelten Wächterhäuser in alternativen Kreisen vor allem als perfektes Mittel zur Gentrifizierung. In sozial schwache, verwahrloste Stadtteile ziehen Künstler, sie werten die Gegend mit ihren Ateliers und Aktionen auf, Studenten folgen nach, dann eröffnen erste Cafés und Bars, die Ureinwohner müssen ihre Wohnungen und Läden räumen, die kaufkräftige Mittelschicht siedelt über, Biosupermärkte und Weinhandlungen eröffnen – und die Künstler aus den Wächterhäusern müssen wieder das Feld räumen. Plötzlich gilt das Haus als lukratives Investmentobjekt in einer angesagten Gegend.

Deswegen findet unter jenen, die in Deutschland nach alternativen Formen des Zusammenlebens suchen, ein Umdenken statt. Kaufen statt nutzen, so heißt das neue Mantra der Wohnkommunarden. Ein Beispiel dafür sind die Syndikatshäuser in der Leipziger Zollschuppenstraße, einer ruhigen Gegend mit Kopfsteinpflaster und Fabrikruinen im ehemaligen Arbeiterviertel Plagwitz. Dort findet derzeit der übliche Gentrifizierungsprozess statt. Es wird nicht mehr lange dauern, und die Mieten werden auf Zentrumsniveau steigen und jene vertreiben, die sich ein gutes Leben nicht kaufen, sondern selbst bauen wollen. In der Zollschuppenstraße steht eine Zeile von Gründerzeithäusern, in denen ehemalige Hausbesetzer, Punks, Künstler, Familien und Studenten leben. Ein Blick hinter die ordentlich sanierten Fassaden zeigt, dass dort eine Idee von solidarischem, gemeinschaftlich organisiertem, konsensorientiertem Wohnen lebt. Die Häuser sind mit Gemeinschaftsküchen und -bädern ausgestattet, haben einen Freizeitraum mit Tischtennisplatte und Beamer und separate Wohnräume für die Bewohner. Eines der Häuser hat außerdem Vereinsräume im Erdgeschoss, in denen sich Menschen zum Yoga, zur Kinderbetreuung oder zur Volxküche treffen.

»Mein Traum war schon immer, mit anderen gemeinschaftlich zusammenzuleben«, sagte mir Micha, einer der Bewohner der ersten Generation. »Die Hausgemeinschaft ist wie eine Wahlfamilie: Wir sorgen füreinander und teilen so viel wie möglich miteinander.« Die Mietgemeinschaften haben das Haus gekauft, denn sie wollen nicht von der Gnade eines Vermieters abhängen, sondern sich und nachfolgenden Bewohnern langfristig günstigen Wohnraum sichern. Dafür haben sie sich dem Freiburger Mietshäuser-Syndikat angeschlossen, einem wachsenden Zusammenschluss von Hausprojekten mit solidarischer Finanzierung und Entscheidungsprozessen. Jedes angeschlossene Hausprojekt gründet eine GmbH, in der Syndikat und Hausgemeinschaft gleichberechtigte Gesellschafter sind. Der Kaufpreis wird durch Direktkredite von Einzelpersonen und Gruppen gestemmt und durch die regelmäßigen Mieten allmählich gemeinsam abbezahlt. Bricht eine Hausgemeinschaft irgendwann auseinander, fällt das Haus nicht an den Immobilienmarkt zurück, sondern bleibt Teil des großen Kollektivs. »Durch das Syndikat sind wir alle miteinander verbunden«, sagt Micha. »Wir nehmen die Probleme anderer Pro-

jekte ernst und helfen uns aus – mit Geld oder Erfahrungen.«
Die Idee ist, so viel wie möglich selbstbestimmtes Wohnen
zu ermöglichen. »Wir tummeln uns im Dickicht der Stadt unter Baulöwen und Immobilienhaien, unter Häuslebauern und
Wohnungseigentümern, unter Wohnungsbaugenossenschaften
und Kapitalanlageunternehmen. Wir konkurrieren mit ihnen
um die eine oder andere Immobilie und spielen das Monopoly
im Maßstab 1:1 mit«, heißt es beim Mietshäuser-Syndikat. Die
neuen Hausbesetzer wollen in ihrer Volxküche nicht mehr nur
Kuchen für alle backen, ihnen gehört jetzt die ganze Bäckerei.

Gemeinschaftliches Leben mag momentan noch eine Nische
sein. Zukunftsforscher sagen jedoch voraus, dass »Collaborative Living« eine der wichtigsten Entwicklungen im Wohnungs-
markt ist. In der Studie *Zukunft des Wohnens* schaut eine Gruppe
von Forschern in die Zimmer der nächsten Dekaden, und dort
sehen sie: nicht mehr viel. »Die digitale Kultur des Austauschens,
Aneignens und Anpassens wird in den realen Raum übertragen«,
steht da. Nicht jeder müsse mehr alles haben, man beschränke
sich auf das Nötigste. Garagen samt Autos, Waschküchen samt
Waschmaschine, Küchen samt Kochgemeinschaft – das sei
nicht nur eine Utopie, sondern gesellschaftliche Notwendig-
keit. Denn der Wohnraum in den großen Städten wird zunehmend knapp. Immer mehr Menschen wollen im Urbanen leben,
die Wohnflächen werden kleiner – aber die Ansprüche bleiben
gleich. Harry Gatterer, einer der Autoren der Studie und der
österreichische Geschäftsführer des Zukunftsinstitutes, sagte in
einem Interview, unser Verständnis von Wohnraum beschränke sich nicht mehr nur auf die eigene Scholle: »Der Park wird
zum Garten, die Bibliothek zum Büro. Die Wohnung ist nicht
mehr 42 Quadratmeter groß, sondern hat die Fläche der ganzen
Stadt. Ich eigne mir die Stadt als Lebensraum an.« Wenn das so
ist, dann bedeutet das aber auch, dass ich sehr viele Mitbewohner habe, mit denen ich mich arrangieren muss.

Wie das aussehen kann, zeigt Ale auf unserer alternativen Tour durch Barcelona. Er spricht mit jedem Nachbarn, jedem Passanten, jedem Ladenbesitzer. Zum einen, damit er herausfindet, wem die leeren Häuser gehören. Zum anderen will er die Idee seiner Kooperative bekannt machen. »In einer Gegend wie dieser ist es unglaublich wichtig, dass man sich gegenseitig kennt und aufeinander Acht gibt«, sagt Ale. Niemand kann es hier ganz allein schaffen. Man ist auf die Hilfe anderer angewiesen. Ale führt uns zu einem indischen Sikh-Tempel, einem Raum im Erdgeschoss eines Wohnhauses, der mit weißen Laken ausgekleidet ist. Bevor wir ihn betreten, waschen wir Hände und Füße, verneigen uns vor dem goldenen Altar an der Stirnseite des Raumes. »Ihr dürft hier um nichts bitten. Euch wird gegeben. Macht einfach, was man euch sagt.« Mit Tüchern um Kopf und Schultern nehmen wir an einer Plastiktischdecke auf dem Boden Platz. Mönche mit blauen Turbanen füllen unseren Teller mit Reis und Curry. Es gibt klebriges Gebäck, Früchte und Chai. Ich zittere ob der unglaublichen Köstlichkeit und Gnade, die uns begegnet. Es schmeckt überwältigend. Obwohl ich hier nicht fremder sein könnte – in einem indischen Tempel in einem anarchistischen Viertel in einer spanischen Stadt –, fühle ich mich komplett. Die Mönche fragen neugierig, ob ich auf einer spirituellen Reise sei, denn ich hätte so ein Leuchten in den Augen.

»Wie können wir das behalten?«, fragt Jakuba nach dem Essen. Sie leuchtet auch so sonderbar unter dem gelben Tuch. »Die Turbane?«, frage ich zurück. »Nein, dieses Glücksgefühl, hier angekommen zu sein.« Das ist eine wirklich schwierige Frage. Es ist nicht nur die Tatsache, dass wir endlich Essen und einen Schlafplatz gefunden haben. Denn das hätten wir uns ja theoretisch irgendwann auch kaufen können – und trotzdem hätte das nicht den gleichen überwältigenden Effekt gehabt. Die tiefe Dankbarkeit kommt von etwas anderem. Wir hatten

Menschen gefunden, die bereit waren, ihr Weniges mit uns zu teilen – und das nicht nur ausnahmsweise, sondern als Lebenskonzept.

Die Frage, wie sich solche gemeinschaftlichen Ansätze mit einer irgendwie bürgerlichen Lebenswelt vereinbaren lassen, beschäftigt mich schon lange. War das nur etwas für überzeugte Genossen, nächstenliebende Gläubige, idealistische Blumenkinder und libertäre Kollektive? Musste man einer von ihnen werden, um das auch zu haben? In vielen Gesprächen auf meinen Reisen erfuhr ich, dass es in unterschiedlichen sozialen Milieus eine große Sehnsucht danach gibt, wieder näher aneinander heranzurücken. In ein paar Dekaden des letzten Jahrhunderts war es offenbar ganz schön, sich individuell auszutoben, sich alles nehmen und dabei immer fragen zu dürfen, was das Beste sei – nicht für die Gemeinschaft, sondern für das Individuum. Wirklich reicher hat es uns nicht gemacht. Die Möglichkeit, immer mehr Dinge besitzen zu können, wiegt die Tatsache nicht auf, immer weniger Sein mit anderen teilen zu können. Senioren wollen nicht am Ende ihres Lebens allein in einer Wohnwabe sitzen und ziehen in ein Mehrgenerationenhaus. Familien wollen nicht völlig allein mit der Herausforderung des Kindergroßziehens sein und gründen Ökodörfer, frustrierte Lohnarbeiter steigen aus in Landkommunen, digitale Bohemiens vernetzen sich und ihre Ideen nicht mehr nur über den Computer, sondern auch im Alltag und ziehen in offene Wohngemeinschaften. Jede Daseinsform für sich genommen kann die Welt vielleicht nicht retten, aber in der Summe entsteht so etwas wie ein neues Werteklima. Eines, das nicht auf individuellem Konsum beruht, sondern auf gemeinschaftlicher Sinnproduktion.

Auf der europäischen Konferenz der Shareconomy im Mai 2013 in Paris, dem OuiShare-Fest, kamen junge Unternehmer, Designer, Maker, Wissenschaftler, Investoren, Politiker und

Vordenker zusammen, die sich fragten, wie man neue Formen des Lebens, Arbeitens und Wohnens ausprobieren kann. Viele von ihnen sind mit dem Grundgedanken des Internets groß geworden, wonach Immaterielles problemlos miteinander geteilt werden kann – und es dadurch nicht weniger, sondern mehr wird. Jetzt versucht diese Generation, die digitalen Werte in eine materielle Welt zu übertragen. Es geht um Co-Living, Co-Working, Co-Existing. Da gibt es zum Beispiel die »Hackerspaces« für jene digitalen Nomaden, die ihren Rechner im Grunde überall aufklappen können. Sie haben ein mittlerweile recht dichtes Netz von Orten, an denen sie sich zusammenfinden und -arbeiten können. Eines der radikalsten Projekte befindet sich auf der Insel Lanzarote. Das »Cyberhippietotalism« ist ein soziales Experiment, das die Kommuneneideen aus den Siebzigerjahren mit selbst angebautem Essen und Hippie-Werten mit der Philosophie des Hackings zu verbinden versucht. Außerdem ist es dort auch im Winter sonnig und warm. Wer eincheckt, will nicht weniger als an der Frage entlangforschen, wie sich Mensch und Technik vollständig verbinden lassen. »Vergiss die Lebens- und Sozialnormen des 20. Jahrhunderts«, sagen die Cyberhippies auf ihrer Seite, »tu einfach so, als wäre es 2027, und leg los«.

Für kreative Geister gibt es mittlerweile eine eigene Infrastruktur des temporären gemeinschaftlichen Lebens. Wer sich bei Netzwerken wie »Copass« einloggt, sieht auf der Weltkarte überall blaue Punkte aus dem Boden sprießen, hinter denen unabhängige offene »Spaces« stecken, in denen gemeinsam gedacht, gemacht und gelebt wird. Hackerspaces, FabLabs, Nomadenbasen – in ganz Europa und den USA gibt es Orte für unstete Freiberufler, die gern heute hier, morgen dort sind. Die Gründer der Plattform – selbst Manager von »Coworking Spaces« in Paris und Rom – werben: »Stell dir vor, du arbeitest einen Monat in einem coolen Coworking Space in Paris, produzierst den Prototyp deines Produkts in einem FabLab in Berlin, nimmst dir ein bisschen Arbeit an einen Strand auf den Kanaren mit, bevor du dein Produkt in San Francisco auf den Markt bringst. Das ist es, was wir ermöglichen wollen.«

»Coliving-Spaces« sind meistens temporäre Unterkünfte, die völlig unterschiedlich funktionieren. Die Spannbreite ist gewaltig: Finanziell potente Unternehmer können sich in luxuriösen Business-WGs mit Sauna und Pool einmieten und strategische Kontakte zu ihren ebenfalls umtriebigen Mitbewohnern knüpfen. Oft gibt es ein Auswahlverfahren, wer in die Gemeinschaft passt und wer nicht. Öko-Interessierte können auf einem der 6000 WWOOF-Höfe weltweit das nachhaltige Landwirtschaften erleben. Übersetzt heißt das: World Wide Opportunities on Organic Farms. Gegen Mithilfe kann man sich auf den Öko-Bauernhöfen Kost und Logis erarbeiten. Wer nicht in der Erde wühlen mag, kann sich über das Netzwerk HelpX in anderen Jobs als williger Zeitarbeiter verdingen und in einer fremden Gemeinschaft mitmachen. Es gibt Kommunen, Projektdörfer und Künstlerresidenzen, die davon leben, dass immer neue Menschen mit neuen Ideen zu ihnen kommen. Wenn man wirklich will oder muss, so glaube ich, kann man sich von einem Wohn-Arbeit-Lebensexperiment zum nächsten hangeln. Die Strukturen dafür sind vorhanden. Wohnen, so sagen die Shareconimisten auf der Konferenz in Paris, sei eines der zentralen Themen der kommenden Jahre. »Was wir das ›Zeitalter des Zugangs‹ nennen, ist nicht nur ein wünschenswerter Zustand, sondern eine echte Überlebensstrategie in Zeiten der Krise.«

In Barcelona richten Jakuba und ich uns in der Krise dann doch noch ganz gut ein. Im Roig21 bewohnen wir unser eigenes kleines Zimmer, nicht weit vom Strand entfernt, und wenn wir das Fenster öffnen, drückt sich uns der heiße katalanische Sommer entgegen. Wir haben endlich: Zeit. Ohne die

Last des ständigen Weiterreisens und Schlafplatzorganisierens und Essensuchens können wir endlich dem nachgehen, weswegen wir losgefahren sind. Jakuba schnappt sich Zeichenbuch und Handtuch und verabschiedet sich in Richtung Meer. Ich begebe mich immer tiefer hinein in die Welt von Ale und den anderen Kommunarden. Wir besuchen den kleinen Gemeinschaftsgarten »Hort del Xino« wenige Meter vom Roig entfernt. In einer Brache haben Nachbarn auf den Trümmern eines gesprengten Hauses einen Garten angelegt, in dem sich Kirschbäume, Kräuterbeete, eine Palettenbar und ein Bambusdom zu einem grünen Paradies verbinden. Alte Männer sitzen dort während ihrer Siesta ohne Hemd und mit Hut im Schatten, eine Katze schleicht durch die Salatbeete, Kinder spielen Fangen. Auf einem Schild am Eingang steht, man wolle inmitten der urbanen Steinwüste eine grüne Oase schaffen, die nicht der Spekulation, sondern der Rekreation dient. »Ich glaube, wir sind endlich genau dort angekommen, wonach wir gesucht haben«, sage ich zu Ale. Er nickt: »Ich glaube, ich auch.«

Bis Ale zu diesem Leben fand, hatte er eine Reise des Zweifels hinter sich gebracht. 2010 kam er mit seiner Frau und drei Kindern aus dem englischen Bristol nach Barcelona. Sie wollte dort als Hebamme arbeiten, er fand einen Job als Programmierer. Eine Weile lief es ganz gut mit dem kleinfamiliären bürgerlichen Leben – bis die Krise kam. Ale und zwölf seiner Kollegen wurden zu ihrem Arbeitgeber gerufen, sie sollten einen Vertrag unterschreiben, der ihren Kündigungsschutz aushebelte. Aber sie weigerten sich – und flogen allesamt raus. Als Ales Ersparnisse langsam zusammenschmolzen, zog er sich immer mehr zurück, seine Familie wurde ihm fremd, er verlor den Glauben, dass alles sich irgendwann zum Guten wenden würde. Die wirtschaftliche Depression hatte sich zu seiner persönlichen entwickelt. »Als die Indignados mit den Demonstrationen und Protestcamps begannen, änderte sich alles«, erzählt er. Plötzlich standen Tausende Menschen auf den Straßen und Plätzen Kataloniens, denen es ähnlich erging. Einige forderten politische Reformen, andere wollten wirtschaftliche Zugeständnisse. Ale fühlte sich bei den Öko-Aktivisten am wohlsten, die mit dem Zusammenbrechen alter Strukturen die Gelegenheit gekommen sahen, sich eine andere Welt zu bauen und zu pflanzen. Er tauchte ein in die alternativen Milieus der Stadt, lernte Vordenker und Fürsprecher für eine Gesellschaft jenseits von Lohnarbeit, Profitstreben und Wachstumsdogmen kennen. Wenn man so gut wie kein Geld mehr hat, ist Demonetarisierung des Lebensstils nicht mehr so absurd, wie es aus einem funktionierenden, beglückenden Angestelltenverhältnis heraus erscheinen mag. Ale sortierte sein Leben neu: Er trennte sich von seiner Frau, arbeitete nur noch frei an einzelnen Projekten, verwendete den Rest der Zeit dazu, mit seinen IT-Kenntnissen eine lokale Food-Coop aufzubauen. Irgendwann steckte er so tief in der Gemeinschaftsarbeit, dass er sich nicht mehr um seine individuellen Wohnungsnöte kümmern konnte. Die CIC startete ihre sozialen Hausprojekte – und als neuer Vollzeit-Aktivist zog er mit ein. »Es ist ein Akt der Rebellion, Dinge selbst anzubauen, gemeinschaftlich zu konsumieren und basisdemokratisch zu entscheiden«, sagt er. »Man hört dann einfach auf, weiterhin seine Energie und Zeit in eine gierige Konsummaschine zu stecken, die uns in die wirtschaftliche Verzweiflung geführt hat.«

Ale fand auf der verbrannten Erde des Krisenlandes Spanien jenen fruchtbaren Boden, in dem die Ideen der Transition-Bewegung Wurzeln schlagen können. Er hatte den Gründer Rob Hopkins und seinen Öko-Kommunitarismus bereits in seiner ehemaligen Heimat Großbritannien kennengelernt. Denn von dort kommt die Bewegung. Transition geht davon aus, dass das Zeitalter des billigen Erdöls unausweichlich vorüber ist und unser Leben danach ein anderes sein wird. Um den Übergang in ein postfossiles Zeitalter zu schaffen, reicht es nicht, allein auf Politik und Staat zu vertrauen. Die Bevölkerung selbst sollte jetzt schon anfangen, das Leben danach zu gestalten. Bei seinem ersten Besuch in Berlin im Februar 2013 erzählte Hopkins, dass wir uns in den letzten Zügen eines Zeitalters befänden – und dass das eine gute Nachricht sei. »Wenn man sich die Kurve der Erdölförderung anguckt, dann sind wir in den letzten 150 Jahren einen gewaltigen Berg hinaufgeklettert. Wir haben immer mehr Öl gefördert und verbraucht. Üblicherweise wird damit oft verbunden, dass es uns parallel dazu auch immer besser ging. Wir wurden reicher und erreichten einen Lebensstandard wie nie zuvor. Und jetzt geht es bergab. Die Transition-Bewegung dreht den Berg um: Wir sind immer tiefer in ein dunkles Loch hineingegangen auf der Suche nach einem gewaltigen Schatz. In der Dunkelheit haben wir uns immer weiter voneinander entfernt. Jetzt kommen wir wieder ans Licht und sehen einander.« Diejenigen, die jetzt schon mit ihm den Förderschacht hinaufklettern wollen, gründen lokale Transition-Gruppen, die Nachbarschaftsgärten anlegen, Alternativwährungen verbreiten, auf selbst produzierte alternative Energien umsteigen. Die Bandbreite ist gewaltig und lässt sich schwer umreißen. Alles, was auf ein relokalisiertes, selbstbestimmtes und nachhaltiges Dasein abzielt, kann zur »Transition« beitragen. Als Hopkins in Berlin war, hatte sich die Bewegung bereits wie ein Virus in der Welt ausgebreitet. Über 2000 Gruppen in 40 Ländern vernetzten sich miteinander und »wagen zu träumen«, wie Hopkins es formulierte. Interessant daran ist die Botschaft: Fang einfach irgendwo an. Jeder öffentliche Kübel mit Salatpflanzen zählt. Um ihn werden sich Menschen scharen. Und dann kommt die Sache in Gang.

Kritiker der schönen neuen Öko-Welt sagen, die kleinen Ausstiegsversuche Einzelner seien zugleich ein Ausstieg aus der politischen Teilhabe. Die Anhänger ähnelten einer losen Partisanengruppe, die mit dem Klappspaten gegen globale Wirtschaftsmächte zu Felde zöge. Ein Wohnprojekt könne die Gier des Immobilienmarktes nicht zügeln, eine selbst gezogene Gurke nicht die industrielle Massenproduktion aufhalten. Ein netter, gewissensberuhigender Zeitvertreib sei das. Wirklich etwas ändern könnten die Idealisten jedoch nicht.

Ale und ich verlassen den Gemeinschaftsgarten mit ein paar Tomaten und machen uns auf zur Markthalle. Wir wollen für heute Abend noch mehr Gemüse und Kartoffeln containern, um für alle im Haus zu kochen. »Was wir hier in der Kooperative ausprobieren, ist pure Transition«, sagt Ale. »Wir unterscheiden uns nicht wirklich von den Gruppen anderswo in der Welt. Leute zwischen 20 und 30 Jahren, die die Probleme ihrer Gegend und darüber hinaus erkannt haben, nehmen ihr Schicksal selbst in die Hand, bilden Netzwerke, in denen dann genau das passiert, von dem sie gehofft haben, dass es passiert.« Ich schaue Ale an und denke, er sieht mit seinen langen schwarzen Haaren und dem roten Tuch um den Kopf wirklich aus wie ein Partisan des neuen nachhaltigen Kommunitarismus. Vielleicht hat er noch nicht genug Mitstreiter, um gegen den alten ressourcenverschleudernden Kapitalismus anzukommen. Aber das muss er ja auch nicht. Zumindest nicht sofort. Ihm hat die Kollaborative geholfen, etwas zu finden, das sich mit Geld nicht kaufen lässt: Sinn. Sich für andere einzusetzen ist für ihn kein gewissenserleichternder Zeitvertreib, sondern der Weg zu ehrlicher, tief empfundener Selbstverwirklichung. Sie war es, die ihn aus der persönlichen Depression geführt hat. Und sie soll es auch sein, die wirtschaftsdepressive Gesellschaften retten kann.

Am Abend schleppen wir unser Gemüse aus dem Garten und den Supermarkt-Tonnen bis hoch auf die Dachterrasse des Roig21. Dort steht ein aus Ölkanistern improvisierter Herd, den wir mit alten Pappen und Sperrholz anfeuern. Er heizt erstaunlich gut. Mitbewohner aus dem Haus kommen und Freunde aus der Kooperative. Auch Jakuba ist wieder aus den Meeresfluten aufgetaucht, und ihre goldenen Locken kringeln sich vor lauter Salz, Sonne und Glück. Obwohl wir erst ein paar Tage hier sind, fühlt es sich nach einem Familienessen mit Seelenverwandten an. Alle schälen, schnippeln, heizen, rühren um, braten, füllen auf, stoßen an, rauchen, singen, schenken nach, improvisieren, applaudieren, sinken seufzend in die Stühle zurück. Ale zupft leise auf der Gitarre eine Melodie, jemand aus der Runde adaptiert dazu die Liedzeile »We are stardust, we are golden« – ein Woodstock-Klassiker. Hier oben auf der Terrasse, umringt von Utopisten, Urbanisten, Kommunitaristen, Transitionisten und Aktivisten, verlieren die schrecklichen Nachrichten über Massenarbeitslosigkeit, Schulden und stagnierendes Wirtschaftswachstum ihre Macht. Sie sind weit weg. Hier oben wird mir klar: Statt jeglichen kräftezehrenden Frust darauf zu verwenden, auf den alten Reichtümern zu bestehen, müssen wir nach neuen Formen des Reichtums suchen. So zerstörend es auch ist, sich von der Idee eines wirtschaftlichen Wohlstands für alle zu verabschieden – es öffnet ein Fenster neuer Möglichkeiten. Noch sind vor diesem Fenster die Gitterstäbe des Habenwollens, die uns einsperren. Aber es gibt Menschen, die an ihnen feilen, um sie zu durchbrechen.

Es ist eine verdammt gute Idee gewesen, sich in die Krise zu stürzen. Es geht mir besser denn je.

10. Einheizen –
Wenn Autarkie auf Hedonismus trifft

Wieder in Deutschland, in Berlin. Alles brennt. Der Pfefferminzschnaps hat Rillen in die Zunge gegraben, die Nasenschleimhäute sind von der Nebelmaschine und Benebelndem ausgetrocknet, die Füße schmerzen vom Tanzen, der Körper vibriert im Takt der Musik, im Kopf hat sich das Stroboskop von vier Tagen Elektroparty zu einem blitzenden Echo verselbstständigt. Ich liege auf einer Couch vor einem Berliner Elektro-Club und schaue der Party beim Sterben zu. Es ist ungewöhnlich harsch für diese Jahreszeit. Der Matsch auf den Wegen zwischen den verschiedenen Fabrikgebäuden des Areals hat sich unter den eisigen Temperaturen in eine unebene Kruste verwandelt. An einer lodernden Tonne wärmen sich eingemummelte Gestalten, deren Beine noch zu den Bässen wippen, die von innen bis hier herausdrücken.

Gerade stand ich noch mit ein paar Nachtgestalten am klebrigen Tresen einer Bar, die dank einer fransigen Nachttischlampe mit roter Birne wie ein angenehm verruchter Ort anmutete. Da waren mexikanische Filmemacher, Berliner Büroangestellte, schwäbische Künstler und zypriotische Studenten, die sich gegenseitig die Geschichten ihrer Tage, vor allem aber ihrer Nächte erzählten. »Berghain, Watergate, Kater Holzig« – das war unter Hauptstadt-Partymachern genauso, als ob jemand bei einem Klassentreffen vor seinen alten Freunden über »Meine Villa, mein Porsche, meine Yacht« fabulierte. Welcher Club ging an welchem Tag mit welchem DJ – solche Fragen wurden hier in diesem Schummer verhandelt, denn es waren die Prädikate eines Lebensentwurfs. »Na ihr Dreckschweine«, schrie ein Jack-Sparrow-Verschnitt mit langen lockigen Haaren in den Raum, der mit schweren Cowboystiefeln gerade von der Toilette zurückgewankt kam, wo er vermutlich nicht nur zum Pinkeln war. An der Bar angekommen, checkte er das weibliche Publikum ab. »Du bist ne geile Sau, das sehe ich sofort«, spuckte er mir sein giftiges Koks-Tourette ins Gesicht. Ich legte ihm wortlos eine Tüte Glitzerpulver, einen Lolli und eine LSD-Brille mit Prisma-Gläsern auf den Tisch, die ich als unverzichtbare Partyausstattung irgendwann in den letzten Stunden – oder waren es Tage? – an einem Kiosk auf dem Gelände gekauft hatte, stürzte den letzten Pfeffi der Nacht herunter und wünschte ihm viel Glück.

Um noch weiter aus der Welt, wie ich sie kenne, auszusteigen, habe ich beschlossen, in eine Parallelwelt einzusteigen. Eine, die schon jetzt ihren eigenen Gesetzen gehorcht, die weit weg ist vom Ideal geregelter Verhältnisse. Jedes Jahr strömen 160 000 Menschen aus Deutschland und aller Welt nach Berlin. Die überwiegende Zahl ist jung und ledig und sucht dort nicht das große Geld, sondern die großen Möglichkeiten. Steigende Wohnungsnot und wenige Arbeitsplätze schrecken sie nicht ab, denn es geht um einen Ort für Utopien. Das inoffizielle Label der deutschen Hauptstadt – »arm, aber sexy« – scheint auch mir ein vielversprechender apokalyptischer Lockruf. Wo, wenn nicht hier, kennen sich Leute mit einem Leben jenseits der Geldlogik aus? Im Berliner Partysumpf probieren ausreichend viele Leute aus, wie man sich vom System abkoppelt. Elektro-Clubs wie die alte »Bar 25« waren kein Fluchtpunkt aus der Realität, sondern eine eigene Wirklichkeit. Raum, Zeit, Kausalität – alles schien aufgehoben im Moment.

Von der feuchten Couch aus wandert mein Blick über das Gelände. Es sieht aus wie ein Spielplatz für Eigentlich-Erwachsene: Auf einem aufgeschütteten Strand mit Badeteich, Rutsche, Sofahügel und Beachbar gruppieren sich ein Raubtierkäfig, ein feuerroter Truck, ein Piratenschiff, bunte Fahnen und Discokugeln, die das Licht der Scheinwerfer wie Sterne auf den Boden werfen. Hinter einem Holzzaun verlängert sich das Gelände in einen Wagenplatz. »Privat« steht auf einem Schild. Ein schwarz-roter Anarchobauwagen, der sich wie eine Lokomotive in den Himmel reckt, ein auf Stahlträgern gebautes Holzhaus, Busse, Laster, Zirkuswagen wirken wie die Idee, die Spiele der Nacht in den Alltag mitzunehmen. Aber wer spielt und lebt hier?

Ich darf für zwei Wochen in den Bauwagen eines Freundes einziehen, der sich für ein paar Monate nach Australien abgesetzt hat. An seinem grauen Gefährt hängt ein Herz aus rosa Blüten. Der Schlüssel steckt. Über zwei gestapelte Europaletten als Treppenersatz klettere ich in die Vierquadratmeter-Koje und checke ein in die urbane Autarkie. Ich kenne niemanden hier, ich war noch nie Kommunarde und weiß auch nicht, worauf es beim Wagenleben so ankommt. Aber das ist meinem schmerzenden Körper auch gerade so ziemlich egal, der sich nach fast zwei Tagen tanzen, trinken, transzendieren jetzt einfach nur noch hinlegen will. Augen zu und weg.

Als ich aufwache, brennt nichts mehr. Alle Wärme scheint aus meinem Körper entwichen zu sein und die Minustemperaturen von außen drängen sich durch die Ritzen von Tür und Fenster. Mein kleiner Ofen neben dem Bett hält nur noch kalte Asche in sich, die Holzkiste gähnt Leere. »Kaffee!«, schreien die Synapsen, aber es gibt weder Pulver noch Wasser in den zwei Kanistern unter der Spüle. Überhaupt ist die Ausstattung reduziert: ein Stuhl, ein Zweier-Sofa, ein Tisch, ein Halbhochbett mit einer Kiste für Klamotten darunter, eine elektrische Kaffeemühle, zwei Gläser, ein Teller, eine Pfanne, ein Topf, ein Käsehobel. Ich bin offenbar von der Wildheit der Großstädter in die Wildnis der Großstadt gewandert. Henry Thoreau kommt mir in den Sinn, der sich in eine Blockhütte am Walden-See zurückzog, um sich aus dem satten industrialisierten Amerika des 19. Jahrhunderts zu entfernen und herauszufinden, was ein Mann zum Glück wirklich braucht. Er führte in seinem Tagebuch, das später als *Walden* erschien und zum Aussteiger-Klassiker wurde, genau Protokoll darüber, wie viel er wofür ausgegeben hatte. Für 28 Dollar hatte er sich eine eigene Hütte gebaut, was damals der Jahresmiete eines Studentenzimmers in Cambridge entsprach. Der Wagen hier dürfte deutlich günstiger gewesen sein, als eine Berliner Studentenbude heute im Jahr kostet. Wohnungsmiete war nach Thoreau sowieso rausgeschmissenes Geld, wie überhaupt die ganzen Studiengebühren, weil das eigentlich Existenzielle eben nicht in einer Bücherstube zu lernen und nachzuvollziehen sei: »Ich meine, sie sollten nicht bloß Leben spielen oder dieses bloß studieren, während der Staat sie bei diesem kostspieligen Spiel unterstützt, sondern es im Ernst leben vom Anfang bis zum Ende. Wie sollen junge Leute besser das Leben erlernen können, als indem sie sich sofort am Experiment des Lebens versuchen?«

Dass mein Experiment mit den Grundbedürfnissen einsetzt, daran lassen meine Kälterezeptoren keinen Zweifel. Woher bekomme ich jetzt bloß Wärme? Aus meinem kleinen Fenster am Bett sehe ich rußigen Rauch aus dem Schornstein des Nachbarwagens aufsteigen. Daneben liegt ein Stapel Kohlebriketts, gegenüber ein Haufen von Brettern, Paletten, Schränken und Ästen. Ich hatte vermutet, dass die Axt neben meinem Bett entweder aus ironischen Gründen oder Sicherheitsbedenken drapiert war. Jetzt schnappe ich sie mir, ziehe die Stiefel und eine dicke Jacke an und springe ins Abenteuer. Meine zarten, klammen Schreiberlinghände graben den Holzhaufen nach einigermaßen kleinen, trockenen Brettern um, wobei ich mich zuerst mit dem Wollmantel in Brombeerästen verfange und mir dann einen Splitter in den Finger ziehe. Immerhin vier Bretter – dick und stark wie Aktenordner – finde ich und hieve sie auf einen oberschenkelhohen Klotz. Holzhacken kenne ich nur aus amerikanischen Filmen, wo ein knurriger Typ im Karohemd mit Vollbart eine Axt spielerisch in die Luft hebt. »Ich bin ein knurriger Kanadier«, rede ich mir zu, um archaische Muster aus dem Unterbewusstsein zu aktivieren. Ich schaue, wo bei den Brettern die Holzfaser längs läuft, stelle das Holzscheit auf den Klotz, greife mit beiden Händen die Axt und haue voll auf den Lukas. Zu meiner Überraschung treffe ich sogar, und das Metall verkantet sich. Jetzt weiter zuschlagen. Nach etwa sechs Mal voller Luzi spaltet sich das Holz krachend. Der Mann in mir ist angefixt und ich spalte ein Scheit nach dem nächsten in ofenkompatible Segmente, bis mich mein Telefon aus der Meditation holt. Meine Mutter: »Kind, was machst du bloß?«

»Feuer.«

»Das ist ja schrecklich.«

»Nein, nein. Das läuft.«

»Hast du Kohle?«

»Ich hacke Holz.«

»Das ist ja schrecklich.«

»Was mache ich jetzt eigentlich damit?«

»Du feuerst zuerst kleine Äste und Stücke mit Papier an, wartest, bis sich ein ordentliches Feuer entwickelt hat, und wirfst dann größere Stücke darauf.«

»Gut, dass du gelernte DDR-Bürgerin bist.«

»Gut, dass du Handyempfang hast.«

Der restliche Tag vergeht in molliger Langeweile. Ein Glas Sauerkirschen aus dem Kühlschrank und ein mitgebrachtes Brot bringen mich über den Hunger. Dank der Notfalldiät am Anfang des Jahres ist mein Magen bereits an Mangel gewöhnt.

Ich lese Thoreaus Freiheitsmanifest und entdecke ein Gedicht über *Die Ansprüche der Armut*, das ich mit saurem Obst und süßem Nichtstun versuche auswendig zu lernen:

»Wir brauchen nicht die langweil'ge Gesellschaft
Von jener Mäßigkeit, die euch vonnöten,
Von jener dummen, stumpfen Unnatur,
Die weder Lust noch Kummer kennt; auch nicht
Die hochgerühmte Leidenstapferkeit,
Die ihr der handelnden entgegenstellt.
Ihr niedriges, verworfenes Geschlecht,
In platter Mittelmäßigkeit zu Haus,
Das passt zu eurem dumpfen, knecht'schen Sinn ...«

Dann schlafe ich ein und träume von bärtigen Kanadiern, die wie meine Mutter sprechen. Als ich aufwache, ist es wieder saukalt. Draußen suchen Krähen im Schnee nach Brotkrümeln. Ich überlege, Thoreau und seine einsiedlerischen Lobeshymnen zu verfeuern. Verdammt, ich brauche einen Kanadier. Mein Blick wandert wieder zum Wagen meines Nachbarn samt Kohlenhaufen. Ein Mann mit Feuer würde es auch tun.

Sein Gesicht liegt wie eine schlafende Puppe am Fenster. Die schwarzen Haare haben sich aus dem Zopf gelöst und umspielen den dichten Vollbart. Der Mund ist leicht geöffnet. Wie kriege ich den jetzt wach? Ich stöpsele mein Telefon an die Boxen an, die ich hinter dem Bett entdeckt habe, und schicke rohen, harten Techno über den matschigen Hof. Schließlich soll das eine Elektroclub-Kommune sein. Nichts regt sich, außer meiner Hilflosigkeit.

In meinem bisherigen Großstadtleben habe ich noch nie einen fremden Nachbarn um Hilfe bitten müssen. Wenn irgendetwas mit der Heizung nicht lief, rief ich den Hausmeister oder einen Monteur, der für seinen horrenden Stundensatz gefälligst sofort aufzutauchen hatte. Geld hatte mir immer die unangenehme Verlegenheit erspart, um Hilfe bitten zu müssen.

Vielleicht kennt man deswegen so wenige Menschen, mit denen man Wände und Mietverträge teilt, tatsächlich auch persönlich. Aber hier draußen, ausgerechnet direkt neben einem Heizkraftwerk, gibt es niemanden, der sich so einfach von mir gegen Bares herumkommandieren ließe, damit mir warm wird. Die Schneewolken türmen sich bedrohlich über dem Wagenplatz, und ich weiß: Apokalypse jetzt. Ich muss Hilfe suchen.

Ich klemme mir Brot und etwas Salz unter den Arm, laufe mit schmatzenden Sohlen zum Fenster und klopfe mit den Fingerspitzen. Sofort klappen die Lider hoch, graubraunblaugrüne Augen blicken mich zuerst verstört, dann staunend, dann fragend an. Und schließen sich wieder. Als ich schon fast gegangen wäre, richtet er sich ruckartig auf. Ich halte meine Nachbarschaftsinsignien hoch. Er lächelt, und ich vermute, dass dieser Kommunarde mehr Wärme bei sich hat als einen Haufen Kohlen. Er winkt mich hinein.

Ari entdeckte diesen Platz zusammen mit zwei Freunden, als er während seines Schauspielstudiums an der Ernst-Busch-Schule nach einem Spielplatz zum Leben suchte. Die alten Fabrikgebäude, auf deren Dächern die Nachwendezeit einen Wald hat wachsen lassen, waren magisch wild, erzählt er bei unserem ersten Kaffee. Jede Halle und jede Ecke rochen nach der Freiheit der Zwischennutzung. Trümmer und Tristesse waren der beste Boden für Visionen, das hatte Berlin an vielen Stellen bereits bewiesen. »Wir hatten einen Traum«, sagt Ari, auf seiner zerwühlten Bettkante sitzend. Die Freunde wollten Platz für ein Leben außerhalb der Konventionen. Und sie nahmen ihn sich, versteckten die ersten Wagen in einer Halle, luden Leute ein und probierten herum. Mit Besetzen und Besitzen, mit Liebe und Drogen, mit Kunst und Kreativität. Und vor allem mit Partys. Ari arbeitet zwei Tage im Monat im Theater, an den Wochenenden schiebt er Wache an der Hintertür. Mit 300 Euro im Monat kommt er hier draußen in der urbanen Provinz gut hin. Sein Imkerwagen gehört ihm, er hat ihn sich über die Jahre selbst ausgebaut. Auch die anderen verdienen sich das bisschen Geld, welches das Leben eben so verlangt, in der Partyszene: als Clubbetreiber, Toilettenreiniger, Barmänner, Lichtpiraten. Die Leute hier sind zwischen 20 und 40 Jahre alt, haben den Trott von Erwerbsarbeit und bürgerlicher Kleinfamilie umgangen und erfinden – manchmal von Tag zu Tag – einen neuen Alltag.

Wagenburgen sind seit den Achtzigerjahren ein Hort von alternativem Leben, in dem Punks, Hippies und Aussteiger nach einem selbstbestimmten Leben jenseits der konsumorientierten Gesellschaft suchen. In vielen größeren deutschen Städten gibt es bis heute Wagenplätze, in denen das Versprechen von Unabhängigkeit wohnt. Auf der Plattform wagendorf.de sind 78 deutsche Plätze aufgelistet. Etwa 80 Prozent von ihnen werden vom Grundstückseigentümer geduldet, ohne dass es konkrete Vereinbarungen über die Zukunft gibt. Einige wenige von ihnen sind illegal besetzt und von ständiger Räumung bedroht, ein paar haben aber mittlerweile auch verlässliche Nutzungsrechte erhalten. Warum ich aber Wagenburgen als postapokalyptisches Schlupfloch ausgewählt habe, liegt geschichtlich etwas weiter zurück. Nach dem Zweiten Weltkrieg war Wohnraum knapp. Ausgebombte, Flüchtlinge, Vertriebene mussten schnell untergebracht werden und zogen übergangsweise in alles ein, was ein Dach hatte: Baracken, Behelfsheime, Gartenlauben und Nissenhütten eigneten sich als Provisorien. Aber auch Baucontainer, Zirkuswagen und Laster boten Tausenden Kriegsflüchtlingen eine Heimat auf Zeit inmitten eines zerstörten Landes. Auf den wenigen mobilen Quadratmetern konnten sie sich schnell eine sichere Scholle einrichten, als Übergangslösung, bis aus den Ruinen wieder bewohnbarer Raum entstanden war. Aus der Nachkriegszeit rühren auch die Gesetze der meisten Städte und Kommunen, die bis heute das

Leben im Bauwagen zeitlich begrenzen. In Hamburg beispielsweise lebten noch im Jahr 1959 an die 3000 Menschen in riesigen Wagensiedlungen mitten in der Stadt. Dort hatten sich neben den deutschen Flüchtlingen allmählich auch Roma und Sinti einquartiert. In der Chronik der Polizeiwache Mörkenstraße heißt es deshalb: »In den Wohnwagen hausen Familien mit Kindern. Viele Landfahrer, lichtscheues Gesindel, Dirnen und Homosexuelle. Die Wohnwagen sind zuallererst der größte Übelstand im Revierbereich.« Im gleichen Jahr erließ die Stadt ein spezielles Wohnwagengesetz, das das Wagenleben in Hamburg verbot. Der Notstand in Deutschland war zu Ende – warum sollte es also weiter Notunterkünfte geben?

Trotzdem gibt es bis heute Wagenburgen, -dörfer und -plätze. Sie sind nicht – wie in den USA die Trailor-Parks – ein Sammelbecken verarmter, sozial ausgestoßener Bevölkerungsgruppen, für die es zu einem anderen Leben finanziell nicht reicht. Wer in Deutschland in einen Bauwagen zieht, will sich meistens bewusst vom bürgerlichen Ideal des Einfamilienhauses mit Garten und Garage abgrenzen und andere Formen des Wohnens und Lebens ausprobieren. Wagenburgen sind weiterhin Fluchtorte – nicht vor wirtschaftlicher Not, sondern vor gesellschaftlicher Bevormundung.

Mein Berliner Bauwagengelände entwickelte sich seit seiner Gründung nicht nur zum ständigen Lebensort für Kommunarden, sondern tauchte auch auf der städtischen Exzess-Landkarte der Partyleute auf. Eine Boulevardzeitung spekulierte, es sei das »nächste Berghain« – eine Fortführung jenes Clubs also, der in- und ausländischen Bummbumm-Touristen jedes Wochenende Schweiß und Sperma, Drogen und Delirium, Musik und Metamorphosen durch den Körper jagt. Am Anfang war der Wagenplatz noch Teil des Schauspiels. Die Druffis auf dem Drogentrip guckten staunend über einen Schlagbaum in die Welt, in der sich Ausnahmezustand und Alltag scheinbar mühelos miteinander verbinden ließen. Und die Bewohner guckten zurück. »Es war wie ein Menschenzoo«, erinnert sich Ari. Jede Seite war der anderen ein exotisches Wildtier. Als die Feiermeute mit den Jahren immer größer, die Partys offiziell angemeldet und die Eintrittsgelder für einige Wagenplatzbewohner zur Lebensgrundlage wurden, zogen die Veranstalter einen Zaun zwischen sich und den Club.

Als ich gerade einen kleinen Exkurs zu George Orwells *Animal Farm* anstimmen will, fällt mir ein, dass ich meinen Nachbarn ja noch zum Kanadier machen wollte. Im grauen Nieselregen tappen wir zur Werkstatthalle, in der mehrere Kreissägen, viel Holzstaub, Bretter und Gerümpel liegen. Als die Kreissäge kreischend anspringt, fürchte ich mich mädchenhaft. Ari legt ein dünnes Brett auf die Metallplatte, klemmt seine Finger in eine Sicherheitsrille und schiebt das Holz auf das rotierende Sägeblatt zu. Ein kurzer Schnitt, schon ist es vollbracht. Ich bin froh, dass ich Ari an meiner Seite habe. Und er außerdem noch Kohlen hat.

Ein paar Tage, nachdem ich in den Wagen eingezogen bin, zieht der Wagen auch immer mehr in mich ein. Meine Haut atmet den rußigen Holzofengeruch aus, unter den Fingernägeln sammelt sich der Dreck, die Klamotten tragen den Geruch von körperlicher Anstrengung und Entspannungszigarette danach in sich. Eigentlich tut mir alles weh, weil ich meinen Körper gegen die Unbill der Alltäglichkeiten einsetzen muss. Ich kann die tägliche Hygiene zwar wie ein Campingurlauber in einem Baucontainer mit einer Dusche und zwei Toiletten verrichten, zum Kochen und Abwaschen schleppe ich aber jeden Tag etwa 20 Liter Wasser vom Duschcontainer in einem Kanister zum Bauwagen, wo das Wasser über einen Schlauch mit einer Fußpumpe zum Spülbecken gepumpt wird. Ich kann die Hände kaum noch um den Kanistergriff ballen, weil die Schwielen vom Holzhacken die Finger zu kleinen Ballons aufgeblasen haben. Selbst das Öffnen der klemmenden Tür ramponiert meine Hüften, wenn ich sie mit einem tänzerischen Hüftschwung aufzudrücken versuche. »Bauwagenleben ist im Winter hart und im Sommer leicht«, sagt Ari. Wer hier nur die schönen Stunden mitnimmt, verstehe gar nicht, was es eigentlich bedeutet, so zu leben. Es soll vermutlich ein Trost sein, aber eine Schmerztablette wäre mir lieber. Oder was auch immer sich hier so bewährt hat.

Ari verschreibt mir eine tägliche Dosis Rotwein, die ich artig zusammen mit elektronischen Bässen einnehme. Mit den Schmerzen verschwindet auch der Alltag aus meinem Bewusstsein. Keine Zeitung, kein Fernsehen, kein Internet – die schlechte Laune bleibt draußen, vor den Palisadenzäunen mit Stacheldraht.

Gerade als ich mit dem äußeren Winter und dem inneren Frühling meinen Frieden gemacht habe, kommt sie: die Sonne. Ich kann es gar nicht fassen und schlendere beschwipst vor Glück zu Aris Imkerwagen. Der hat nur noch seine Boxershorts an und ein Handtuch über der Schulter, um im Fischtümpel ein erstes Bad zu nehmen. Als er mit lediglich nassen Waden zurückkehrt, packen wir einen Picknickkorb voll mit Käse, Trauben, Brot und Sekt und steigen über eine bröckelige Treppe auf das Dach der ehemaligen Fabrik. Im Hintergrund rauchen die Schornsteine des Heizkraftwerks. Unten rauschen die Schnellzüge vorbei. Das Prickeln des Sekts mischt sich mit einem kribbeligen Gefühl der Sorglosigkeit. Wenn so das Leben nach der Apokalypse aussieht, kann sie von mir aus sofort beginnen, denke ich.

Es ist merkwürdig: Obwohl der normale Alltag hier in meiner Notunterkunft viel härter ist wegen des ständigen Wasserschleppens und Hackens und Sägens und Heizens, fühle ich mich angenehm leicht. Das »einfache« Leben meint offenbar nicht nur eine einfache Ausstattung, sondern auch eine einfache

Lebenseinstellung. »Komm, genieß den Moment mit mir« ist der Leitspruch der Zeitschrift *Moment*, die bei Partys verteilt wird. So fühle ich mich auch: völlig aufgehoben im Augenblick. Warum beschäftige ich mich eigentlich mit den Wirtschaftskrisen, Mangelgesellschaften oder Nachkriegssorgen längst vergangener Tage? Warum sammele ich dunkle Wirtschaftsszenarien, Untergangsfantasien und Zukunftsängste? Ich könnte doch einfach hierbleiben und von Moment zu Moment driften. Ab und zu etwas zu essen containern, mir Klamotten und Möbel ertauschen und die wenigen baren Taler, die ich zum Leben brauche, bei Partys an der Bar verdienen. Und Bücher schreibe ich nebenher. Wobei, das könnte schwierig werden: In den zwei Wochen hier habe ich meine Manuskripte nicht angerührt, und selbst Thoreau ist nur knapp dem Verfeuern entkommen. Eigentlich wollte ich mich während des Ausflugs ins Wagenleben mit dem Thema Energie und Wärme auseinandersetzen. Woher kann beides kommen, wenn die Strukturen zusammengebrochen sind? Eine wichtige Frage eigentlich. Doch statt mich mit dem Heizen in Krisenzeiten zu befassen, heize ich mir gerade ausschließlich selbst ein: mit Feuerholz und Feierlaune. Ari hatte mich schon bei unserer ersten Begegnung ausgelacht, als ich ihm erzählte, hier einmal ganz in Ruhe nachdenken, lesen und schreiben zu wollen. »Das ist der falsche Ort, um Dinge geregelt zu kriegen.« Er behielt Recht.

Ich weiß, dass ich über kurz oder lang wieder gehen muss. Weil ich trotz allem meine bürgerlichen Strukturen brauche. »Darf ich trotzdem wiederkommen, wenn bei mir oder in der Welt alles zusammenbricht?«, frage ich Ari. Er lacht und küsst mich auf die Stirn.

Es ist mein letzter Tag, an dem ich die Flucht in den Hedonismus langsam verglühen lassen will. Da klopft es an die Bauwagentür. Ein paar Nachbarn und Freunde, die ich manchmal über den Platz habe huschen sehen oder im Toilettencontainer gehört habe, stehen plötzlich im Wagen. Ein Lichttechniker bastelt aus einem roten Eimerchen und einer Glühbirne Schummerlicht, ein DJ packt seine Anlage aus, ein Franzose rollt etwas zusammen, das er »Royal« nennt, eine wilde Tänzerin springt hüpfend auf den Dielen herum, bis der Wagen im Takt wippt, Ari holt die alkoholischen Reste unseres Picknicks dazu. Innerhalb einer Stunde hat sich meine kleine Bude in einen Miniclub verwandelt, in dem manche Sachen in den Körper gezogen und andere vom Körper ausgezogen werden. Wir sparen nichts auf, rationalisieren nichts, denken nicht an morgen.

Ich bezweifle, dass der Bauwagenplatz der Ort ist, um eine Apokalypse zu überstehen. Er ist eher wie die Band auf der Titanic, die dem Unvermeidlichen ein letztes Lied spielt. Wenn sich der Untergang schon nicht vermeiden lässt, dann ihm schon lieber mit sonnenverbrannter Haut und lodernder Tanzwut entgegenfeiern. Bis alles brennt.

11. Verbrauchen –
Nicht mehr als drei Liter am Tag

Es gibt einen Satz, den ich nicht vergessen kann. Mein Geografielehrer aus der siebten Klasse hat ihn mir eingepflanzt wie eine böse Saat. Wir nahmen damals in den Neunzigerjahren gerade die weltweiten Wasservorkommen durch. Die südliche Halbkugel war auf der Weltkarte dunkelbraun gezeichnet, dort, wo es wenig Wasser gibt. Der Norden sah saftig grün aus. »Der nächste große Krieg wird um das Wasser geführt«, sagte der Lehrer, und es wurde still im Raum. Er ahnte wohl, dass sein Spruch uns kleine Gymnasiasten verunsicherte, und er schob den Witz hinterher: »Was macht ein Afrikaner auf dem Fahrrad in Deutschland?« Wieder Schweigen im Raum. »Er ist über die Straße von Gibraltar gefahren, um Wasser zu holen.« Ein bitterer Geschmack breitete sich auf der Zunge aus, den ich bis heute nicht vergessen kann. Es ist der Geschmack einer unbestimmten Zukunftsangst.

Die ganze Generation der heute Um-die-dreißig-Jährigen hat es als Selbstverständlichkeit akzeptieren müssen, dass die fetten Jahre irgendwann vorbei sein werden. Bezogen auf das Wasser bedeutet das: In 25 Jahren werden zwei Drittel der Bevölkerung direkt oder indirekt von Wassermangel bedroht sein. Es wird schneller knapp als Öl und Gas. Und zwar nicht nur für die Afrikaner. Geografen sagen, dass sich Afrika klimatisch gesehen nach Europa ausbreitet. Im Mittelmeerraum wird es immer trockener, und selbst in Süddeutschland wird es immer weniger Regen geben, weshalb man ohne künstliche Bewässerung nicht die Felder bestellen kann. Selbst wenn es nicht zu Wasserkriegen kommt – wie im Sudan oder in Israel –, ist es möglich, sich als Einzelner dem Thema zu stellen? Verbrauche ich zu viel Wasser? Ist es möglich, mit weniger Wasser zu leben? Und bringt das irgendwas?

Um den Antworten näherzukommen, mache mich auf den Weg in die badische Provinz. Dort soll ein Bauer leben, der mit drei Litern Quellwasser am Tag überlebt und einen Hof führt. »Das ist unmöglich«, sagte Herr F., als ich meinen Rucksack packte. Er legte mir noch zwei Flaschen Volvic und Hygienetücher hinein – für den Notfall. Fünf Stunden fahre ich durch ganz Deutschland, bis mich der Linienbus an einem Waldrand ausspuckt. »Dann noch eine halbe Stunde gen Westen durch den Wald laufen, bis du zu einer Teerstraße kommst, dann links und dann noch einmal 15 Minuten laufen«, hatte mir der Bauer vorher am Telefon als Wegbeschreibung mitgegeben. Ein Kaninchen kommt zum Weg gehoppelt, guckt mich herausfordernd an und hopst voran. Vögel zwitschern, der Boden duftet nach Sommer. Über den Wipfeln brennt die Junisonne. Greta im Wunderland. Wir – also das Kaninchen und ich – fallen tiefer und tiefer in die Provinz, bis ich einen Vierseitenhof erreiche, an dessen Ende ein Mann mit dunklem schwarzem Bart und dichten Locken in Leinenhemd und Boxershorts steht. »Da bist du ja«, sagt Walter und grinst. »Hast du Durst?« Mit meinem Nicken nähern wir uns seinem Gut und dem Thema, weswegen ich hier bin.

Im Haus ist es angenehm kühl. In einer Scheune liegt Stroh für die Tiere, dahinter reihen sich orangefarbene Eimer. »Das ist frisches Wasser, das ich aus meiner eigenen Quelle schöpfe.« Sie liegt hinten an der Weide. Um an das Wasser zu kommen, muss man sich mit dem Oberkörper tief in das Brunnenloch fallen lassen, wie ich später herausfinde. Das Quellwasser benutzt Walter ausschließlich zum Trinken und Kochen. Meine Zunge klebt von der Kaninchenjagd derartig am Gaumen, dass ich die kleine Metallschüssel mit Wasser gierig leere, die mir Walter reicht. »Willst du mal Molkewasser probieren?«, fragt er. »Das ist meine Spezialität.« Er tunkt die Metallschale in einen grünen Bottich mit trüber Flüssigkeit. Ich zögere, aber der Durst ist stärker als die Zweifel. Es schmeckt gut, ein bisschen wie wässriger Kefir. Die Plastikschüsseln, erklärt er, seien sein Spülsystem. Er hat es sich ausgedacht, um weniger Wasser zum Abwaschen und für die Körperhygiene zu verbrauchen. Dessen Herzstück ist der grüne Bottich: Regenwasser mit einem Tässchen Molke gemischt, die er von seiner Ziege bekommt, um keine synthetischen Reinigungsmittel zu benutzen. Damit wäscht er von Essensresten sauber gelecktes Geschirr. So muss er das Wasser nur selten wechseln. Rechts daneben steht eine Schüssel zum klarspülen, links daneben ein Eimer, in den er benutztes Molkewasser kippt, »um die Füße zu waschen«. Zum Glück bekomme ich davon keine Kostprobe.

Der Durchschnittsdeutsche verbraucht nach wasserwirtschaftlichen Schätzungen 122 Liter Leitungswasser am Tag. Das klingt im Vergleich zu Walters Drei-Liter-Standard viel, ist es aber gar nicht. Schweizer brauchen zum Beispiel doppelt so viel Wasser täglich, Menschen in Dubai sogar vier Mal mehr. Wenn man sich durch die Fachliteratur liest, gibt es drei Gründe zur Freude – zumindest für einen Deutschen: Deutschland gehört zu den wasserreichsten Ländern der Erde. Um den deutschen Wasserbedarf zu decken, muss momentan nur ein Viertel des Grundwassers angezapft werden. Und wir verbrauchen seit Jahren kontinuierlich weniger Wasser. Den größten Teil, etwa ein Drittel der gesamten Menge, spülen wir im Klo herunter. Danach kommt Wäschewaschen mit etwa 30 Litern, Duschen mit 20 bis 40 Litern, weitere Körperpflege mit fünf bis 15 Litern und für Putzen und Geschirrspülen etwa 14 Liter.

Walter hat all das für sich radikal heruntergefahren. Für Reinlichkeiten tastet er sein wertvolles Quellwasser nicht an. Sich und seine Klamotten wäscht er im kühlen Bach, der über sein Grundstück läuft. Das Geschirr zieht er durch sein Molke-Spülsystem oder er lässt im Topf die Kruste hart werden. Und seine Notdurft landet erst in einem Eimer und dann auf der Weide. »Wie willst du pissen und scheißen?«, fragt er mich. »Ich darf mich doch so direkt ausdrücken?« Zur Wahl stehen: die freie Natur, seine Eimer, mein eigener Nachttopf vor dem Gästezimmer und ein Gästeklo zum selbst Nachschütten. Letzteres wäre ihm aber nicht so lieb, weil wir dann wertvollen Dünger verschwenden. Ich entscheide mich bei Tag für die Natur und bei Nacht für den Topf – und stelle erst einmal das Wassertrinken ein. »Wollen wir lieber auf Wein umsteigen?« frage ich ihn. Vor der Abreise habe ich doch noch die Flasche Volvic gegen Alkohol ausgetauscht – für den Notfall.

Mit einem Weidenkörbchen mit Oliven, Brot, Ziegenkäse und Gläsern steigen wir auf den höchsten Punkt seines Grundstücks. Die Frösche quaken vom Teich herauf, ein Schaf blökt hinter unserem Rücken, die Sonne taucht in die Rundungen des badischen Mittelgebirges und hinterlässt eine »anthroposophische Wischerei«, wie Walter sagt. Es ist ein Abend, wie sich ein Städter das Leben auf dem Land vorstellt: romantisch, duftend, still. »Wenn Sinnsucher, Aussteigertouristen oder Journalisten hierherkommen, sehen sie immer nur den heldenhaften Bauern in mir, der ohne Pestizide Gemüse anbaut und ohne Maschinen sein Heu macht. Aber über meine Zerrissenheit redet keiner, ob es das alles überhaupt wert ist.« Ich nehme mir vor, ein guter Gast zu sein und ihn auf keine Zerreißproben zu stellen. Zu diesem Zeitpunkt weiß ich noch nicht, dass ich es bald sein werde, die zerrissen auf diesem Hügel sitzt und bittere Enttäuschungstränen vergießen wird. Der nächste Tag beginnt früh. Um sechs sitze ich in Walters Küche mit Blick auf den Nachbarhof und meditiere. Vorher war ich im Nachthemd zum Bach geschlappt, hockte mich auf den Waschstein und versuchte mit dem kalten Wasser den Schlaf abzuwaschen. Im Rohr, das den Bach unter dem Weg zwischen Weide und Hof hindurchführt, sah ich schmutzigen Schaum und ekelte mich. Die Morgentoilette in der Natur hatte ich mir irgendwie klarer vorgestellt. Das Wasser wird mir mehr Pickel ins Gesicht treiben als der Großstadtdreck, aber ich tauchte den Waschlappen trotzdem ein. Mit nassen Waden stolperte ich über einen Elektrozaun und war mit einem Schlag richtig wach. Nach der Meditation geht Walter auf seine Weide, hebt die Arme gen Norden und schickt ein jodelndes »Holadihü« über die Berge. Dann verschmilzt er mit seinem archaischen Arbeitsgerät und mäht die saftigen Halme. Mir vertraut er eine Machete an, mit der ich Weidenstämme frei schlage. Nach dem Frühstück – Getreidebrei und warmes Wasser aus abgeleckten Molkeschalen – zieht er eine Liste hervor, auf die er geschrieben hat, was heute ansteht: Heu. Büroarbeiten. Putzen. Kochen. Mit mir reden. Ich bin ein Tagesordnungspunkt!

»Hast du irgendwelche Fragen an mich?«

»Ich habe in deinem Bach so komischen Schaum gesehen.«

»Darüber sprechen wir später. Willst du mit ins Heu kommen?«

Walter setzt sich seinen Hirtenhut auf, schlüpft in die Plastik-Clogs und öffnet das grüne Scheunentor. Draußen wuseln zwei Schafe über die Wiese. Eine Katze fängt Fliegen. Die Kühe des Nachbarn gucken über den Weidezaun. »Siehst du diesen Kuhstall nebenan? Von dort leitet mein Nachbar seine Melkabwässer morgens und abends in den Bach«, sagt Walter. »Daher kommt der Schaum, den du beim Waschen gesehen hast.« Walter zeigt mir die Gänsehaut auf seinem Arm. »Noch schlimmer sind aber die Unkrautvernichtungsmittel wie Glyphosat, die sie auf ihre umliegenden Felder ausbringen.« Ich schaue auf die Äcker ringsum, auf denen Mais und Raps steht. »Das Zeug sickert ins Grundwasser und vergiftet meine Quelle!« Jedes Jahr schreibt Walter seinen Nachbarn Briefe, geht persönlich bei ihnen vorbei, bittet sie, damit aufzuhören. »Aber ich kann dagegen nichts unternehmen, ich bin hilflos!« Er schreit jetzt. »Aber das sehen ja so intellektuelle Städter wie du nicht! Die sehen nur die schönen gelben Felder.« Ich widerspreche nicht, denke an meine Wunderland-Romantik vom ersten Tag und fühle mich ertappt. Glyphosat? In der Quelle? Wäre das nicht ein Grund, lieber geklärtes Leitungswasser zu trinken, statt sich jeden Tag verseuchtes Grundwasser in Eimer zu füllen?

Tatsächlich warnen Wasserämter in Deutschland davor, dass 70 Prozent des Grundwassers, aus dem unser Leitungswasser entnommen wird, durch Nitrate und Pflanzenschutzmittel verseucht sind. Es muss deswegen gereinigt werden. Und das kostet Energie. Je weniger Wasser jeder von uns in den Abfluss laufen lässt, umso weniger müssen seine Abwässer gereinigt werden und umso weniger Energie und Chemikalien werden dafür eingesetzt. Wassersparen ist in unseren Breiten also eigentlich nur deswegen sinnvoll, weil es Energie beim Reinigen spart. Und Gebühren natürlich.

Während meiner Wasserrecherchen habe ich mich auch einige Tage in einer Kommune in Brandenburg eingemietet und zusammen mit anderen Komposttoiletten gebaut. Man wolle dort ein »enkelfähiges Leben« ausprobieren, sagten mir die Kommunarden, was eine schönere Umschreibung für das viel strapazierte Wort »nachhaltig« ist. Dass es neben Schafen, Gemüsebeeten und Getreidefeldern dafür offenbar auch Sitzbalken aus Holz, Toilettenwände aus Schilf und ein Eimerchen mit Asche als Spülung braucht, fand ich spannend. Mit einem Berliner Altachtundsechziger mit Federkette und Pferdeschwanz war ich im klappernden Kastenwagen im Dunst einer räuchernden Wurzel in die Brandenburger Pampa bis in das Dörfchen

Alt-Rehse gefahren. Auf einem 65 Hektar großen Gelände hatten in den Dreißigerjahren die Nazis ein Ärzteschulungszentrum eingerichtet, später hat die NVA noch Bunker, Quartiere, Straßen und ein Heizkraftwerk dazugesetzt. Jetzt wollte ich einer kleinen Gruppe von Großstadtflüchtlingen, Aussteigern und Sinnsuchern im Lebenspark Tollense bei ihrem Autarkie-Versuch helfen und das abwasserlose Koten ermöglichen. Als wir ankamen, saßen in dicke Kapuzenpullover vermummte Gestalten um ein Feuer, Reggae dudelte aus einer Box, an einer Bar gab es selbst gemachten Sanddornlikör. Den Teig für die Pizza aus dem Lehmofen rollte ich selbst aus und belegte ihn mit Gemüse aus dem Garten. Und um einen Schlafplatz zu finden, tappte ich nachts durch den finsteren Nazi-NVA-Gruselwald. Alles im Lebenspark war auf Anpacken ausgerichtet. Egal ob man ein paar Tage, Wochen oder Jahre bleiben wollte. »Hat mich am Anfang total überfordert«, sagte mir ein Student aus Freiburg, der auf dem Weg zum Deutschlehrer das wilde Leben ausprobieren wollte. Weil er technisch versiert war, kümmerte er sich um die Solarduschen in der Kommune. »Es gibt hier keine klaren Aufgaben. Es läuft eher so: Überlege dir, was du willst, und dann mach es einfach!«

Mein Ziel war klar: Lernen, wie aus Scheiße Gold wird. In der Nähe des Sees stand die Sanitärinsel und sah mit all dem unbehandelten, urwüchsigen Holz aus wie ein Hippie-Spa im indischen Goa. Die Trockentoiletten waren kleine Kabinen, in denen die Notdurft wie bei einem Plumpsklo in einen weißen Plastikbehälter fällt, in dem Stroh oder Rindenmulch liegt und dort einen anständigen Bio-Kompost bildet. Wenn er voll ist, bringen die Kommunarden den Inhalt auf die Felder und Wiesen aus, es ist der perfekte Dünger. Ich erinnere mich an ein großes Schild am Eingang der Toiletten mit der klaren Aufforderung: »Pissen strengstens verboten«, weil Trockentoiletten trocken bleiben müssen. Für Kleinigkeiten sei das Gebüsch da, was für Männer trotz aller Gleichstellung immer noch eine einfachere Nummer ist als für Frauen. Damals empfand ich das Geschäftemachen auf dem Bioklo und das Waschen unter der Freiluft-Solardusche als ziemlich wild. Ich kannte das bisher nur von Musikfestivals, die irgendwo im Nirgendwo veranstaltet werden und natürlich keinen Abwasseranschluss haben. Viele der Menschen, die sich in der Kommune temporär oder dauerhaft niedergelassen hatten, waren satt vom Immer-alles-haben-Können und Immer-alles-tun-Müssen. Sie wollten heraus aus der Geschäftswelt. Und machten ihr Geschäft jetzt draußen.

Drei Tage lang sprang ich morgens nackt in den See, schnitt Schilf mit einem stumpfen Messer ab, packte die Stängel mit meinen meist blutigen Fingern an Land und nagelte sie auf Brettern zu einer Toilettentrennwand zusammen. In einem Holzvorrat fand ich einen schönen Rubinienstamm, den ich mit einem Handschäler von der Rinde befreite. An ihm wurden die Trennwände befestigt. Als ich blutig, schwitzig, erledigt auf dem Holzbalken des Kompostklos saß, war ich stolz. Es sah schön aus, roch nicht und war nützlich. Nie wieder danach habe ich meinen Toilettengang als derart enkelfähig empfunden.

Jetzt sehne ich mich ein bisschen nach der Hippie-Kabinen-Idylle, wenn ich bei Walter nachts auf den Topf in meinem Zimmer muss und zur Morgenwäsche in den Unkrautvernichtungs-Bach. Wie schön wäre eine Dusche hinter Schilf! Oder ein Klogang im Sitzen! Im Lebenspark war Abwasser ein Thema von vielen, an dem es für die Kommunarden anzusetzen galt, um sich eine Welt zu bauen, die sie für richtig und schön halten. Dazu gehörten aber auch noch Mandalas aus Steinen und Blumen, ein Massagedom mit Kräuterölen und eine Lichtorgel auf dem See. Hier auf dem Hof läuft es dagegen immer wieder auf das Wasser hinaus. Auch wenn es anfangs nicht danach aussieht.

Als Walter das Heu gewendet hat und ich den Stromzaun mit einer Sichel von Brennnesseln, Disteln und Gräsern freigeschnitten habe, nähern wir uns dem Tagesordnungspunkt »Kochen«. Der Bauer zeigt mir sein Gemüsebeet, wo Kartoffeln, Erbsen, Roggen, dicke Bohnen, Möhren, Radieschen und Salat wachsen. Wir pflücken ein paar große Blätter und gehen zurück in die Küche. Walter zieht sein Leinenhemd aus und hängt es über die Leine, die quer durch die Küche gespannt ist. Das macht er häufiger am Tag, weil er seine Sachen lieber auslüften lässt, als sie ständig im kalten Bachwasser waschen zu müssen. Über unseren Köpfen hängen ein Wollpullover, eine Hose und Boxershorts. Seit dem Wohnexperiment bei den Nomaden in Berlin weiß ich, dass ich mich in fremde Sphären immer am besten einfinden kann, wenn ich koche. »Darf ich den Salat zubereiten?«, frage ich Walter, und er breitet eine Zeitung auf dem Boden aus, auf die er eine Salatschüssel stellt. »Dann muss ich nicht die Arbeitsflächen sauber machen«, erklärt er. Glücklich lege ich mir eine Schürze um, schnipple den Salat, lege Tomaten, Nüsse und Avocado aus meinem Reiseproviant dazu, rühre ein Dressing an. Um ein paar Croutons zu rösten, schnappe ich mir die kleine Bratpfanne, in der noch Eierreste kleben. Ich will sie saubermachen und greife nach der Spülbürste. Walter springt vom Stuhl auf, ruft »Nein, doch nicht damit!«, und reißt mir die Bürste aus der Hand. »Die ist für den Molke-Eimer! Die darf nicht fettig werden! Sonst muss ich das ganze Wasser wechseln!« Dann stampft er wütend nach draußen zur Regentonne, um die unsinnige Verfettung zu stoppen. Eine halbe Stunde später kommt er wieder. Den Salat habe ich zur Hälfte aufgegessen und meinen Teller ordentlich abgelegt. Er guckt mich ernst an. »Ich ziehe die Notbremse, Greta. Ich will nicht mehr mit dir die Küche teilen. Das überfordert mich.« Ich murmele »Klar« und »Kein Problem« und »Bin schon weg«, löse die Schürze und gehe.

Ich verstehe überhaupt nichts mehr. Mit Tränen in den Augen sitze ich auf der Weide und schaue auf Walters Hof. Noch vor zwei Tagen hatten wir hier so vertraut zusammengesessen. Und jetzt war unser Glück an einer Spülbürste zerbrochen. Zum ersten Mal in meinem Leben bemerke ich, wie schnell sich an der Wasserfrage Konflikte entzünden können. Nur weil diese fettige Bürste im falschen Eimer war! Für jemanden mit einem Wasseranschluss war das eine Petitesse, für jemanden ohne Wasseranschluss war es ein Sakrileg. Ich versuche, ihn zu verstehen, auch wenn es schwerfällt.

Merkwürdigerweise fällt mir ein Satz von Horst Köhler ein, dem Alt-Bundespräsidenten. »Wir haben verlernt, über das Wasser zu staunen, das bei uns so selbstverständlich aus dem Hahn kommt.« Er hat das natürlich nicht auf Spülsystematiker wie Walter bezogen, sondern auf wasserarme afrikanische Länder. Aber irgendwie ist da was dran: Wenn ich zu Hause abwasche, denke ich nicht daran, dass fast 2,5 Milliarden Menschen auf der Welt das nicht können, weil sie keine hygienisch sicheren Sanitäranlagen besitzen. Dass sich unzählige Hilfsorganisationen dafür engagieren, in Entwicklungsländern Brunnen zu graben, Abwasserleitungen zu legen, kompostierbare Toilettentüten zu verteilen. Das Thema Wasserversorgung – sosehr es auch mit großen traurigen Kinderaugen um Aufmerksamkeit buhlt – geht in der Flut tagesaktueller Katastrophen und Skandale regelrecht unter.

Wie soll man damit auch umgehen? Kann man denn selbst etwas dagegen tun? Die Frage quält mich die nächsten Tage, die ich größtenteils allein und schon gar nicht in der Küche verbringe. Das Spülsystem erscheint mir nicht gerade zur Nachahmung empfohlen. Im Gegenteil: Für unsere Trinkwasseraufbereitung ist ein zu sparsamer Umgang sogar problematisch. Als vor 20 Jahren – besonders in Ostdeutschland – die Rohrleitungsnetze und Entsorgungsanlagen neu gebaut wurden, ging man von einem ständig steigenden Wasserverbrauch aus. Dementsprechend groß hat man die Systeme angelegt. Fließt jetzt immer weniger Wasser durch die Leitungen, verringert sich die Fließgeschwindigkeit, und das Wasser bleibt länger in den Rohren. Das schadet den Leitungen, weil sie schneller rosten und damit Kupfer, Eisen und Blei bilden. Das wiederum schadet dem Wasser, weil es schneller verkeimt und mehr Chlor eingesetzt werden muss. Wer also ein Abflussrohr besitzt, für den ist das Drei-Liter-Wasser-System nicht wirklich optimal.

Da ich von Walter verstoßen wurde, habe ich jetzt viel Zeit. Die übrigen Tage meiner Besuchswoche verbringe ich damit, weiterhin Stromzäune freizusichern, mir mitgebrachte Eintöpfe auf dem Campingkocher in meinem Zimmer zu erwärmen und zwischen den Schafen auf dem Hügel zu lesen. Ich habe mir das Buch von dem Geografie-Professor Wolfram Mauser mitgenommen, der sich bereits im Buchtitel genau wie ich fragt: *Wie lange reicht die Ressource Wasser?* Nach Mauser ist nicht unser täglicher Verbrauch von Leitungswasser das Problem, sondern das »virtuelle Wasser«, das in all den Produkten, Lebensmitteln oder Dienstleistungen steckt, die wir in der westlichen Welt konsumieren. 4000 Liter »schlucken« wir aktuellen Schätzungen zufolge virtuell weg. Pro Tag. Um ein Kilo Rindfleisch herzustellen, müssen 16 000 Liter Wasser aufgewendet werden, das sind mehr als 70 Badewannen voll. Und weil der Hunger nach Fleisch weltweit ständig steigt, steigt auch der Verbrauch des virtuellen Wassers. Etwa die Hälfte des virtuellen Wassers, das wir verbrauchen, importieren wir aus dem Ausland. Nicht selten auch aus Ländern, die viel weniger Wasser haben als wir. Um den nächsten großen Krieg zu verhindern, ist es also sinnlos, den eigenen Leitungswasserverbrauch zu reduzieren. Das kommt ja sowieso aus unserem Grundwasser. Stattdessen müssen wir unser Konsumverhalten hinterfragen. Weniger einkaufen, weniger wegwerfen. Mehr aus der Region kaufen. Oder gleich selbst anbauen.

Dann kann ich am Ende also doch noch etwas von Walter lernen. In den Nachttopf zu machen und Pfannen nicht abzuwaschen ist vielleicht nicht der massentaugliche Ausweg aus dem globalen Wasserproblem. Aber mit seinem kleinen Selbstversorgergarten und dem eigenen Frischkäse aus der Milch seiner einzigen Ziege und den Schafen auf der Weide ist Walters virtueller Wasserverbrauch vorbildlich.

12. Nähen –
Wie aus alten Klamotten neuer Stolz wächst

Dieses Kleid könnte mein Genick brechen. Knallrot. Fließende Seide. Hauchzart. Ich stehe vor dem Schaufenster einer Boutique, mein Atem schlägt sich am Glas nieder, mein Blick tastet jede Faser gierig ab. Das Kopfkino springt an. Stünde es mir? Wann anziehen? Welche Schuhe dazu? Ich schaue mich um. Ziemlich belebte Gegend hier. Ob mich irgendjemand erkennt? Dann gehe ich rein, ziehe das Kleid vom Bügel, probiere es an. »Wie für Sie gemacht«, sagt die Verkäuferin, und obwohl es natürlich ein verkaufsförderndes Pseudolob ist, wühlt der Satz ein altbekanntes Muster auf: Ich brauche das Teil. Unbedingt. Dann ziehe ich den Reißverschluss wieder auf, schlüpfe heraus, seufze. Wir hätten sicher eine gute Zeit gehabt, wir beide. Aber es darf nicht sein. Denn ich bin im Konsumstreik.

Und daran ist ein Mann schuld: Nico Paech. Vor anderthalb Jahren ist mir das kleine weiße Buch des Wirtschaftswissenschaftlers in die Hände gefallen und hat mich sehr erschreckt. Es heißt *Befreiung vom Überfluss* und erklärt, dass unser Wohlstandsmodell der letzten Dekaden unrettbar vorüber ist. Denn egal wie man es dreht und wendet: Wenn unsere Wirtschaft weiter wachsen will, werden Ressourcen und Energien benötigt, die wir uns in dem Maß nicht mehr lange leisten können. Wir müssten, so Paech, schon jetzt lernen, mit weniger auszukommen, wenn wir nicht auf den totalen ökologischen und ökonomischen Exitus zusteuern wollen. Viele nennen

Paech deshalb einen »Schrumpfungstheoretiker«, weil er nicht in effizienterer Ressourcennutzung, moderner Technik oder anderen Energieformen den Ausweg aus der Öko-Katastrophe sieht, sondern ausschließlich in der Reduktion. Sowohl jeder Einzelne als auch die Gesellschaft insgesamt müsse aufhören, nach immer mehr Besitz zu streben. Noch hätten wir die Wahl, irgendwann würde es zu spät sein.

Damit hat Paech eine Angst ausgesprochen, die in mir schon lange schwelt: Dass auch ich eine von vielen bin, die sich aus dem Ressourcentopf der Welt mehr nimmt, als ihr zusteht, und dass ich über meine Verhältnisse lebe. Die Dinge, die ich mir leiste, kosten mich vielleicht nur ein paar Euro von meinem Ersparten. Die tatsächlichen Kosten dafür sind mir aber fremd: Wie viele Rohstoffe, wie viel Arbeitsaufwand, wie viel Energie dafür eingesetzt werden müssen, um sie zu produzieren, weiß ich nicht. Aufwendige Arbeitsteilung und globale Handelsstrukturen haben mich, wie alle Menschen, von den meisten Produkten entfremdet. Die wenigsten Dinge, die ich kaufe, könnte ich selbst herstellen oder auch nur reparieren. Im Grunde kenne ich von kaum etwas den wirklichen Wert.

Ich würde das gern ändern und mich im Paech'schen Sinne auf das Wesentliche reduzieren. Aber wie soll das gehen? Wenn ich mir vornehme, nur das zu kaufen, was ich tatsächlich brauche, weiß ich genau, wie das endet: Ich werde in einer Umkleidekabine mit einem roten Seidenkleid am Körper fest davon überzeugt sein, ohne das Teil ganz und gar nicht leben zu können. Deswegen probiere ich es auf die harte Tour: Ein Jahr lang werde ich überhaupt nicht shoppen gehen. Alles, was es in einem Kaufhaus zu erwerben gibt, bleibt für mich tabu: Klamotten, Schuhe, Schmuck, Kosmetik, Accessoires, Taschen, Möbel, Sport- und Spielgeräte, Haushaltswaren, Technik. Ich höre für zwölf Monate auf damit, eine Nachfrage auf dem Markt der Dinge zu sein. Wegen mir wird in dieser Zeit zumindest kein Baum gefällt oder Fluss vergiftet, keine asiatische Arbeiterin ausgebeutet oder Baumwollplantage gewässert. Wofür ich noch Geld ausgeben werde, sind Lebensmittel, Hygieneartikel und Transportkosten. Außerdem laufen Miete und die Gebühren für Wasser, Strom und Telefon weiter. Manche sagen, es sei inkonsequent, weil ich beim Essen, Fahren und Wohnen nach wie vor konsumiere und daher Teil der kapitalistischen Logik bleibe. Aber erstens: Man kann nicht nicht konsumieren. Selbst die härtesten Aussteiger – die ich während meiner Recherchen auch besuche – bleiben Teil dieser Welt und konsumieren in irgendeiner Weise natürliche, soziale oder kulturelle Produkte. Und zweitens geht es mir nicht darum, Geld an sich zu vermeiden, sondern dessen Perversität. Ich will aus dem Hyperkonsum aussteigen, der Logik des Immer-mehr-haben-Wollens entkommen. Deswegen konzentriere ich mich beim Konsumstreik auf die Sachen, von denen ich nie genug haben kann.

Bei der Konsumkritik geht es um den Status. Wir versuchen, über die Dinge, die wir besitzen, zu zeigen, wer wir sind – auf Kosten der Umwelt, der Wirtschaft, der Gesellschaft. Ich bin mir nicht sicher, ob ich diese Vorstellung durch einen Konsumstreik tatsächlich überwinden kann. Schließlich ist die Abgrenzung durch Besitz so alt wie die Menschheit. Archäologen haben herausgefunden, dass selbst die Faustkeile der Urmenschen sich in der Kunstfertigkeit und Kreativität ihrer Gestaltung unterschieden. Sie waren sozusagen die ersten Statussymbole überhaupt. Heute behauen wir nicht mehr eigenhändig einen Stein, sondern suchen uns einen glitzernden Klunker beim Juwelier aus. Oder im Ramschladen. Und es bleibt nicht bei einem, sondern es muss ein immer anderer, größerer, besserer Stein sein. Wie die Junkies suchen wir den konsumistischen Kick für den Augenblick. Doch damit ist jetzt Schluss: Ich mache kalten Entzug.

Als Erstes überlege ich, was ich alles in meinem Haushalt habe. Angeblich besitzt jeder Deutsche um die 15 000 Gegenstände. Ich versuche nachzuzählen, verliere aber nach meinem Kleiderschrank die Lust, mich noch weiter durch den über Jahre angesammelten Kram zu wühlen. Die Ergebnisse aus dem Kleiderschrank kann ich aber gern mitteilen. In Schrank, Regalen, Strumpfkisten, Garderobe und Schuhschrank versammeln sich ingesamt genau 306 Textilien. Die müssten eigentlich reichen, um ein Jahr lang ordentlich angezogen zu sein und mich nicht auf die Suche nach neuem Stoff machen zu müssen. Einfach mal nichts Neues kaufen – das spart mir bestimmt jede Menge Zeit und natürlich auch Geld. Statistisch geben Frauen zwischen 20 und 40 Jahren am meisten für Klamotten aus: über 2000 Euro pro Jahr. Das wird einfach, denke ich. Aber dann passiert etwas Unerwartetes.

Ich nehme ab. Kilo für Kilo zieht mir die Apokalypsenvorbereitung von den Knochen. Vielleicht sind es die Ernährungsexperimente von vegetarischer, veganer bis hin zur Urkost. Vielleicht ist es das ständige Unterwegssein in fremden Sphären. Vielleicht ist es das ungewohnte Anpacken. Ich schrumpfe um zwei Kleidergrößen. Normalerweise würde ich mich freuen, die ganzen Zirkuszelte aus dem Kleiderschrank aussortieren zu können und mir eine neue Garderobe zuzulegen. Jetzt muss ich nach Möglichkeiten suchen, mit dem alten Zeug irgendetwas anzufangen. Es umzuarbeiten, den Stoff neu zu interpretieren, kreativ zu werden. Ich habe natürlich keine Nähmaschine, kein nennenswertes Nähzubehör und Näherfahrung auch nicht, aber ich habe einen Vorteil: Ich bin nicht allein.

In den letzten Jahren haben immer mehr junge Großstädter eine Sehnsucht danach entwickelt, Dinge wieder selbst in die Hand zu nehmen. Mitten im Überfluss wird gestrickt, gehäkelt, geschneidert, gehämmert, gelötet, gebaut, gebuddelt, gegärtnert, gestaltet. Als »DIY-Kulturen« versuchte die Nachhaltigkeitsorganisation anstiftung & ertomis auf einer Tagung im Jahr 2012 die neuen Selbermacher zusammenzufassen, Do-it-yourself-Kulturen also. Denn es sind nicht mehr nur Einzelne, die ihre Küchenuhr reparieren oder ein Kleid enger machen. Es existiert eine diffuse, heterogene Bewegung von Selbermachern. Zu ihr gehören urbane Gemeinschaftsgärten, offene Werkstätten, Näh- und Repair-Cafés, Open-Source-Plattformen mit Schnittmustern oder Bauplänen, Workshops von Bastlern für Bastler in offenen Tauschakademien. Dort geht es nicht nur darum, etwas Kaputtes wieder zu flicken, sondern gemeinsam zum Wesen der Dinge vorzudringen. »If you can't fix it, you don't own it« steht zum Beispiel in einem Manifest, das auf der DIY-Tagung von anstiftung & ertomis formuliert wurde. Wenn du es nicht reparieren kannst, gehört es dir auch nicht. Die kollektiv heimwerkelnden Städter sind damit mehr als eine lustige Truppe von Laienhandwerkern. Sie sagen dem besinnungslosen Konsum den Kampf an, eignen sich die Produktionsmittel und städtischen Räume an – und gestalten sie nach ihren Vorstellungen. Was mir daran besonders gut gefällt: Sie versuchen gar nicht erst, so perfekt zu sein wie professionelle Handwerker oder die industrielle Fertigung. Denn darum geht es nicht. DIY-Anhänger sind leidenschaftliche Dilettanten, die gemeinschaftlich herumprobieren und auch scheitern dürfen. Das motiviert mich.

Ich schlage bei meiner Freundin und Mentorin Jakuba auf. Sie hat nicht nur eine Nähmaschine, sondern weiß sie auch so gut zu bedienen, dass sie ihre eigenen Kollektionen schneidert und auf DaWanda verkauft. Auf der Internetplattform stellen Hunderttausende von deutschen Selbermachern ihre Kreationen von Mode, Schmuck, Möbeln und Schnickschnack vor, die sie individuell, mit Hand und Herz produzieren. Genau wie beim amerikanischen Vorbild Etsy wächst die Community ständig, weil immer mehr Kunden und Verkäufer sich nach

Sachen jenseits der industriellen Massenproduktion sehnen. Jakuba hat als Waldorfschulkind die grundlegenden handwerklichen Fähigkeiten mitbekommen. Den Rest hat sie sich autodidaktisch beigebracht. Wir beugen uns über meinen Koffer, in dem ich Sachen zum Aussortieren und Ändern mitgebracht habe. »Nicht so die Wahnsinns-Qualität«, sagt sie. Ich runzele die Stirn. »Wenn du aus alten Klamotten Neues machen willst, ist es immer besser, wenn man gute Qualität als Ausgangsmaterial hat.« Bei mir lag ganz schön viel Mist in der Kiste. Als ich es einst eingekauft hatte, war mir wichtiger, dass es mir in dem Moment gefällt. Ich hatte nicht vor, es für immer bei mir zu tragen, geschweige denn später etwas Neues daraus zu fertigen. Aber klar: Den billigen Pullovern und Kleidern ist der schnelle Verschleiß von Anfang an eingeschrieben. Konsumkritiker behaupten, die Industrie arbeite in die Produkte mit Absicht Sollbruchstellen ein, um den Absatz zu steigern. Bei Strumpfhosen beispielsweise ist die sogenannte »geplante Obsolenz« sogar nachgewiesen: Als der Konzern DuPont 1935 das zarte, durchsichtige und extrem reißfeste Gewebe Nylon entwickelte, war das eine Sensation. Fünf Jahre später gab es die ersten Strümpfe in den USA auf dem Markt. Jede Frau wollte die nahezu unkaputtbaren Wunderstrümpfe am Bein tragen. Als das dann tatsächlich der Fall war, brach der Absatz von Nylonstrümpfen ein. Man brauchte ja keine neuen mehr. Die Entwickler bei Dupont bekamen den geheimen Auftrag, eine neue, zartere Strumpfhose zu entwickeln – die nicht mehr so lange halten sollte.

Den Effekt dieser absatzfördernden Maßnahme aus dem letzten Jahrhundert spüre ich während des Konsumstreiks am eigenen Bein. Ich habe zwar eine stattliche Sammlung von Strumpfhosen in allen Farben, aber über die Monate schrumpft sie bedenklich zusammen. Auch Nagellack oder Haarspray können die Maschen nicht aufhalten. Ich muss irgendwann damit leben, dass in fast jeder Strumpfhose ein Loch oder eine Masche klafft. So zieht der Punk in meine Garderobe ein. »Dabei kann ich dir leider auch nicht helfen«, sagt Jakuba. Nylon ist nicht reparierfähig. »Aber aus dem Pullover hier könnten wir dir eine Hose schneidern. Was meinst du?« Sie reicht mir das blau-weiß-gestreifte Sweatshirt, in dessen Ärmel ich reinsteigen soll. »Sieht irgendwie merkwürdig aus«, sage ich. »Aber besser als durchgerockte Strumpfhosen«, antwortet sie. Dann starten wir in die lange Nacht des DIY.

Während wir die Ärmel des Pullovers vom Rumpf abtrennen, muss ich an Nunu denken. Ich hatte mit ihr Kontakt aufgenommen, bevor ich in den Verzicht startete, weil sie eine Streikschwester ist. Die Bloggerin hatte sich ein paar Monate vor mir dazu entschlossen, aus der Welt des Shoppings auszusteigen – allerdings beschränkt auf Klamotten –, weil sie bemerkt hatte: Ihr Konsum war zügellos geworden. Wenn es ihr gut ging, wenn es ihr schlecht ging: Immer half Shopping. »Irgendwann hatte ich das Gefühl, die Kontrolle zu verlieren«, sagte sie mir. Nunu hatte keine Ahnung, was sich alles in ihrem Kleiderraum (Raum!) angesammelt hatte. Aber das spielte auch keine Rolle, weil es ihr beim Klamottenkaufen schon lange nicht mehr darum ging, Sachen zu finden, die sie brauchte. Es war eine Möglichkeit, sich abzulenken, zu betäuben, zu flüchten. »Das Jahr 2011 war ein echter Horror mit jeder Menge Schicksalsschlägen auf allen Ebenen«, sagte sie. »Und was machte ich? Ich ging shoppen, um mich abzulenken.« Doch das Leid wurde dadurch nicht erträglicher, im Gegenteil. Das suchthafte Kaufen verstärkte das Gefühl, die Kontrolle über ihr eigenes Leben verloren zu haben. »Wenn ich es schaffen würde, an meiner schwächsten Stelle Konsequenz zu beweisen, dann könnte mich das retten«, sagte sie sich. So stieg sie aus. In ihrem Blog »ichkaufnix« dokumentierte Nunu, wie es ihr mit dem Entzug ging. Um es zusammenzufassen: fantastisch. Statt auf Internetportalen herumzusurfen und in Einkaufsstraßen herumzubummeln, entdeckte sie ein neues Hobby – das Stricken. Sie begann, sich zu fragen, wie genau das aussehen sollte, was sie haben wollte, und fertigte es sich dann selbst an. Die neue Masche erlöste sie nicht nur von der eigenen Sucht, sondern machte ihr auch bewusst, wie aufwendig es eigentlich ist, Kleidung herzustellen. Sie erkannte: »Selbst gemachte Kleidung ist irrsinnig viel mehr wert als neu gekaufte.« Sie ist nicht nur schön für das Außen, sondern auch für das Innen.

»Kannst du eigentlich stricken?«, frage ich Jakuba, die gerade den Pullover durch die Nähmaschine zieht. »Ja, aber es dauert mir zu lange. Ich habe dafür nicht genug Geduld«, gesteht sie. »Ich finde es schöner, aus etwas angeblich Wertlosem wieder etwas Wertvolles zu machen.« Jakuba zeigt mir, was sie meint. In ihrem Schrank liegen Kleidchen aus einer fliederfarbenen Oma-Kittelschürze, Kinderhosen aus umgenähten Hemdärmeln und gemütliche Kaschmirhosen aus abgelegten Pullovern. »Bei jedem Teil, das ich finde, muss ich wieder neu kreativ werden. Das reizt mich.« Und es spart Geld, weil sie kaum neue Stoffe kaufen muss. Das kommt mir im Konsumstreik sehr entgegen, da ich ja auch keine Bastelmaterialien kaufen darf, sondern sie mir irgendwo organisieren muss. Deswegen werden Schrottplätze, Sperrmüllsammlungen und Umsonstläden meine Sammelreviere der nächsten Monate. »Müll« existiert in der Form gar nicht mehr, weil ich zum Beispiel bei aussortierten Klamotten prüfe, ob man den Stoff oder die Knöpfe noch gebrauchen kann. »Als ich mit dem Umnähen angefangen habe, wusste ich nicht, dass es dafür einen eigenen Begriff gibt«, sagt Jakuba. Dieser Begriff heißt Upcycling.

Ähnlich wie beim Recycling geht es darum, die Reststoffe, die unsere Gesellschaft produziert, zum zweiten Rohstoff zu machen – und diesen in eine noch wertvollere Form zu verwandeln. Unter Designern, Künstlern und Architekten hat sich mittlerweile eine ganze Upcycling-Szene entwickelt, die das Prinzip »Aus Alt mach Neu« für sich entdeckt hat. Als Journalistin hatte ich mich bereits seit einiger Zeit im Trash-Milieu herumgetrieben und war immer wieder erstaunt, was sich aus dem angeblich Überflüssigen so alles herausholen lässt. Auf der »Green Fashion«, der nachhaltigen Abteilung der Berliner Fashion Week, traf ich Designerinnen, die aus Milchabfällen neue Textilfasern herstellen, die Schnittabfälle der Modeindustrie zu Unikaten verarbeiten oder eben aus Altkleidern neue Roben zusammensetzen. Die Berliner Designerinnen Eugenie Schmidt und Mariko Takahashi sammeln abgelegte Kleidung in eigens aufgestellten Containern und in ihrem Kreuzberger Atelier. Jeder Spender bekommt eine eigene ID-Nummer und kann nachvollziehen, in was sich seine Altkleider verwandeln. An einen Pelzmantel setzen die Modemacherinnen die Ärmel eines karierten Jacketts, eine Bluse wird mit T-Shirt-Fragmenten zum Kimono vergrößert, aus dem Futter eines Trenchcoats und einem Hosenbund entsteht ein Kleid. Auf der Internetseite von *Schmidttakahashi* kann man sich die Genese jedes Kleidungsstücks anschauen. »Wer unsere Designs kauft, schlüpft in die Haut eines anderen«, sagen sie. Aus dem Malus bereits getragener Kleidung haben sie einen Bonus gemacht. Und der kommt nicht nur bei Ökos oder Weltrettern gut an. Fashionmagazine wie die italienische *Vogue* oder die deutsche *MADAME* zeigen ihre Mode in einer Liga mit internationalen Designern. Und zwar nicht nur, weil Upcycling eine ökologisch und ökonomisch sinnvolle Sache ist, sondern weil es einfach gut aussieht. Gerade in Berlin, wo Second-Hand-Sachen zur Hipster-Uniform geworden sind, gehört deren upgecycelte Variante zur Avantgarde.

Nach der Schneidernacht bei Jakuba hat sich mein Streifenpullover also in eine Hose verwandelt. Sie sieht ein bisschen aus wie eine Mischung aus Strampelanzug und Pyjamahose für den kleinen Muck. »Gewöhnungsbedürftig«, kommentiert Herr F. das Werk. Ich gewöhne mich erst einmal selbst daran und trage die Hose nur zu Hause. Dann im Kiez. Dann in der Stadt. Dann überall und ständig. Der Stolz, sie selbst erschaffen zu haben, macht mich mutig. Und merkwürdigerweise kommen wildfremde Menschen auf mich zu und fragen, wo es denn »so etwas« zu kaufen gibt. Ich verweise auf Jakuba – und melde bei ihr gleich die nächsten Selbermach-Aktionen an. Mit jeder Bluse, die durch ein Stretchbandeau zum Kleid wird, und jedem Tuch, das sich in ein Top verwandelt, bemerke ich, wie sich mein Blick auf die Dinge verändert. Es ist zwar schön, wenn etwas so aussieht, als sei es »wie für mich gemacht« – wie es die Verkäuferin des roten Seidenkleides formuliert hatte. Noch schöner ist es aber, wenn ein Kleidungsstück tatsächlich von mir oder für mich gemacht ist. Wenn es eine Geschichte hat. Und es muss noch nicht einmal mehr besonders kunstfertig sein. Denn ich bin auch nach einem Jahr DIY immer noch blutiger Anfänger und bekennender Dilettant.

Am liebsten dilettiere ich mit Schmuck herum. Dafür muss ich noch nicht einmal mehr eine Handwerkstechnik wie Nähen, Häkeln oder Stricken erlernen. Es reicht im Grunde, eine Muffe aus einer Werkzeugkiste zu kramen, sie an einen Finger zu stecken, den Kopf hin- und herzuwiegen und zu beschließen: Das ist jetzt ein Ring. Oder zwei Kronkorken plattzuklopfen und als Ohrring-Anhänger umzufunktionieren. Oder – mein liebstes Schmuckstück – einen goldenen Konservenglasdeckel abzuschrauben, zwei Löcher hineinzustanzen, eine Kette durchzuziehen – fertig ist die DIY-Medaille. Für herausragende Handwerkskunst kann ich sie mir zwar nicht verleihen, aber vielleicht für das besondere Verdienst, die Schönheit jetzt überall zu erkennen. Ein Stück Metall oder Plastik wird doch nicht deswegen zu Schmuck, weil mir ein Schmuckhersteller das sagt. Sondern weil ich es als solches erkenne. Und wenn man einmal damit anfängt, nach Schönem jenseits von Verkaufsvitrinen zu suchen, ist plötzlich die ganze Alltagswelt voll von potenziellen Accessoires. Tetrapackdeckel, Nespresso-Kapseln, Schrauben aller Art. Es gibt unzählige Blogs und Bücher als Inspiration. Aber man kann auch einfach selbst die Augen aufmachen. Als ich mich wieder einmal in eine Werkzeugkiste vertiefe und bei jeder Mutter verzückt »Oh« und »Auch geil!« ausrufe, fragt mich Herr F., ob ich in meinem Notfallkeller psychedelische Pilze anbaue oder mit LSD experimentiere. So könne doch keiner ernsthaft auf eine Packung Schrauben abgehen. Ich sage: »Das sind Muttern.« Und er: »Das heißt Mütter.« Ich hau mich weg vor Lachen – und sinniere darüber, dass ich diesen schönen Zustand nicht durch Konsum, sondern durch Nicht-Konsum erreicht habe.

DIY bedeutet für mich nur zum Teil das Benutzen der eigenen Hände. Es geht zuerst um das Benutzen des eigenen Kopfes. Selbst zu definieren, was Design, Mode oder eben Schmuck sein kann, statt es sich von der Konsumindustrie vorsetzen zu lassen, kann schon der erste Schritt in Richtung einer Emanzipation vom System sein. Wenn ich einen Aludeckel ernsthaft als ästhetisch wertvoll empfinde, dann bin ich frei: frei vom käuflichen Statusdenken, frei von Konsumgeilheit, frei vom fremdgesteuerten Habenwollen. Mir eine Sicherheitsnadel durch das Ohr zu stechen, erscheint mir mittlerweile nicht mehr als sonderlich antibürgerlich. Bin ich jetzt etwa zum Punk mutiert? Auf der Straße habe ich jedenfalls mit dem Deckel durchaus schon Irritationen provoziert.

»Haste dat jesehen, Jutta?«, hörte ich im Vorbeigehen von einem angegrauten Herrn in Anzug und rothaariger Begleitung.

»Wat denn? Den Deckl?«, antwortete die Frau.

»Ach, dat wa en Deckl? Dat sah aba lecka aus!«

Die Kommunikationsdesignerin Paula Pongrats hat für diese Art Müll-Accessoires einen Begriff gefunden, der mich sehr anspricht: Postapokalyptischer Schmuck. Die Worte stehen auf dem Cover eines Bildbandes, in dem Models mit Glühbirnen oder Netzwerksteckern als Kettenanhänger neben Bildern von isländischen Endzeitmoränen abgebildet sind. Das Buch soll der fiktive Katalog einer Industriemesse aus dem Jahr 2051 sein. Die Welt liegt in Trümmern und muss mit dem Wenigen, was die Zivilisation übrig gelassen hat, wieder aufgebaut werden. Das ist zwar eine künstlerische Fiktion, die postapokalyptischen Schmuckstücke existieren aber tatsächlich. Manche davon verkauft die Designerin. Noch wichtiger ist es ihr jedoch, die Idee des Upcyclings weiterzugeben. Auf einer Messe in München treffe ich die 29-Jährige. Mit blauer Perücke, Fliegerbrille und einem Saftverschluss an einer Kette steht sie vor zwei zusammengestellten Tischen mit unendlich viel Kram: Glühbirnen, Lockenwickler, Stifthüllen, Plastikverschlüsse, Wackelaugen, Schlüsselanhänger, Batterien, Platinen, Computertasten. Es sind ihre Schätze, die sie auf der Straße und in Rumpelkammern zusammensucht und die hier in der Messehalle das Rohmaterial für einen Selbermach-Workshop sind. Alles, was eine interessante Textur, Farbe oder Form hat, taugt für ihre endzeitlichen Deko-Vorstellungen. »Ich habe vor zwölf Jahren einen Wasserhahngriff im Keller meines Vaters gefunden«, sagt sie. »Den habe ich immer als Kettenanhänger getragen, aber irgendwann wurde es langweilig. Mittlerweile ziehe ich durch alles, was ein Loch hat, meine Kette.« Das kommt mir bekannt vor, und so basteln wir eine Weile zusammen am Messestand: graue Computertasten kleben wir auf Ringe, grüngoldene Platinen hängen wir an Ohrringe, aus bunten Computerkabeln winden wir ein Collier. »Ich brauche für das Collier noch einen Verschluss aus Plastik«, sage ich. »Das Gaffa kratzt zu sehr.« Paula zeigt auf den gegenüberliegenden Messestand. »Dann mach ihn dir dort einfach selbst. Die Jungs da drüben haben einen 3D-Drucker.«

So ziehe ich weiter auf meiner Suche nach selbst gemachter Unabhängigkeit. Ich will nicht mehr nur aus Altem etwas Neues machen, sondern wissen, inwieweit wir uns auch Neues selbst erschaffen können: Alltagsgegenstände, Baumaterialien, vielleicht sogar eine neue Welt?

Eine Drohne schwirrt über meinem Kopf. Irgendwo schlägt ein Hammer auf Metall, und 3-D-Drucker fiepen in unterschiedlichen Tonlagen. Auf Ausstellertischen blinken Dioden in Herzform, ein Mondmobil saust joystickgesteuert durch die Gänge, Amateurfunker haben sich in einer Ecke zusammengerottet und diskutieren über etwas, das man vielleicht nur an Funkgeräten verstehen kann. Ich sehe Männer, die auf ihren T-Shirts »Yes, it's rocket science, Baby« stehen haben oder mit ihren Laptops nach Internetempfang suchen. Es riecht nach Lüfterluft und Schweiß. In der Tonhalle am Münchner Ostbahnhof, einer Halle, die nicht größer ist als ein Festzelt auf dem Oktoberfest, findet an einem Märzwochenende 2013 die »Make Munich« statt. Das ist so etwas wie die Hauptversammlung technikbegeisterter Bastler, Tüftler, Hacker und Designer. Es liegen tatsächlich Pizzaschachteln herum. Das Ganze erinnert mich an eine Mischung aus LAN-Party und Star-Trek-Convention – und ich fühle mich sehr wohl. Denn ich bin ein Nerd-Fangirl. Schon immer gewesen. Mich begeistern Menschen mit einer unbedingten Leidenschaft und Hingabe an eine Sache – selbst wenn die im Kern Nullen und Einsen ist. Techis kennen Sprachen, die man nicht aussprechen kann, denken mit Hirnarealen, die bei mir ausgeschaltet sind, und haben eine Aura des Unantastbaren. Nicht erst seit Julian Assanges Wikileaks und den Enthüllungen von Edward Snowden bin ich fest davon überzeugt, dass Nerds irgendwann die Welt regieren. Aber:

Können sie die Welt auch vor dem Zusammenbruch retten? Gibt es hier zwischen Funkern und Fummlern eine Utopie, wie wir den Krisen unserer Zeit entkommen können? Wie viel utopisches Potenzial steckt in der Maker-Bewegung?

Ich ziehe los mit meinem Notizbuch unter dem Arm und werde natürlich sofort als Fossil aus dem Zellulose-Zeitalter entlarvt. »Du bist kein Maker, oder?«, fragt gleich der Erste, den ich an einem 3-D-Drucker anspreche. Ich spiele verlegen an meinen gerade gebastelten Platinenohrringen herum. Er versteht den Wink nicht, und ich überlege, ob ich meinem Gegenüber jetzt von meinem Versuch mit einem Stubenhocker erzählen soll.

Vor ein paar Wochen hatte ich mir alte Pappkartons von einem Fahrradhändler in meiner Straße besorgt, um daraus einen Hocker fürs Wohnzimmer zu bauen. Ich war schon einige Monate im Konsumstreik und hatte das Bedürfnis, endlich wieder mit gutem Gewissen die Füße hochzulegen. Die Anleitung für einen dreibeinigen Recyclinghocker fand ich kostenlos und lizenzfrei auf der Seite foldschool.com des Schweizer Architekten und Designers Nicola Stäubli. Er schrieb, er wolle dem Design seine eigentliche Intention zurückgeben: nämlich eine kluge Konstruktion eines Produkts zum erschwinglichen Preis zu sein. Wenn der Nutzer seine Möbel selbst baue, hebele er »die Oberflächlichkeit und ökologische Absurdität« der Massenproduktion aus und rücke näher an sein Produkt heran. Also stiefelte ich los und holte mir sperrige Pappen in mein Büro, druckte unzählige Schnittpläne aus, klebte, faltete, fixierte. Es war eine schreckliche Fleißarbeit. Aber ich fand die Idee gut: Konstruieren statt Konsumieren, ein »Prosument« sein. Der Begriff stammt von dem Futurologen Alvin Toffler, der ihn in seinem 1980 erschienenen Buch *The Third Wave* benutzte, um Menschen zu beschreiben, die gleichzeitig Produzent und Konsument sind. Toffler glaubte noch, dass der

VON EINER, DIE AUSSTIEG

Käufer der Zukunft (also wir) sich mit seinen Wünschen kreativ in die Fertigung einbringt und zum Beispiel dem Tischler sagt: So und so soll der Stuhl aussehen, den ich kaufen möchte. Dass er aber gleich den ganzen Bauplan geliefert bekommt mit unzähligen Erfahrungsberichten, Fotos und Bewertungen anderer – das hat erst das Social Web möglich gemacht. Auch Futurologen konnten es so nicht vorhersehen. Im Internet gibt es eine ganze Szene von Designern, die ihre Produkte vom Kopierschutz befreien und damit zum Nach- und Selbermachen anstiften wollen. Von Türkränzen über Palettenmöbel bis hin zu ganzen Häusern findet man eigentlich alles dort. Einer der inspirierendsten Vordenker und -macher ist der Berliner Designer Le Van Bo. Er hat sich zum Beispiel die Hartz-IV-Möbel ausgedacht – multifunktionale Designklassiker aus günstigem Sperrholz für kleine Wohnungen, die selbst Leute ohne Akkubohrererfahrungen nachbauen können sollen. Bezahlt wird mit Erfahrung: Jeder, der einen Berliner Hocker oder eine Lichtenberg Bar nachbaut, soll seine Erfahrung danach mit der »Crowd« teilen. »Wer nur nehmen will, ist bei mir nicht richtig«, sagt er. Es geht um einen ständigen Austausch miteinander. Auf seiner Facebook-Seite versammelt Van Bo über 13 000 Fans, mit denen er ständig an einer Alternative zum Kapitalismus arbeitet: der Karma-Ökonomie. Das soll eine Wirtschaftsform sein, in der nicht nur Geld eine Währung ist, sondern eben auch Karma: Ideen, Hilfe, Engagement. Ich gehöre auch zu seiner Crowd, aber ein Hartz-IV-Möbelstück habe ich noch nicht zusammengeschraubt, vor allem, weil das Holz ohne Geld schwieriger zu organisieren war als die Pappkartons für den Stubenhocker – und ich schon mit dem Ding mehr als ausgelastet war. Der holländische Papp-Designer hatte in seiner Bauanleitung drei Stunden als Bauzeit angegeben. Bei mir wurden es drei Wochen. Irgendetwas schien mir zum ordentlichen Handwerker zu fehlen: Geduld? Struktur? Daumen? Außerdem war der Karton zum Falten eigentlich zu dick, der Cutter war stumpf und der Kleber hielt die Teile nicht richtig zusammen. Als der Hocker trotzdem fertig war, schlich ich mehrmals um ihn herum. Er war von allen Seiten gleichmäßig hässlich. Er kippelte, hatte zerknautschte Ecken und Kleberspuren. Nicht gerade ein Vorzeige-DIY-Objekt, mit dem man seine Mitmenschen vom Konsumrausch abhalten kann.

»Nein, ich bin kein Maker«, sage ich zu dem Typen am 3-D-Drucker auf der Münchner Messe. »Um ehrlich zu sein, weiß ich gar nicht so genau, was das eigentlich ist.« »Ja«, sagt er, »das ist ein weites Feld.« Ich lasse meinen Blick durch die Halle gleiten. Im Kern sind Maker wohl so etwas wie die Fortführung des DIY mit technologischen Mitteln. Auch sie wollen lieber selbst etwas entwickeln, statt auf die Massenware der Konsumgüterindustrie zurückzugreifen. Cory Doctorow, Chefredakteur des Maker-Blogs Boing Boing, sagte einmal, Maker seien Menschen, die »Hardware, Geschäftsmodelle und Lebensentwürfe hacken und dabei entdecken, wie man überlebt und glücklich wird – selbst wenn die Wirtschaft in der Toilette heruntergespült wird.« Dafür bedienen sie sich digitaler und technologischer Mittel. In der Vergangenheit hatte das Internet bereits gezeigt, wie immaterielle Güter – Wissen, Musik, Filme – von einer unbestimmten Crowd selbst erschaffen, weiterentwickelt, kopiert und geteilt werden. Das Online-Lexikon Wikipedia ist das beste Beispiel dafür, wie kollektive Intelligenz ein Produkt erschaffen kann, das sogar etablierte Lexika in Aktualität, Umfang und Kompetenz übertrifft. Das Gemeinschaftswerk kann man nicht kaufen, man kann nur dafür spenden oder sich selbst mit Wissen einbringen. Es ist ein Gemeingut geworden, das von allen für alle da ist. Diesen Gedanken versuchen die Maker auf die materielle Welt zu übertragen.

Das zentrale Instrument soll dafür der 3-D-Drucker sein. In den vergangenen drei bis vier Jahren gab es einen regelrechten Hype um das Gerät, das irgendwann angeblich bei jedem zu Hause stehen und ermöglichen soll, sich einfache Alltagsgegenstände auszudrucken statt zu kaufen. Es erinnert mich an den Replikator bei *Star Trek*, wo man dem Computer einfach sagt, was man wünscht, und er erzeugt das dann. In der Messehalle stehen die aktuellen Versionen des Wunderdruckers für private Bastler und Open-Source-Anhänger. Sie heißen RepRap oder Fab@Home und lassen sich theoretisch sogar selbst zusammenbauen. Praktisch ist das schon etwas komplizierter. In den meisten Fällen ist ein 3-D-Drucker zum Selberbauen so groß wie ein Umzugskarton, in dessen Mitte eine bewegliche Düse über eine Platte flitzt und einen Kunststoff herausdrückt. Das sogenannte Filament baut Schicht für Schicht auf, was vorher am Rechner programmiert wurde. Hier auf der Messe sind das vor allem Legofiguren oder Minimodelle von Köpfen und Händen. In der Praxis werden damit aber bereits individuelle medizinische Prothesen, Haute-Couture-Kleider und Plastikmöbel produziert.

Eine der Maker-Grundregeln lautet: Alles, was du dir vorstellen kannst, kannst du auch herstellen. Dabei helfen drei Dinge. Erstens: der eigene Kopf, denn dort sollte man möglichst genau wissen, wie das Endprodukt aussehen soll. Zweitens: der Computer. Mithilfe der richtigen Software lassen sich Ideen in Skizzen, Simulationen oder Skalen verwandeln. Und drittens: eine Gemeinschaft. Über das Internet oder über persönliche Treffen können die eigenen Ideen weiterentwickelt und verbessert werden. Im Augenblick suche ich nach einer Verschlusskappe für mein Kabel-Collier, das ich mir am Upcycling-Tisch mit der postapokalyptischen Schmuckdesignerin Paula gebastelt habe. Und ich habe auch eine ziemlich genaue Vorstellung im Kopf, wie die aussehen soll. Computer stehen hier auch herum mit fachkundigem Personal daneben. Es sollte doch also möglich sein, denke ich.

Mein 3-D-Druck-Typ ist mächtig beschäftigt, weil die Düse seines Geräts verklebt ist. »Passiert ständig«, ruft er mir noch zu und sagt, ich solle mal zum FabLab gehen. Dort, wo sich die Massen um brummende, surrende, fiepende Apparate drängeln, könne man mir sicher helfen. Ein Fabrikationslabor ist eine Art offene Werkstatt mit High-Tech-Ausstattung: CNC-Maschinen, Fräsen, Pressen, Lasercutter, Lötstellen, 3-D-Drucker. Und einer Vision: Hier sollen Privatmenschen die Techniken der industriellen Fertigung neu kennenlernen. Die meisten von uns würden die Produkte und Geräte, die wir tagtäglich benutzen, nicht mehr verstehen, formulierte es der Physiker und Informatiker Neil Gershenfeld, der das erste FabLab am US-amerikanischen Massachusetts Institut of Technology im Jahr 2002 gegründet hatte. Deswegen müssten Technik und Techniken entmystifiziert werden. Für nur 20 000 Dollar könne man einen Maschinenpark zusammenstellen, der es mit den Fabrikhallen von Großkonzernen durchaus aufnehmen kann. Von Amerika verbreitete sich die Idee über die Welt. In wirtschaftlich schwach entwickelten Ländern bieten die kleinen Fabrikationslabore die Möglichkeit, dass sich die Menschen mit eigener Kraft aus dem materiellen Mangel befreien und Ersatzteile und Einzelstücke in Eigenregie anfertigen. In Westeuropa sind sie im Moment noch Spielplätze, die den Nerv der Zeit treffen. Vierzehn FabLabs gibt es momentan in Deutschland, weitere sind im Aufbau. Manche FabLabs sind an Universitäten gekoppelt, manche stehen in Hackerspaces, das Münchner FabLab befindet sich im Keller eines Wohnhauses im Hinterhof – wenn es nicht gerade auf einer Messe präsent ist. Ich spreche einen Mann im blauen Arbeitsoverall mit Communicator-Brosche an, mit der man bei *Star Trek* durch einfaches Antippen mit dem Raumschiff oder anderen Crewmitgliedern sprechen kann. »Hast du dir das Ding selbst ausgedruckt?«

»Ja, klar.«

»Warum?«

»Weil ich's kann.«

»Ich brauche eine Plastikhülse, um meine Kette zu fixieren, die ich am Upcycling-Stand gebastelt habe. Aber ich kenne mich mit High-Tech-Zeug überhaupt nicht aus.«

»Dann brauchst du jemanden, der das kann.«

Und dann wird der Treki mit dem Communicator sehr kommunikativ. Er sagt, dass FabLabs den Bastler aus der Einsamkeit seiner Werkstatt befreit haben. Früher, da hat er oft über Jahre allein an einem Projekt getüftelt. Überlegt, verworfen, neu angefangen, getestet, gebaut, frustriert in die Ecke geworfen, wieder angefangen. Jetzt geht er damit in den Münchner Keller – und alle denken mit. Das gehe nicht nur schneller als früher, sondern mache auch richtig Spaß. Echte Menschen! Yeah! Ich frage, wie er seine Kellerkollegen beschreiben würde. Da kommt er erst richtig in Fahrt. »Fabber« lassen sich nicht so einfach beschreiben. Sie kommen aus verschiedenen Generationen, verschiedenen sozialen Schichten, verschiedenen Szenen. Da könne ein Hausmeister anlanden, der einen speziellen Staubsaugeradapter ausdrucken will. Oder ein Architekturstudent, der sein Modell anfertigen möchte. Oder eine Modedesignerin, die für ihre Entwürfe Knöpfe braucht. Oder Künstler, die sich eine ganz neue Methode von Bildhauerei erschließen wollen. Es sei noch gar nicht abzusehen, was in den kleinen Gemeinschafts-Tüftelbuden so alles entstehen könnte! Eine industrielle Revolution stehe uns durch den 3-D-Druck bevor, ähnlich umwälzend wie die Erfindung der Dampfmaschine und des Computers. Wir seien gerade erst am Anfang. »Aber einen Kettenverschluss können wir jetzt schon hinkriegen, oder?«, frage ich.

»Wie soll er denn aussehen?«

»Also eigentlich wie die Stiftkappe von einem Fineliner, damit ich die einzelnen Kabel zusammenhalten kann.«

»Okeeeeh. Also dafür könnten wir jetzt entweder auf der Seite thingiverse.org gucken, ob es schon Baupläne für so eine Kappe gibt. Oder wir konstruieren selbst ein Modell mit der Software netfabb. Oder wir finden so eine Kappe, tasten sie mit einem 3-D-Scanner ab und replizieren sie dann.«

»Ähhh.«

»Kann eine Weile dauern.«

»Ich dachte, das Verfahren heißt Rapid Prototyping?«

»Ja, aber bis man aus einer Idee ein Objekt geformt hat, braucht man schon Geduld. Da braucht man meistens mehrere Anläufe.«

Er kramt in einer Schatulle und findet einen Filzstift mit weißer Verschlusskappe, zieht sie ab, schneidet das geschlossene Ende ab, schiebt es auf meine losen Kabel.

»Geht auch so«, sagt er sichtlich zufrieden. »Aber ich wollte doch ein Fabber-Schmuckstückchen haben«, schmolle ich. Da beugt er sich wieder über die Kramkiste und zieht ein weißes Armband heraus. »Das ist von Armani kopiert«, sagt er. »Das Original ist allerdings aus Gold.«

»Und das hier, woraus besteht das?«

»Polymilchsäure, also ein Biokunststoff, der aus Zucker oder Stärke gewonnen wird. Das ist das Zeug, das du hier wie eine Verlängerungsschnur aufgerollt siehst.«

Ich betrachte die blauen, orangefarbenen und weißen Endlos-Filamente, dann die Kiste mit den Miniatur-Robotern und Armani-Fakes und Star-Trek-Broschen. Sieht nach einer ziemlichen Materialschlacht aus. Wenn 3-D-Druck das Verfahren der Zukunft ist, überlege ich, muss irgendjemand die Rohstoffe dafür liefern. Und das erzeugt wieder wirtschaftliche Abhängigkeiten von den Filamente-Herstellern, die dann über den Stoff der Zukunft verfügen. »Nicht unbedingt«, sagt der Treki. »Siehst du dahinten den jungen Mann, der gerade die Plastikbecher einsammelt? Der hat vielleicht die Lösung.« Ich ver-

VON EINER, DIE AUSSTIEG

abschiede mich mit dem Vulkanier-Gruß (erhobene Hand, die zwischen Ring- und Mittelfinger zum V gespreizt ist) und beame mich zum Bechersammler. Das Armani-Band nehme ich natürlich mit.

Marcus Thymark legt einen weißen Becher in ein Gerät, das er »Fila Maker« nennt. Dann dreht er mit einer ellenlangen Kurbel zwei Zahnräder aus Stahl an, die den Becher in konfettigroße Schnipsel zerschreddern. »Damit kann sich jeder sein eigenes Filament herstellen«, sagt der 27-Jährige. Man müsse nur noch einen Extruder anschließen, der die Schnipsel aufschmilzt und zu einer Fila-Wurst recycelt. Daran arbeite er noch. Die Baupläne für den Schredder und später den Extruder stellt er ins Netz, damit jeder die Geräte nachbauen kann. »Ich will, dass sich die Idee verbreitet«, sagt er. »Es geht mir nicht darum, Geld zu verdienen, sondern Respekt.« Das macht mich neugierig. Wiewarumwozu? Marcus erzählt mir, dass er in der Kommune Niederkaufungen bei Kassel lebt. Von der hatte ich bereits mehrfach gehört, weil es ein linkes soziales Wohn-, Arbeits- und Lebensexperiment ist, das bereits seit 1986 funktioniert. Etwa 80 Menschen leben dort in nicht hierarchischer, konsensorientierter, solidarökonomischer Gemeinschaft zusammen. Dort mache jeder, was er am besten kann, sagt Marcus. Der gebürtige Slowake arbeitet zum Beispiel in der Schlosserei, andere bringen sich beim Obst- und Gemüseanbau ein, machen Käse oder betreuen Kinder und Senioren. Weil er in Niederkaufungen nicht dem Druck ausgesetzt ist, Geld zu verdienen, kann er seine kreativen Kräfte dafür einsetzen, etwas für die Allgemeinheit zu schaffen. Alles, was er erschafft, ist Open Source und soll die Welt ein kleines bisschen besser machen.

Open-Source-Anhänger sind für mich Rebellen, die die Regeln einer überkommenen Wirtschaft aufsprengen wollen. Die Webseite »Open Source Everything Project« proklamiert, dass man mithilfe der digitalen Vernetzung das Ende des industriellen Zeitalters einläuten werde. Während die üblichen DIY-Objekte nicht wirklich mit industriell hergestellten Produkten mithalten können (siehe Papphocker) und Maker-Baupläne oft nur die existierenden Konsumgüter hacken (siehe Armani-Armband), gehe es bei Open Source darum, echte konkurrenzfähige Alternativen zu schaffen. Warum kann Otto Normalverbraucher sich nicht selbst ein Auto zusammenbauen? Weil die heutigen Autos nicht für den Nachbau designt wurden. Ein Auto mit all seinen Einzelteilen und den Werkzeugen müsste ganz neu gedacht werden, wenn es als Open-Source-Objekt funktionieren soll. »Fähigkeiten und Wissen wurden im Industriezeitalter immer weiter spezialisiert, bis die Gesellschaft den Produktionsprozessen und Gütern regelrecht ignorant gegenüber geworden ist, die ihren Lebensstandard begründen«, behaupten die Macher der Webseite. »Diese Ignoranz macht blind: gegenüber Konsumgütern, der Geldwirtschaft und dem wahren Wert der Dinge.« In der Wirtschaft der Zukunft soll das anders sein und der Nutzer entscheiden können, ob er ein Produkt kauft oder auf das Open-Source-Äquivalent zum Selbermachen zurückgreift. Dafür braucht es nicht nur überall eine »Santa Claus Maschine« – also einen 3-D-Drucker –, sondern zuerst einen Einstellungswandel: Wie unabhängig wollen wir wirklich sein?

Die Maker auf der Münchner Messe haben ein pragmatisches Verhältnis dazu. Sie fragen nicht viel, sie machen einfach. Weil sie es können – wie der Treki es formuliert hat. Es gibt aber auch Menschen, für die die Frage nach der Unabhängigkeit existenziell geworden ist. Die mit moderner Technik nicht nur ihre eigene Warenwelt neu erschaffen wollen, sondern am liebsten die ganze Weltordnung. Sie haben sich im »Zeitgeist-Movement« zusammengeschlossen. Ich bin auf die Bewegung über apokalyptische Filme im Internet gestoßen. In der Zeitgeist-Dokumentation *Addendum* wird beispielsweise mit Sym-

VON EINER, DIE AUSSTIEG

bolbildern und Agitatorstimmen der drohende Kollaps unseres kapitalistischen Systems vorhergesagt, das im letzten Jahrhundert schließlich nur zu immer mehr Katastrophen geführt hätte. »Es wird kein Zurück und keine Erholung geben«, heißt es da. Alles Schlimme wird in Zukunft noch schlimmer: Habgier, Korruption, Gewalt, Krieg, Massenmord, Hunger, Armut, Verschwendung, Umweltzerstörung, Angst. Ein totaler Zusammenbruch ist fast unausweichlich – wenn wir nicht endlich anfangen zu erkennen, was die Ursache für all die Probleme ist: unser sozioökonomisches System. Der materielle Wohlstand der westlichen Sphäre, der nicht von der Hand zu weisen ist, liege nicht im Kapitalismus oder in der Demokratie begründet, sondern im technologischen und wissenschaftlichen Fortschritt. Daran müsse man anknüpfen.

Die Zeitgeist-Bewegung hat als Logo ein geöffnetes Auge mit einem Erdball als Pupille. Nach eigener Auskunft organisieren sich weltweit eine halbe Million Anhänger in lokalen »Chapters« und machen dort ihrem Unmut über den Status quo Luft. In der *taz* hatte ich vorher die Behauptung gelesen, die Bewegung sei eine obskure Wissenschaftssekte. Wenn sogar die *taz* schon Kapitalismuskritiker als zu radikal empfindet, werde ich natürlich umso neugieriger. Ich fahre nach Köln, wo sich im März einige Anhänger der Bewegung zum »ZDay« treffen, um mir dort die Augen öffnen zu lassen.

In einem Kreis auf schwarzen Plastikstühlen sitzen vier Frauen und knapp 20 Männer mit Kreppband auf ihren Pullovern, auf dem ihr Vorname steht. Wir sollen sagen, was uns an diesem windigen Samstag im März in die Büros des Kölner Betahauses geführt hat. Da sitzt Henry, ein gelernter Kaufmann, der sich jetzt ganz dem Zeitgeist-Gedanken widmet und »kritisch wie die Sau« ist. Yussuf, ein stiller Physiker, der »direkt aus der Matrix« des akademischen Systems kommt und an dessen Intriganz verzweifelt. Ein paar Waldorf-Schüler, die einfach neugierig sind. Thomas, ein Flugbegleiter, der seine Langstrecken-flüge und sein Kommunikationstalent nutzt, um die weltweiten Zeitgeist-Chapter miteinander zu verbinden. Bill, ein Schau-spieler, Anarchist und Archäologe in lehmigen Schuhen und mit einem Metalldetektor hinter sich, der sich für verborge-ne Wahrheiten aller Art interessiert. Ein paar Studenten in der Selbstfindungsphase. Elke, die sich in Nachhaltigkeitsprojek-ten engagiert. Dieter, ein Elektriker bei den Stadtwerken, den die ganze Verlogenheit der Eliten ankotzt. Und noch ein paar andere, die immer wieder betonen, wie wegweisend die Zeit-geist-Filme im Internet seien.

Sie sind kaum als ein großes »Wir« vorstellbar. Jeder scheint seine eigenen Enttäuschungen aus dem System mitgebracht zu haben, die er nicht mehr länger allein zu Hause vor dem Com-puter ertragen möchte. Am flirrenden Blau des Bildschirms sind sie aufgewacht, als sie *Addendum* oder andere Dokumen-tationen gesehen haben. In den eindringlichen Worten des Filmemachers und geistigen Zeitgeist-Vaters Peter Joseph ha-ben sie Halt gefunden. Der mahnt in *Zeitgeist – Der Film*: »Wir sind in großen Schwierigkeiten.« Die Massenmedien würden uns manipulieren und nicht offenlegen, in welcher verbreche-rischen Art das Geldsystem unser aller Leben steuere. Dieses verhindere nämlich, dass Waren, Dienstleistungen und Ide-en wirklich zum Nutzen aller frei fließen könnten. Die Folge: Kriege, Hunger, Armut. Die Zeitgeist-Bewegung strebt nach einem radikal anderen wirtschaftlichen und gesellschaftlichen Modell, das nicht auf Geld basiert, sondern auf »objektiv wis-senschaftlicher Ressourcenanwendung«. Das heißt: Die mate-riellen und immateriellen Rohstoffe unserer Welt werden nicht mehr durch marktwirtschaftliche Prinzipien rationiert, sondern gleichberechtigt verteilt. Weil dann niemand mehr um seine Existenz kämpfen müsse, könne der Mensch sich seinen wah-ren Interessen widmen: forschen, lernen, reisen, sich engagieren, künstlerisch produktiv sein. Wie soll das gehen? Um sich in eine bessere Welt des 21. Jahrhunderts zu träumen, greifen die Zeitgeister auf das »Venus Project« zurück: In der Utopie muss die Welt völlig neu erschaffen werden. Die Städte sehen dann aus wie kreisförmig angeordnete Raumstationen aus Glas, Stahl und Plastik. Dazwischen schlängeln sich klare Flüsse mit Springbrunnen und blühen Gärten mit Palmen und Früchten. Über den Köpfen schweben Schnellzüge. Die Energie wird aus der Erdwärme gewonnen. Alle Lohnarbeit wird vollständig von Maschinen und Computern erledigt. Es gibt kein Militär, keine Polizei, keine Gefängnisse, keine Regierungen – denn allen geht es gut. Die Idee stammt von dem 97-jährigen Architekten Jacque Fresco. Er hat noch die Wirtschaftskrise 1929 in New York und die anschließende Suche nach neuen Ideen für eine tragfähige Gesellschaft mitbekommen. Aber keine – weder der Sozialismus noch der Kommunismus und schon gar nicht der Kapitalismus – erschien ihm geeignet, dauerhaft die Probleme der Welt zu lösen. Seitdem arbeitet er an seiner eigenen Vision einer »ressourcenbasierten Wirtschaft«. In Venus im Bundesstaat Florida hat er bereits ein Projektzentrum eingerichtet. Zwischen üppigen Gärten steht ein knubbeliges weißes Haus, das aussieht wie ein Raumschiff. Darin hat er Hunderte Modelle aufgebaut, die zeigen, wie die Städte der Zukunft zusammengesetzt werden könnten. Mehrmals im Jahr führt der kleine Mann mit der Glatze und dem Bogart-Hut jene Menschen durch das Projekt, die daran glauben, dass aus Science-Fiction irgendwann wissenschaftliche Realität werden könnte. Die Zeitgeist-Bewegung fand in Frescos Ideen die Visionen, denen ihre systemmüden Anhänger entgegenstreben können. Bis 2012 betrachtete sich die Bewegung sogar als aktivistischer Arm der Utopie. Dann zerstritten sich die Gruppen. Die futuristischen, auf technologischem Fortschritt basierenden Exit-Strategien teilen sie aber weiter.

Im Kölner Stuhlkreis erwarte ich deswegen Revolutionäres. Wenn hier die wahren Freigeister und Umdenker sitzen, dann müssen ja gleich die Funken fliegen. An welcher Wundermaschine wird hier gebaut? Welche autarken Kommunen werden hier hochgezogen? Mit welcher Währung wird hier bezahlt? Aber dann werden die Jalousien heruntergelassen, und wir gucken uns Filme und PowerPoint-Präsentationen an, die erklären, dass man die Menschen aufklären muss über das verlogene System und dass Zeitgeist einen Bewusstseinswandel einleiten muss. Der Wind pfeift heftig um das Kölner Hochhaus. »Hier drinnen klingt es schlimmer, als es draußen ist«, sagt einer, und ich denke, dass sich das nicht nur auf den Wind bezieht. Ich rutsche unruhig auf meinem Stuhl hin und her, frage, ob es denn schon ganz konkrete Aktionen gebe, um den Wandel herbeizuführen. Jenseits von bloßer Kritik. Einer sagt, er baue an einem Aquaponik-Modell herum – also einer kombinierten Fisch-Gemüse-Zucht, in der natürliche Kreisläufe künstlich nachgebaut werden. Ein paar reden vage von Open-Source-Ansätzen, die man doch weiterverfolgen könne. Einer will bald ein Permakultur-Beet anlegen. Ein anderer schlägt vor, man könne doch schon mal aufhören, Rundfunkgebühren zu zahlen, und das Mediensystem unterwandern. Ich habe den Eindruck, dass hier zwar Nachhaltigkeitsbegriffe gerne in die Runde geworfen werden, aber so richtig produktiv ist die Truppe noch nicht. Es kommt mir vor, als sei ich in einer Selbsthilfegruppe für anonyme Systemkritiker gelandet, in der es zuerst darum geht, festzustellen: Du bist mit deinen Zweifeln nicht allein. Das wusste ich aber schon länger – und es reicht mir nicht, mich in kritischer Gesellschaft zu befinden. Dann hätte ich mich auch Protestgruppen wie Occupy anschließen können, wenn ich nur einmal richtig Dampf über »die da oben« ablassen wollte. Ich möchte nicht bis zum Tag X warten, an dem eine kritische Masse die Institutionen stürmt, das Geld abschafft und sich dann umschaut, wer denn jetzt die schönen weißen Knubbelhäuser baut, in denen alle Menschen für immer glücklich sind.

Obwohl – die Knubbelhäuser finde ich eigentlich ziemlich lustig. Könnte man die nicht auch ohne einen utopisch gewaltigen Maschinenpark bauen? Und ohne erst alles abzureißen und mit neuen Rohstoffen aufbauen zu müssen? Wie bei den Makern konnte ich mir auch bei den Venus- und Zeitgeist-Ansätzen nicht vorstellen, dass es eine gute Idee war, die Ressourcen zwar aus den Händen der Mächtigen zu befreien – sie dann aber im gleichen Maße weiter auszubeuten und zu verschwenden. Wenn es wirklich um Unabhängigkeit geht, dann doch nicht nur von den Verteilern, sondern auch vom Verteilten. Dann reicht es nicht, sich vom Geldsystem zu lösen, sondern man muss auch versuchen, von endlichen Rohstoffen und fossilen Energien weniger abhängig zu sein. Und am Ende auch von Computern, Technik, technischer Intelligenz, die zumindest mein persönliches Gefühl des Fremdgesteuert-Seins befeuern. Also: Kann ein handwerklicher Dilettant ohne Baumaterial und schwere Maschinen seine eigene Scholle bauen?

Die Frage trage ich eine Weile mit mir herum. Es gibt zwar eine große Zahl von Öko-, Passiv- und Energiesparhäusern. Meistens sind sie jedoch noch von Energieträgern, Abwasseranlagen oder Rohstoffen abhängig. Erst im Recyclingmilieu stoße ich auf etwas revolutionär anderes: autarke Müllhäuser. Auf dem kargen Wüstenboden des US-Bundesstaates New Mexico steht eine ganze Siedlung, die aussieht, als wären dort Ufos abgestürzt und mit Erde, alten Autoreifen, Glasflaschen und Blechdosen zu Wohnhäusern umfunktioniert worden. »Earthships« heißen die Gebäude und kommen ohne Wasser-, Strom- und Kanalisationsanschluss aus, weil die Häuser alles selbst produzieren. Die Energie kommt von Sonnenkollektoren und einem Windrad, das Wasser wird aus Regen und Schmelzwasser gewonnen und in einer Natur-Kläranlage gereinigt. Weil das Erdschiff an einem künstlichen Hang von drei Seiten von Erde umschlossen ist, herrscht in den Räumen ein konstantes Klima. Innen und außen wachsen Kräuter, Obst und Gemüse. Die Idee stammt von dem US-Architekten Michael »Mike« Reynolds, der von Anhängern oft als Müllkrieger, Öko-Rebell oder grüner Held bezeichnet wird, weil er bereits seit 40 Jahren versucht, mit natürlichen und recycelten Materialien Häuser zu bauen, die von nichts und niemandem abhängig sind. »Wenn die Welt gerade den Bach runtergeht, bin ich auch tot«, sagt Reynolds in einem Dokumentarfilm über seine Arbeit. »Also versuche ich doch, meinen eigenen Arsch zu retten – und das setzt unglaubliche Kräfte frei.«

Earthships sind die perfekten apokalyptischen Unterkünfte: Man braucht für ihre Errichtung nicht mehr als Dreck und Abfälle. Sie sind so designt, dass sie jeder selbst errichten kann. Und sie brauchen keine funktionierende Infrastruktur ringsherum. In Katastrophengebieten zeigte Reynolds, wie aus Trümmern wieder Träume entstehen können. Nach dem Hurrikan Katrina oder dem Erdbeben in Haiti rückte der Architekt mit seinem Team an und half den Menschen, sich selbst ihre eigenen Notunterkünfte zu bauen. Viele sind in den Earthships auch nach dem Ausnahmezustand wohnen geblieben.

Ich würde mich gern einmal selbst von den Wunderhäusern überzeugen, aber sosehr ich mich auch umhöre: Es gibt niemanden in Deutschland, der sich hier ein Earthship baut. Das liegt nicht daran, dass es bei uns nicht genug Trümmer gäbe oder sich niemand dafür interessiert. Im Gegenteil – ich stoße bei meiner Suche auf sehr viele Gleichgesinnte, die sofort anfangen würden, Autoreifen und Dosen zu sammeln. Aber das deutsche Baurecht und die Deponieverordnung haben bisher allen Initiativen einen Riegel vorgeschoben. Autoreifen zu verbauen gilt als illegale Entsorgung von Müll, eine eigene Wasser- und Stromversorgung wird von den Behörden nicht genehmigt. Die nächsten Earthships stehen in Holland, Tschechien, Frankreich, England und Spanien. Und auch dort ist es gar nicht so einfach, jemanden zu finden, der tatsächlich selbst das Haus gebaut hat, jetzt darin wohnt und seine Erfahrungen teilen kann. Entweder gehören die Häuser einer Gemeinde oder einem Verein und sind ein schönes Anschauungsobjekt für nachhaltige Architektur. Oder sie sind eine überteuerte Öko-Ferienwohnung, in die man sich gegen viel Geld einmieten kann. Oder sie entstehen gerade erst. Die Einzigen, die wirklich in einem Earthship wohnen und mich dort empfangen würden, sind Lisa und Oscar. Das Paar lebt mit seiner Tochter auf einem einsamen Orangenhain im Süden von Valencia in Spanien. Gut, dass ich während meiner geldlosen Reise im Sommer sowieso da vorbeitrampen wollte.

An einem heißen Samstag im Juli stehe ich dann tatsächlich in einer winzigen Hütte mitten in der spanischen Wildnis. Es ist das erste Earthship überhaupt, das in Europa nach Reynolds' Methode gebaut wurde. Sein weißes Kuppeldach guckt aus einem aufgeschichteten Haufen Feldsteine heraus, auf dem mittlerweile grüne Hartlaubgewächse wuchern. Irgendwie erinnert es mich an ein Haus von den Schlümpfen. »Wir hatten keine Ahnung, was wir da tun«, sagt Lisa. Die gebürtige Australierin gibt Englischkurse in ihrer eigenen Sprachschule in L'Alcudia. Ihr Mann Oscar ist Musiker. Beide haben vor dem Bau des Earthships noch nie etwas Schweres mit ihren eigenen Händen gebaut. »Jedes Tier kann sich selbst sein Heim bauen, warum sollten wir es dann nicht können?«, fragten sie sich. Für Oscar war der Recyclingaspekt wichtig, weil er im spanischen Immobilienhype gesehen hat, wie viele Materialien auf Baustellen sinnlos verprasst wurden und jetzt leblose Investitionsruinen sind. Lisa wollte testen, was sie als Geisteswissenschaftlerin, Städterin, Frau mit eigenen Händen schaffen kann. Die beiden suchten im Internet nach alternativer Architektur und stießen auf ein Youtube-Video, in dem Schritt für Schritt erklärt wird, wie man sich die Earthship-Hütte baut. »Das haben wir uns Tausende Mal angesehen und es einfach ganz genauso nachgemacht.« Ein Jahr lang haben sie jedes Wochenende damit verbracht, von einem Schrotthändler alte Reifen zu besorgen, sie mit Erde vollzuschaufeln, festzudrücken, aufzuschichten. In die Zwischenräume steckten sie mit Erde befüllte Blechdosen. Das Gerüst für die Kuppel bauten sie wie einen Vogelkäfig aus Metallstangen, darüber trugen sie mehrere Schichten von in Zement getunkten Altkleidern auf. Dann verkleideten sie es noch mit wasserabweisendem Monocapa und Lehm. Eine autarke Strom- und Wasserversorgung installierten sie zunächst noch nicht – die Hütte sollte ja nur ein Testlauf sein, ob sie sich auch ein großes Earthship vorstellen konnten. Trotzdem zogen sie in die Mini-Maisonette-Schlumpfhütte ein und lebten dort fünf Jahre lang. »Wenn ich heute hier stehe, kann ich mir gar nicht mehr vorstellen, wie das ging«, sagt Lisa. Denn heute leben sie in einem ausgewachsenen, vollständig autarken Erdschiff – nur wenige Meter entfernt.

Es sieht nicht mehr so schlumpfhausenmäßig niedlich aus wie die Hütte, sondern wie ein langer verglaster Bungalow, der in einem Erdhügel drinsteckt. Es ist ein Vorzeige-Earthship, gebaut nach den Plänen von Mike Reynolds. 900 Autoreifen und 80 000 Dosen sind darin verbaut, alles ist mit Lehm, Holz und Natursteinen ausgestattet, durch das ganze Haus zieht sich ein grün bewuchertes Kiesbett, dessen Pflanzen das Brauchwasser filtern. Auf dem Dach sind zwei Solarpanelen installiert, deren erzeugte Energie bis zu vier Tage gespeichert werden kann. Wassertanks halten das gereinigte Brauchwasser und heizen es in der Sommersonne auf. Überall wuchern Rosmarin, Salbei und Lavendel. In einem Garten bauen sie ihr eigenes Gemüse an, und ein Hühnerstall steht auch schon. Es sieht fast zu paradiesisch aus. »Wir fühlen uns jetzt ziemlich wohl hier«, sagt Lisa, »aber wir sind keine Earthship-Idealisten. Es ist eine irre Arbeit.«

Oscar führt mich hinter das Haus vor einen halb mit Erde gefüllten Reifen und drückt mir einen riesigen Hammer in die Hand. Dann schippt er die trockene Erde in das Innere des Reifens, ich trampele mit den Schuhen darauf herum, bis ich glaube, dass er dicht ist. Oscar guckt mir amüsiert zu und schüttelt den Kopf. »Noch lange nicht«, sagt er. Ich müsse mit dem Hammer die Erde festklopfen. Ich haue wie eine Besessene auf den Reifen ein. Heavy Metal auf den Ohren würde jetzt helfen. In der spanischen Sommerhitze ist mein T-Shirt sofort durchgeschwitzt. Schon nach einer halben Stunde kann ich kaum mehr den Hammer heben. »Und das habt ihr 900 Mal gemacht? Wie soll das gehen?«, frage ich. »Das geht nicht allein«, sagt Oscar. »Wir hatten Hilfe vom Team America.«

»Sind das Superhelden?«

»So ähnlich. Wir haben das Haus nach Plänen gebaut, die wir Mike abgekauft haben. Er ist dann mit seinen Leuten hier eingeflogen, die haben sich die Schaufeln geschnappt und in wahnsinniger Geschwindigkeit die Reifen gefüllt.«

»Ihr habt den Müllkrieger persönlich kennengelernt?«

»Ja, er ist eine beeindruckende Person und auch ziemlich verrückt. Aber er hat es geschafft, viele Leute hierherzulotsen, indem er unsere Baustelle als praktische Seminarübung verkauft hat. Da waren Leute aus der ganzen Welt hier, die für ein Wochenende 400 Dollar und mehr bezahlt haben, um unsere Arbeit zu erledigen.«

»Krass.«

»Ja, manchmal zu krass. Wir waren ständig damit beschäftigt, die Leute zu verpflegen und zu gucken, dass sie alles richtig machen. Das war auch anstrengend.«

»Wenn ihr gewusst hättet, wie viel Aufwand so ein Earthship bedeutet – hättet ihr es dann gemacht?«

»Wir fühlen uns jetzt sehr wohl im Haus, haben keine Nebenkosten und sind stolz, es selbst geschafft zu haben, unser Traumhaus zu bauen. Trotzdem sehen wir uns nicht als Teil der Earthship-Bewegung, die sagt, dass die Häuser die beste Idee der Welt sind.«

»Wie meinst du das?«

»Manchmal kommen einem die Earthship-Anhänger vor wie eine Sekte, die in Earthships die Rettung der Welt sehen. Dabei ist es nur eine der Möglichkeiten, ein ökologisch nachhaltiges Haus zu bauen. Wir bekommen ständig Anfragen von Menschen aus aller Welt, die wissen wollen, wie wir das gemacht haben. Irgendwann mussten wir sagen: Stopp, aufhören. Wir wollen hier einfach nur in Ruhe leben.«

»Ohh, sorry.«

»Nein, schon okay. Wir verstehen das. Uns ging es ja mit der Hütte genauso. Da waren wir auch auf die Hinweise anderer angewiesen. Deswegen haben wir beim zweiten Haus angefangen, unsere Erfahrungen in einem Blog aufzuschreiben, und veranstalten jetzt immer mal Besichtigungstage. Wir sind von völligen Anfängern zu Experten geworden.«

Im Schatten der Maulbeerbäume gibt es später eine vegetarische Paella, die Oscar über dem offenen Feuer in seiner Gartenküche gekocht hat. Von meinem Stuhl aus gucke ich auf den Reifen, den ich vorhin versucht hatte zu stopfen. Ich weiß, dass ich persönlich zumindest in der nächsten Zeit keine Lust hätte, mir mein eigenes Katastrophengebiet zuzulegen, auf dem jahrelang Hunderte Reifen, Dosen und gewaltige Erdmassen lagern, die dann unter größtem Körper- und Helferverschleiß zu einem Haus verbaut werden. Aber was ich mitnehme von diesem Orangenhain, ist eine Erkenntnis, die ich auch schon in den FabLabs bei den Makern und eigentlich auch bei den Zeitgeistern im Stuhlkreis erfahren hatte: Wenn du dir die Welt so bauen willst, wie sie dir gefällt, dann brauchst du Zeit – und noch wichtiger: eine Gemeinschaft. Du kannst dich in ein recyceltes Schlumpfhaus vor dem Elend der Welt zurückziehen – wenn dir jemand zeigt, wie du es baust. Du kannst dich von der Geißel industrieller Massenware befreien – wenn dir jemand hilft, einen 3-D-Drucker zu benutzen. Du kannst deine Zweifel am Wirtschaftssystem in Hoffnung verwandeln – wenn du jemanden triffst, der dir Mut macht. Ich musste viele Tausend Kilometer fahren und mit vielen Menschen sprechen, bis ich den Kern des Open Source wirklich verstanden habe: Dass wir vieles selbst schaffen können, wenn wir unsere Erfahrungen teilen. Noch auf dem Orangenhain beschloss ich: Wenn ich zurück bin in meiner Wohnung, würde ich den zerknautschten Papphocker auf der Internetseite der Faltschulseite hochladen. Man konnte vielleicht nicht auf ihm sitzen – aber eventuell etwas von ihm lernen.

14. Teilen –
Modedroge Sharing

Ich glaube nicht, dass ich den Himbeer-Whoopies die Schuld daran geben kann. Aber mit ihnen hat es angefangen, dass ich Teil einer »revolutionären Bewegung« (*Süddeutsche Zeitung*) geworden bin, mich zu einer »kreativen Szene« von Umdenkern zählen darf (*Stern*) und einem »Lifestyle-Trend« folge (*Cosmopolitan*). Die Medien bezogen das nicht auf die Whoopies, sondern darauf, wie ich an sie herangekommen bin. In Blogs, Fernsehbeiträgen, Artikeln, auf Zukunftskongressen und in Wirtschaftsbeiräten war plötzlich immer häufiger davon die Rede, wie unglaublich toll und ressourcenschonend und weltrettend und karmafördernd und angesagt eine ziemlich simple Sache sei: das Teilen.

Seit die US-Amerikanerin Rachel Botsman ihr Buch mit dem Titel *What's mine is yours* veröffentlichte, steht die Behauptung in der Welt, dass meine Generation gerade einen Wertewandel vollzöge. Die Unter-35-Jährigen wollten nutzen statt besitzen. Haben ist out, Sein ist in. Wir hätten uns vom Materialismus des letzten Jahrhunderts befreit und begännen eine neue Ära des Konsumierens. »Wir haben mehr als 50 Jahre finanziell und ökologisch über unsere Verhältnisse gelebt«, schreibt Botsman, und dabei Wälder, Fische, Mineralien, Metalle und andere Rohstoffe ausgebeutet – und ziemlich viel Spaß dabei gehabt. Bis 2008. Dann schrien Märkte, Menschen und Mutter Natur: No more! Es sollte Schluss sein mit der Verschwendung. Botsman glaubt, es könne mit dem Spaß trotzdem weitergehen. Und zwar dank »Collaborative Consumption« oder, wie es in Deutschland heißt: KoKonsum. Wir häufen also nicht mehr individuell Besitztümer an, sondern teilen sie uns mit anderen. »Sharing« sei zwar nicht gerade eine superneue Erfindung, sondern natürliches menschliches Verhalten, aber das sei durch den Individualismus der letzten Jahrzehnte in den Hintergrund gedrängt worden. Jetzt haben wir ja das Internet und können uns endlich wieder natürlich verhalten.

Ist ja toll. Ich bin unter 35, will nichts Materielles mehr konsumieren und Internet habe ich auch! Also mal schauen, wie weit ich es mit dem Teilen im eigenen Leben treiben kann. Ist das nur ein Cosmo-Lifestyle-Trend oder eine echte Lebensperspektive für mich? Macht das Spaß oder Umstände? Um das herauszufinden, muss ich erst einmal in Erfahrung bringen, was sich eigentlich alles teilen lässt – ohne dass es irgendwo fehlt. Ich will mich ein Jahr lang dorthin begeben, wo Dinge übrig sind und weitergegeben werden. Ich will herausfinden, was ungenutzt herumsteht und ausgeborgt werden kann und welche Produkte sich von vornherein besser mit anderen teilen als selbst anschaffen lassen.

Ich beginne wieder einmal in meiner eigenen Wohnung. Am Anfang des einjährigen Konsumstreiks gibt es noch nichts, nach dem ich mich sehne – alles ist ja noch ausreichend vorhanden. Stattdessen frage ich mich: Was könnte ich mit anderen teilen? Am leichtesten ist es sicher mit Dingen, die für mich keinen Wert mehr haben, die ich aussortiert habe und als Müll abqualifiziere. Jeder Deutsche erzeugt jedes Jahr etwa 400 Kilogramm Abfall. Während ich am Anfang noch der gelernten Ex-und-hopp-Mentalität folge, wird mir im Verlaufe des Konsumstreikjahres immer mehr bewusst, was ich wiederverwenden oder neu erfinden könnte. Alte Konservengläser und Saftflaschen sammele ich, um sie mit Selbstgeerntetem zu befüllen. Nutzlose Deckel können als Kettenanhänger umdefiniert oder

Altkleider zu Tausch- und DIY-Zwecken gesammelt werden. Ich sammele Bäckertüten aus Papier, damit ich mein Gemüse vom Feld verpacken kann, hebe Plastikbecher für die Wildkräutertouren auf und horte aufwendig gestaltete Zeitschriften als Geschenkpapier. So vieles, was ich vorher als nutzlos angesehen habe, hilft mir jetzt über die selbst gewählte Kaufabstinenz. Meinen Müll gebe ich nicht so leichtfertig her. Nur eine Tonne bleibt weiterhin der Schandfleck meiner Verschwendung: die Biotonne. Vielleicht liegt das an meinem Vorsatz, mir weiterhin Lebensmittel zu kaufen. Vielleicht hängt es aber auch damit zusammen, dass ich erst lernen muss, wie viel ich auf meinem Gemüsefeld ernte und dann wirklich verbrauchen kann. Vielleicht ist es aber auch eine dumme alte Angewohnheit.

Über 80 Kilogramm Lebensmittel wirft jeder von uns jedes Jahr in die Mülltonne, wie der Filmemacher Valentin Thurn in seiner Dokumentation *Taste the Waste* recherchiert hat. Und das ist nur die Spitze des Lebensmittelmüllberges. Dazu kommt noch, was die Landwirtschaft auf den Feldern liegen lässt, weil es nicht den genormten Vorstellungen des Handels entspricht. Ein Kartoffelbauer erzählt in Thurns Film, er müsse manchmal die Hälfte seiner Ernte aussortieren, weil die Feldfrüchte zu knubbelig, zu groß, zu klein, zu hässlich seien. Dazu kommen die Unmengen, die die Supermärkte wegwerfen, wenn sie nicht mehr hundertprozentig frisch und perfekt aussehen. Bei meinen Mülltauchertouren zu den Containern der Supermärkte überzeuge ich mich selbst davon und beginne, die Lebensmittelverschwendung als unerträglich zu begreifen. Aber ich weiß, dass ich nicht nur mit dem Finger auf die anderen zeigen darf. Jetzt muss ich selbst schauen, wie viel Essbares ich verschwende. Mein erster Impuls: Natürlich nichts! Allerdings: Wenn ich Lebensmittel in die Biotonne kippe, sind sie meistens schon völlig hinüber, weil ich sie vorher zu lange im Kühlschrank unangetastet gelassen habe. »Der Verbraucher ist schizophren«, erzählt mir Thurn. Auf der einen Seite empfinde er Essen in der Tonne als Sakrileg, auf der anderen Seite wolle er immer nur die schönsten und frischesten Sachen auf dem Tisch haben – und sortiert rigoros aus, was auf den Tisch darf und was nicht. Durch dieses Konsumverhalten sind wir für den Hunger der Welt verantwortlich. Weil bei uns so viel weggeworfen wird, steigen die Weltmarktpreise für Lebensmittel in die Höhe und machen das täglich Brot in der Dritten Welt unerschwinglich. Das ist schrecklich, aber auch sehr weit weg. Das Argument »Iss dein Brot auf, in Afrika verhungern Kinder« hat bei mir noch nie besonders gut verfangen. Aber es wird eine Zeit kommen, in der auch wir es uns nicht mehr leisten können, so viel auszusortieren – weil es billige Lebensmittel nicht mehr im Überfluss geben wird. »Relativ unbemerkt von der Öffentlichkeit steuern wir auf einen ›Peak Phosphor‹ zu. Das ist ein wichtiges Düngemittel für die Landwirtschaft«, sagt Thurn. »Und wenn wir da das Fördermaximum überschritten haben, können wir nicht mehr so gedankenlos Kunstdünger auf die Felder hauen, um die Erträge zu steigern. Dann ist das Zeitalter der industriellen Landwirtschaft unausweichlich zu Ende – und wir werden gezwungen umzudenken.«

Also fange ich schon einmal an. Thurn hat eine Internetplattform initiiert, auf der man seine überschüssigen Lebensmittel teilen kann. Man meldet sich einfach bei Foodsharing an, legt einen »Essenskorb« an und beschreibt, was man übrig hat. Wer dafür Verwendung findet, kann sich das Körbchen an einem Treffpunkt oder direkt zu Hause abholen. Es ist wie die saubere und private Variante des Mülltauchens. Ich melde mich direkt nach dem Launch der Seite als eines der ersten Mitglieder an und beginne, meiner Stadt Präsentkörbe zusammenzustellen mit dem, was ich mit Sicherheit niemals mehr konsumiere, weil ich es von vornherein nicht mochte: Preiselbeeren (ohne Fleisch sinnlos), eingelegter Knoblauch (unliebsames Gastgeschenk), Dosenfisch (Geschmackssache), Schokoladenosterhasen (graue Materie), Instantkäse (Notfallvorrats-Überbleibsel). Das scheint aber auch andere nicht vom Supermarktregal wegzulotsen, oder es ist einfach noch niemand bei Foodsharing registriert: Es meldet sich jedenfalls niemand. Deswegen mache ich mich selbst auf die Suche zu den Lebensmittelrettern. Wer macht so etwas? Und warum? Und was gibt es da zu holen? Und da kommen die Himbeer-Whoopies ins Spiel.

Sie sind meine erste Teil-Habe überhaupt. Ich entdecke sie an einem Dienstag im Februar unter der Überschrift »Backmischung«, drücke auf den Reservieren-Button und bekomme wenig später eine E-Mail von Melanie, die mir ihre Adresse schickt und sagt, dass sie sich freut. Eine halbe Stunde fahre ich mit der Straßenbahn durch verschneite Stadtteile, die ich noch nie zuvor durchkreuzt habe. Die Kampfhund- und Bierflaschendichte wird mit jeder Station merklich höher an den Haltestellen. Das wird ja ein richtiges Shoppingerlebnis, denke ich und navigiere mich durch verschlammte Seitenstraßen bis vor ein unsaniertes Gründerzeithaus. Ein Assi brüllt aus dem obersten Stock, dass die Klingel nicht funktioniert und was ich denn wolle. »Himbeer-Whoopies!«, rufe ich zurück, und seinem Gesichtsausdruck zufolge hat er nichts damit zu tun. Ich versuche, irgendetwas von Lebensmittelteilen und Treffpunkt zu erklären, worauf er mir ein Bier anbietet und auf den Summer drückt. Ich bleibe im ersten Stock hängen, wo ich Melanie und die Whoopies treffe.

Sie steht mit einer Plastiktüte in der Tür zu ihrer Dreiraumwohnung. Plastikspielzeug liegt auf dem Laminat. Es riecht nach Frittenfett. »Ich bin gerade erst von der Arbeit nach Hause gekommen«, sagt Melanie entschuldigend. Sie arbeitet in einer Imbissbude in der Innenstadt, ihr Mann in der Großküche der Diakonie. »Den Geruch wird man nicht so schnell los.«

Beide müssen in ihrem Job jeden Tag Unmengen von gutem Essen in die Mülltonne werfen, wenn nicht genug Abnehmer an den Essenstheken anlanden. Das tue ihnen weh. »Aber da kann man nichts machen.« Melanie erzählt, dass sie von Foodsharing aus dem Fernsehen erfahren und dann gleich in die eigenen Schränke geguckt habe. Die Himbeer-Whoopies seien irgendwann in einem Kaufrausch in ihrem Einkaufswagen gelandet – und seit Jahren unangetastet geblieben. »Aber eigentlich war ich auch neugierig, wer da wohl so mitmacht.« »Sie waren also ein Köder!« »Ja, und es hat geklappt«, antwortet Melanie. Sie gibt mir die Tüte, in die sie noch kleine Pralinen und Lollis gesteckt hat. Schon sind wir zwei Teiler die ersten zwei Teile einer angeblich revolutionären Bewegung.

In den nächsten Monaten werden viele weitere dazukommen. Eine Mutter, die chinesische Instantnudeln aus dem Schrank weghaben will. Ein junges Paar, das noch zwei Flaschen Wermut von der letzten Party übrig hat. Eine Rentnerin, die zu viel Marmelade eingekocht hat. Ein Öko-Aktivist, der zum Abernten seiner Obstbäume aufruft. Ich komme ziemlich viel herum in meiner eigenen Stadt und blicke in viele Wohnzimmer, wo ich vermutlich mehr Kaffee, Gebäck und Geschichten abstaube als übrig gebliebene Lebensmittel. Es geht irgendwann nicht mehr nur um das gute Gewissen und genießbare Gaben. Das Teilen von Lebensmitteln führt fast immer auch zum Teilen von Lebenszeit. Das ist schön, wenn man ausreichend davon für das Einsammeln von Nahrung zur Verfügung hat. Aber ich bin ja noch auf anderen Feldern als der Biomüllvermeidung unterwegs.

Ich will herausfinden, was ich zwar selbst noch brauche, aber auch mit anderen gemeinsam nutzen kann. Was eignet sich dafür? Eine wichtige Rolle spielt die Verweildauer: Je länger ein Objekt unangetastet im Schrank herumliegt, umso eher kann man es ausleihen. Das beliebteste Beispiel überzeugter

KoKonsumenten ist die Bohrmaschine. In der Studie der Heinrich-Böll-Stiftung über *Nutzen statt Besitzen* rechnen die Autoren vor, dass ein normaler Haushaltsbohrer so konstruiert ist, dass er etwa 300 Stunden laufen kann, aber meistens von seinen Besitzern nicht mehr als 45 Minuten genutzt wird. Der Bohrer könnte bei optimaler Auslastung also theoretisch an sechs weitere Personen verliehen werden. Dadurch würde man sechs Bohrmaschinen nicht produzieren – und sechs Mal weniger Ressourcen und Energie für deren Herstellung verschwenden. Das ist gut für den Planeten und das Portemonnaie, und jeder kann weiter seine Löcher bohren. Je ressourcenintensiver ein Produkt in der Herstellung ist, umso sinnvoller ist ein gemeinsames Nutzen, heißt es in der Studie. Eine Bohrmaschine ist demnach ein lohnenswerteres Tauschobjekt als ein Hammer.

Ich durchforste meine Wohnung nach Sachen, die schon lange unangetastet vor sich hin verweilen. Bücher, CDs, DVDs in den Regalen, ein Heißlockengerät unter dem Bett, die Bohrmaschine in der Werkzeugkiste und ein altes Reservefahrrad vor dem Haus – mehr Auslagerbares finde ich nicht in meiner kleinen Stadtwohnung. Für Staubfänger wie Saftpressen, Waffeleisen, technisches Equipment oder umfangreiches Handwerkerzubehör habe ich weder Platz noch Verwendung. Ich bin in den letzten Jahren zu oft umgezogen, als dass ich solchen Krempel ständig von A nach B schleppen mag. Menschen, die sich keine lange Verweildauer an einem Ort zugestehen, häufen von vornherein erst gar nicht so viel an oder misten ständig aus, um frei von unnötigem Ballast zu sein. Die Idee des »Cult of Less« fasziniert mich schon eine Weile. So hieß ursprünglich ein Blog des New Yorker Software-Ingenieurs Kelly Sutton, der es schaffen wollte, nur noch zwei Koffer und zwei Kisten mit Besitztümern zu haben. Sutton bezeichnet sich selbst als Hipster, der sich nur mit seinem Laptop bewaffnet von einer Großstadt zur nächsten bewegt. Er programmierte eine Seite, fotografierte jeden seiner Gegenstände, kategorisierte sie in »Behalten« und »Verschenken« und lieferte damit der Minimalisten-Bewegung neuen digitalen Auftrieb. »Ich bin kein Asket oder Einsiedler«, schrieb Sutton nach Ende seiner Aktion. »Ich habe einfach nur herausgefunden, dass viel Zeug auch viel Stress bedeutet.« Er sehnte sich nach größtmöglicher Freiheit, und für die braucht es nicht viel, sondern möglichst wenig. »Lifestyle of Volontary Simplicity« oder »Freiwillige Einfachheit« nannte bereits 1930 der Soziologe Richard Gregg diesen Lebensstil, »den es wohl seit Diogenes, Franz von Assisi und Gautama Buddha in allen Ländern, Religionen und Zeitepochen gibt.« In unserer Zeit umreißt das Akronym LOVOS eine Gruppe von Menschen wie den New Yorker Hipster, die sich aufgrund ihrer unsteten Beschäftigungsverhältnisse und Lebensentwürfe im Postmaterialismus eingerichtet hat. Auch in deutschen Großstädten gibt es viele dieser LOVOS, besonders unter Studenten, jungen Medienarbeitern und Künstlern. Weil die zwar möglichst wenig mit sich herumschleppen, aber trotzdem möglichst viel benutzen wollen, hilft ihnen das Prinzip des Teilens.

»Ich lag in Kapstadt am Strand und habe diese krassen Wellen gesehen«, erzählt Philipp Glöckler. »Damals dachte ich: Wo bekomme ich jetzt ein Surfboard her? Man müsste eine App auf dem Smartphone haben, die einem zeigt, welcher Freund welche Sachen hat.« Als der 29-Jährige zurück in seiner Heimatstadt Hamburg war, gründete er mit einem Freund zusammen Whyownit.de, eine Verleihplattform, auf der man seinen Hausstand hochladen und mit Freunden teilen kann. Wenige Monate seit die App online ist, treffe ich Philipp in einem Café in Berlin Mitte, vor ihm gruppieren sich ein Teeglas mit Filzband, ein iPhone, Kopfhörer und ein amerikanisches Marketingbüchlein. Er sieht nicht aus wie ein Postmaterialist mit seiner Truckermütze und der Rahmenbrille, zumal er direkt nach seinem BWL-Studium an einer privaten Business School den Avocadostore gründete – einen Online-Marktplatz für nachhaltige Produkte – und den ersten Carot Mob in Deutschland initiierte. Das ist ein Flashmob oder Smartmob, bei dem sich eine Gruppe von Unterstützern dazu bereit erklärt, in einem speziellen Laden für gewisse Zeit einkaufen zu gehen, wenn sich der Besitzer dazu bereit erklärt, einen Teil des Umsatzes für den Klimaschutz einzusetzen. Philipp glaubt wie viele Anhänger der Shareconomy, dass wir nicht unsere Bedürfnisse hinterfragen müssen, sondern wie wir sie befriedigen. Mit bewusstem, nachhaltigem, besserem Konsum. »Ich will nicht die Welt retten wegen Ressourcenknappheit«, sagt Philipp, »die Karte spiele ich echt nicht. Ich will einfach nur Usern ermöglichen, mit Bedacht zu konsumieren.« Wer sich bei Whyownit.de anmeldet, sei meist unter 35, habe einen höheren Bildungsabschluss und nutze ein Smartphone – eine mehr oder weniger homogene soziale Gruppe. »Am Ende laden alle den gleichen Kram hoch«, sagt Philipp. Bohrmaschine, Bücher, Filme, Sportgeräte. Genau mein Portfolio.

Auch ich melde mich bei Whyownit.de an. Ebenso bei allen anderen kostenlosen Verschenk-, Tausch- und Teilplattformen im Internet, die während meines Konsumstreikjahres im Netz existieren. Mein Elan ist groß. Ich will keine Gelegenheit unversucht lassen, mithilfe des Netzes nicht mehr einkaufen gehen zu müssen. Objekte zum Verleihen kommen zu frents.com, wir.de und leihdirwas.de. Sachen zum Verschenken stelle ich bei eBay Kleinanzeigen, freecycle.org oder netcycler.de ein. Mein halber Kleiderschrank hängt bei kleiderkreisel.de. Ich fotografiere meine gesamte Wohnung, um bei AirBnB, fewo-tausch.de und haustauschferien.com unterzukommen, damit ich während meiner nächsten Ferien keine Unterkunft mieten muss, sondern ertauschen kann. Für kurze Aufenthalte in fremden Städten und Ländern registriere ich mich bei den Bettenbörsen couchsurfing.org, hospitalityclub.org und bewelcome.org. Schließlich preise ich auch mich und meine Fähigkeiten bei Zeitleihportalen wie exchange-me.de und timerepublic.com an. Diese ganzen Profile anzulegen dauert ewig. Während ich auf die Bestätigungsmails meiner Registrierung warte, überfällt mich ein mulmiges Gefühl. Ein Hackerangriff auf meine Festplatte oder eine NSA-Ausspähung könnten vermutlich nur geringfügig mehr über mein derzeitiges Leben verraten. Von den Sachen, die ich auf der Haut trage, bis zu den Wänden, die mich umgeben, habe ich alles mit Bild und Beschreibung an eine anonyme, fremde Masse preisgegeben. Natürlich habe ich nicht überall den gleichen Nutzernamen, und es wird kaum jemanden geben, der alle Profile kombiniert und auf mich zurückführt. Trotzdem fühle ich mich entblößt und verletzbar wie eine Schildkröte, die ihren Panzer abgelegt hat. Gehört das T-Shirt wirklich noch ganz allein mir, wenn ich es bei kleiderkreisel.de zum Tausch anbiete und andere sich bereits mit ihm identifizieren? Ist die Bohrmaschine wirklich noch allein mein Werkzeug, die bei whyownit.de steht, oder ist sie schon zum Gemeingut geworden? Wie privat ist meine Wohnung, wenn jeder angemeldete Wohnungstauscher sie schon jetzt virtuell begehen kann? Ich habe das Gefühl, die Dinge um mich herum gehörten schon gar nicht mehr mir ganz allein. Selbst wenn niemand sie jemals über ein Portal anfragt – allein die Tatsache, dass ich sie freigegeben habe, enteignet mich psychologisch. Wenn man sich nur bei einem Tausch- oder Teilportal anmeldet, kommt dieses Gefühl vielleicht nicht auf. Mal einen Essenskorb packen, mal einen abholen, das geht. Aber ich verschaffe gerade einer Netzgemeinschaft radikalen Zugang zu fast allen Lebensbereichen – Essen, Kleidung, Wohnung, Einrichtung, Talente, Freizeit. Dabei kenne ich die meisten Leute auf der anderen Seite des Bildschirms gar nicht. Will ich irgendjemandem da draußen wirklich meine Heißlockenwickler ausleihen?

VON EINER, DIE AUSSTIEG

»Es gehört zum Teilen dazu, dass man mit der Welt in eine andere Beziehung tritt«, sagt Nikolai Wolfert. »Beim Tauschen und Kaufen bleiben die Gesellschaftsmitglieder distanziert, das Teilen verbindet.« Denn beim Teilen geht es nicht mehr um den Vorteil des Einzelnen, es funktioniert nur in einer Gemeinschaft. »Teilen ist immer auf Solidarität und sogar am Ende auf Liebe bezogen«, sagt Nikolai. Der Dreißigjährige hat sich mit kapitalismuskritischen Ansätzen schon während seines Techniksoziologie-Studiums beschäftigt. Jetzt bringt er es ganz praktisch in sein Umfeld ein. Im Berliner Prenzlauer Berg hat Nikolai den ersten Leihladen Deutschlands eröffnet. Mit seinem lilafarbenen Kapuzenpullover sitzt er zwischen Vitrinen voller Geschirr, Töpfen, Gläsern, Kinderholzspielzeug, Gesellschaftsspielen, Werkzeugen und Computerboxen. Das Konzept von »Leila«: Ein Mitglied bringt beispielsweise einen Topf in den Laden ein und darf sich dafür eine Pfanne ausleihen. Die muss aber zurückgebracht werden, denn jede eingebrachte Ware wird vergesellschaftet. Anders als bei Umsonstläden: Dort werden zwar auch aussortierte Waren – meistens ohne Gegenwert – weitergegeben. »Aber die Gegenstände wechseln dann den Besitzer«, erklärt Nikolai. »Sie werden erst entprivatisiert und dann wieder privatisiert.« Genau das will Nikolai mit dem Leihladen aufbrechen. Bei ihm werden private Güter zu Gemeingütern umdefiniert. Nikolai hofft, dass es in Zukunft mehr solche gemeinschaftlich genutzten Güter gibt, weil sie aus ökologischer und ökonomischer Perspektive das nachhaltigste Prinzip seien. Jeder bringt etwas ein, und alle können es dann nutzen. »Der Kommunismus hat versucht, alle Güter zu verstaatlichen, der Kapitalismus will alles privatisieren. Der dritte Weg besteht darin, Güter zu vergemeinschaften.«

Der Versuch, wieder mehr gemeinschaftliche Sphären in unsere Gesellschaft einzubringen, wird von manchen als »Commonismus« bezeichnet. Das Wort klingt zwar wie eine linke Ideologie, versucht aber nur, die verschiedenen Akteure zusammenzufassen, die so etwas Abstraktes wie Gemeinwohl zum Leben erwecken. Dazu gehören urbane Gärtner genauso wie DIY-Aktivisten oder eben Leihladenbesitzer. »Es ist nicht mehr zu übersehen«, heißt es in dem Bildband *Stadt der Commonisten*, »dass eine neue Generation von Do-it-yourself-Aktivisten die postfordistische Stadt als Labor für soziale, politische, ökologische und ästhetische Experimente nutzt.« Die Commonisten würden das Verhältnis von Konsum und Produktion hinterfragen und den Warencharakter der Dinge und des ihnen eingeschlossenen Wissens problematisieren.

Will heißen: Eine wachsende Zahl von jungen Menschen will es nicht länger hinnehmen, dass die private Wirtschaft wie mit einem großen Rüssel alles aufsaugt und kommerziell verwertet, was doch eigentlich allen gehört. »Commons« ist der englische Begriff für Gemeingüter oder Allmenden, die uns überall umgeben: Es gibt natürliche Allmenden wie Wasser, Wälder, Boden, Fischgründe, Luft, Artenvielfalt oder die Atmosphäre. Aber auch soziale Allmenden wie Plätze, Parks, Gärten, der Feierabend oder das Wochenende, oder kulturelle Allmenden wie unsere Sprache, Erinnerungen, Bräuche oder Wissen. Der Gedanke, dass jeder darauf freien Zugriff haben sollte, taucht in letzter Zeit häufiger auf, seit sich die private Geldwirtschaft in die Krise manövriert hat. »Die Lösung der gegenwärtigen Probleme besteht nicht darin, dass sich der Staat zurücknimmt, um dem Markt Platz zu schaffen, sondern dass er vortritt, um den Gemeinschaften die Rechte an ihren Gemeingütern zu sichern«, heißt es in dem Report *Commons* der Heinrich-Böll-Stiftung. Denn Gemeingüter können eine Möglichkeit sein, unser »zivilisiertes Überleben« im 21. Jahrhundert zu sichern. Ihr Wesen ist die Gemeinschaft: Wer in einem Gemeinschaftsgarten die Möhren wässert oder aus Paletten Möbel baut, tut das nicht, weil er Geld damit verdienen will, sondern weil er die Erfahrung, den Austausch, die Geselligkeit schätzt. Es ist ein freiwilliges Einbringen, ein Dienst für die Nachbarschaft. Dadurch können Gemeingüter mit viel weniger Geld realisiert und verbessert werden als Güter der Privatwirtschaft. Sie sind geldeffizienter – und das kann in einer Wirtschaft ohne Wachstum sinnvoll sein.

Allerdings klebt an der Allmende ein dunkler Schatten: Die *Tragik der Allmende* sei es, dass jedermanns Eigentum auch niemandes Eigentum sei, behauptete der Biologe Garret Hardin schon 1968. Bei erschöpfbaren Gütern wie einer Weideallmende würde jeder so lange die Fläche nutzen, bis sie ausgelaugt sei, wenn die Zahl der Nutzer ein bestimmtes Maß übersteigt. Jeder würde nur darauf schauen, seinen persönlichen Nutzen zu erhöhen, die Kosten trage die Gemeinschaft. Hardin schlussfolgert: »Die Freiheit der Gemeingüter ruiniert am Ende alle.« Diese Kritik blieb lange fast unwidersprochen. Erst die amerikanische Politikwissenschaftlerin Elinor Ostrom untersuchte in ihrem Hauptwerk *Die Verfassung der Allmende*, wie sich die Tragik überwinden lässt. Kurz gesagt: Es braucht auch für Gemeingüter klar definierte Regeln, die festlegen, wer wie wo auf Allmenderessourcen zugreifen darf. Dann könnte selbst organisiertes, lokales, kollektives, gemeinwohlorientiertes Wirtschaften sinnvoller sein als staatliche oder privatwirtschaftliche Kontrolle. Ostrom bekam dafür 2009 den Wirtschaftsnobelpreis verliehen – und die Allmende war wieder in aller Munde.

Als ich mich in der Szene der neuen Commonisten mit ihren basisdemokratischen Hausprojekten und offenen Treffs umsah, war mir oft nicht ganz klar, was denn nun das revolutionär Neue daran sein sollte. Alternative ökonomische Ansätze wurden doch mindestens schon seit den Siebzigerjahren von unterschiedlichen sozialen Gruppen gelebt. Die Friedensbewegung, die Anti-AKW-Bewegung, die Grünen, Ökos, Frauenrechtlerinnen und die Anders-Leben-Bewegung: Sie alle setzten auf kollektivistische Ansätze und lebten sie in ihrer Nische aus. »Es war alles schon da«, sagte die linke Publizistin Elisabeth Voß während ihres Vortrags auf dem Kongress für Solidarische Ökonomie in Wien. Aber es hat sich etwas an der Dringlichkeit geändert. »Früher hatten die Alternativen das Gefühl, ihnen läge die Welt zu Füßen.« Es war möglich zu träumen, sich in wilde Experimente zu stürzen und bürgerliche Entwürfe radikal abzulehnen. Eine Rückkehr dorthin blieb aber immer möglich. »Heute gibt es die Grundsicherheit nicht mehr.« Was jetzt an Alternativen ausprobiert wird, ist keine bloße utopische Spielerei mehr, sondern kann in einem trudelnden wirtschaftlichen System überlebensnotwendig werden.

Menschen wie Nikolai im Leihladen wollen deswegen nicht nur über ein alternatives Gesellschaftssystem diskutieren, sondern machen pragmatische Angebote, es bereits jetzt zu leben. Als ich im Leihladen zwischen all den Tassen und Fitnessgeräten und Krimskrams stehe, kommt ein Mann mit einem Bollerwagen vorbei, auf dem er einen Computermonitor und wuchtige Boxen gelagert hat. Er fragt, ob er sie hier abgeben könne. Nikolai schüttelt bedauernd den Kopf. Die Zeit solcher Geräte sei abgelaufen, das wolle auch in einer Tausch- und Teilökonomie niemand mehr haben. »Oder kennst du irgendjemanden, der noch so einen dicken PC-Bildschirm braucht, Greta?« Ich schüttele den Kopf und denke, es geht wohl offensichtlich nicht nur mir so, dass ich am leichtesten meinen Müll hergeben kann. Aber wenn das alle so machen: Kann man dann in der Teil-Welt überhaupt irgendetwas Sinnvolles finden?

Obwohl ich es mir fest vorgenommen habe, besuche ich die Internetseiten zum Tauschen und Teilen im Verlauf des Konsumstreiks nur sehr selten, auf denen ich mich am Anfang überall registriert habe. Denn bei ganz konkreten Sachen hilft mir das Internet nicht weiter. Keiner meiner Freunde ist zum Beispiel auf den Leihplattformen registriert. Wenn mich am Strand von Kapstadt also urplötzlich das Bedürfnis nach einem Surfboard überfällt, müsste ich alle meine südafrikanischen Beachboy-Freunde einzeln anrufen und fragen, ob sie mir eins ausleihen. Das ist bisher allerdings noch nicht nötig gewesen mangels Surferfahrung, Südafrikaaufenthalten und Telefonnummern von Beachboys.

Nur in einem Bereich werde ich digitaler Teil-Haber: beim Autofahren. Entweder ich fahre bei Leuten mit, die ihre freien Autositze über mitfahrgelegenheit.de, blablacar.de, bessermitfahren.de, drivemee.de oder fahrgemeinschaft.de anbieten. Oder, wenn es wirklich nicht anders geht, steige ich auch selbst in ein Auto, das ich mir mit anderen teile. In Leipzig gibt es das Carsharing-Netzwerk teilAuto, dank dem ich über einen ganzen Fuhrpark vom elektromotorischen Smart bis zum Diesel-Kleinbus verfügen darf. In mittlerweile über 300 anderen deutschen Städten gibt es die Carsharing-Angebote von Flinkster (Deutsche Bahn), Car2Go (Daimler-Konzern), Drive-Now (BMW), Cambio und Stadtmobil. Viele Autos stehen nur wenige Gehminuten von meiner Wohnung entfernt, und ich muss mir nie Gedanken darüber machen, ob ich für »mein« Auto einen Parkplatz finde, wann es gewartet werden muss, wie ich Winterreifen aufziehe. Ob ich damit Geld spare, kann ich nicht genau sagen. Ich besitze ja kein Vergleichsauto. Die Stiftung Warentest hatte allerdings in einer Modellrechnung vorgerechnet, dass man bei 5000 gefahrenen Kilometern im Jahr bei Carsharing auf durchschnittliche Kosten von 138 Euro kommt, mit einem vergleichbaren eigenen Wagen dagegen auf 206 Euro. Allerdings spare ich ja nicht nur die laufenden Betriebskosten, sondern zahle auch keinen Kaufpreis und keine Stellplatzmiete. Aber es geht nicht nur um das Geld – ich will vor allem keinen Stress. Und da bin ich nicht allein: Jeder fünfte Deutsche unter 35 Jahren lebt mittlerweile in einem Haushalt ohne Auto – nicht nur weil es teuer und umweltbelastend ist, sondern weil an einem Auto viele Verpflichtungen hängen. Laut einer Studie des Instituts für Mobilitätsforschung – einer BMW-Tochter – aus dem Jahr 2011 verliert das Auto immer mehr an Anziehungskraft für junge Erwachsene ohne Familie und berufliche Verpflichtungen. Es taugt offenbar nicht mehr in allen Sphären zum Statussymbol.

Zu behaupten, dass mich schöne Dinge im Konsumstreik nicht mehr reizen, wäre allerdings gelogen. So einfach komme ich nicht aus meiner Haut. Ich durchstöbere die Tausch- und Teilkataloge der anderen, wie ich früher Online-Shops durchgescrollt habe. Tauschwohnungen auf Mallorca bei Häusertauschbörsen, Designerkleider bei kleiderkreisel.de, Möbel auf Verschenkportalen. Es gibt wirklich alles Mögliche da draußen, und ich bemerke, wie der konsumistische Reflex des Habenwollens kein bisschen verschwindet. Ich dachte, ich würde im Konsumstreik lernen, mich materiell zu bescheiden. Stattdessen übe ich, wie ich weiter Zeug anhäufen kann – ohne Geld dafür zu bezahlen.

Die Suche nach schönen und nützlichen Dingen beschränkt sich jetzt nicht mehr nur auf die Zeit, wenn ich im Internet oder in Einkaufsstraßen unterwegs bin. Sie hört eigentlich nie auf. Wenn ich auf der Straße eine Sperrmüllsammlung sehe, durchforste ich sie nach Brauchbarem. Wenn Freundinnen ihren Schrank ausmisten, halte ich die Tüte auf. Und wenn nach einer Party vom Buffet oder der Dekoration noch etwas übrig bleibt, trage ich es in Vorratsdosen nach Hause. Der materielle Jagdtrieb ist nicht weg, er hat sich nur auf andere Ebenen verlagert. In einem amerikanischen Buch über Konsumforschung aus den Achtzigerjahren hatte ich einmal vom Diderot-Effekt gelesen, der erklärt, wie Menschen einen Kaufzwang entwickeln. In dem Essay *Gründe, meinem alten Hausrock nachzutrauern* beschreibt der französische Philosoph Denis Diderot, wie er einst einen neuen scharlachroten Morgenmantel geschenkt bekam und sich deswegen von seinem zerschlissenen, mit Tinten-flecken übersäten Mantel trennte. Das neue »verfluchte Luxus-kleid« passte aber nicht mehr zu seinem restlichen Hausrat, zu den lose an die Wand gehefteten Stichen, den lieb gewonne-nen Gipsabdrücken von Freunden. Er kaufte weitere neue Lu-xusartikel, damit eines zum anderen passte. Diderot verflucht die Sucht, teure, seelenlose Gegenstände anzuhäufen, die sein Herz vergiften. Nur einen alten Flickenteppich behält er, der ihn daran erinnert, wer er wirklich ist.

Bei mir ist es umgekehrt: Ich sammele den alten Plunder der anderen und versuche, ihn mit meinem Lebensstil zu har-monisieren. Dadurch kehrt eine bis dahin ungekannte Freude an der Unperfektion ein. Ein Metallregal darf Rostflecken ha-ben, wenn ich es vom Schrottplatz mitnehme. Eine Strickjacke darf flusige Ärmel haben, wenn ich sie auf einer Tauschparty mitnehme. Und auf einer Obstkiste soll sogar noch der Wer-beaufdruck drauf sein, wenn ich sie vom Gemüsehändler ge-schenkt bekomme. Je mehr Seele ein Objekt mit sich herum-trägt, umso faszinierender finde ich es. Auch ich erfahre eine Konsum-Kettenreaktion, aber in genau die andere Richtung: Zu meinen Fundstücken und Tauschobjekten passt irgendwann nicht mehr der teure Burberry-Mantel, und ich freue mich, als ich in einem Kleidersack eine trashige Achtzigerjahre-Version davon finde. Ich erlebe den Anti-Diderot-Effekt.

Das macht ziemlich viel Spaß. Weil ich ständig auf der Su-che nach Charakterobjekten bin, kann ich meinen Konsum-streik auch nicht lange geheim halten. Ist der Ruf erst ruiniert, sammelt es sich völlig ungeniert. Freunde, Familie, Nachbar-schaft – sie wissen um meine geldlose Sammelei und unterstüt-zen mich mit Hinweisen, Spenden und Leihgaben. Das über-rascht mich: Am Anfang des Selbstversuchsjahres glaubte ich, dass autark und unabhängig sein auch mit einer gewissen Ver-einsamung einhergehen würde. Doch das Gegenteil ist der Fall:

Ich brauche die Menschen um mich herum mehr denn je. Und ich traue mich auch, es zu zeigen. Indem ich mir für eine bestimmte Zeit eine künstliche Not geschaffen habe, in der Geld nicht mehr zur Lösung von Problemen taugt, traue ich mich, andere um Hilfe zu bitten. Und das verändert letztlich, wie wir alle miteinander umgehen.

Geld entfernt uns voneinander. Wenn wir es haben, können wir jedes Bedürfnis sofort monetär befriedigen: Sachen bestellen, Dienstleistungen buchen. Bezahlen. Ende der Geschichte. Wenn wir es weglassen, fangen wir an, wieder mit der Welt in Beziehung zu treten. Ohne Geld entdecke ich andere Währungen – wie Freundlichkeit, Respekt, Hilfsbereitschaft, Offenheit, Kommunikation. Das muss man sich noch nicht einmal strategisch vornehmen, es passiert ganz automatisch.

Als die Holunderbüsche im kleinen Nachbarschaftsgarten blühen, schleppe ich die Leiter aus dem Keller und lege die weißen Dolden in einen Korb. Es ist sommerlich warm, und die Kinder aus den anderen Wohnungen gucken neugierig, was die verrückte Gartentante da schon wieder macht. »Ich will Sirup machen«, sage ich. »So schmeckt nämlich der Sommer.« Die Kinder runzeln die Stirn. »Jedenfalls mit Sekt und Limetten drin.« In der Küche habe ich leere Glasflaschen vom Kiezcafé, Zitronensäure von einer Nachbarin und das Rezept aus dem Internet. Als ich das Zuckergebräu endlich abfülle, mit schönem Zeitschriftenpapier verziere und beschrifte, ist klar: Die müssen natürlich geteilt werden. Sie sind das reine Kollektivglück.

Und das widerfährt mir im Konsumstreik ungewöhnlich oft: Wenn ich mir eine Computermaus bei einem Freund ausleihe, trinken wir gleich noch einen Kaffee zusammen. Wenn ich einen Korb selbst geernteter Äpfel an eine Vokü weitergebe, machen wir zusammen Apfelmus. Und wenn ich mit meinen erkreiselten Altkleidern zu einer Freundin zum Umnähen gehe, kichern wir eine Nacht durch. Die Liste der kurzen Momente, in denen Sachen und Zeit geteilt werden, könnte ich endlos fortsetzen. Sie gehören jetzt zu meinem Alltag. Es sind die vielen kleinen Erfahrungen des Teilens, die mir das erste Mal im Leben das Gefühl geben, reich zu sein – ausgerechnet während des Selbstversuchsjahres ohne Geld.

»Beim Teilen geht es nicht um die Dinge, sondern um die Gemeinschaft«, hatte Nikolai aus dem Leihladen gesagt. So allmählich verstehe ich ihn. Um das nicht nur rational nachzuvollziehen, sondern emotional zu erleben, reichte es, aufzuhören, in Internetbörsen herumzusurfen oder Medienartikel über die Shareconomy zu lesen – und einfach einmal einen Kuchen für die Nachbarn zu backen. Als ich das Mehl dafür aus dem Schrank holen will, fällt mir auf, dass dort noch Melanies Himbeer-Whoopies stehen. Meine erste Teil-Habe. Auch bei mir blieben die rosa Zuckerbäckereien unangetastet. Ich werde sie weitergeben müssen – aber nicht über die digitale Foodsharing-Plattform. Ich trommele Freunde, Foodsharing-Kontakte, Nachbarn und Zufallsbekanntschaften zu einer »Süßen Sause« zusammen. Melanie soll natürlich auch kommen. Alle bringen ihre ungeliebten Süßigkeiten, Kuchen und Klebrigkeiten mit in einen kleinen Videoclub in meiner Straße, und wir essen uns durch bergeweise Süßkram bis zum Zuckerschock. Kinder streiten sich um Gummibärchen, Mamis tauschen Rezepte, ein junger Mann guckt sich skeptisch meine Himbeer-Whoopies an. »Was'n das?«, fragt er. »Das ist der Anfang einer revolutionären Bewegung«, antworte ich.

15. Tauschen –
Ein Jahr Konsumstreik

Sie hat mir nicht ihren richtigen Namen verraten. Das fällt mir auf, als ich mit einer Papiertüte in der rechten Hand im kalten Winterregen in einer ehemaligen Arbeitersiedlung am Rand von Leipzig stehe. Die Krater im Asphalt füllen sich mit Wasser und spiegeln das warme Laternenlicht. Ich starre auf ein Klingelschild. Zwölf Wohnparteien. In einer muss sie wohnen, die Auserwählte. Ich fange unten an. Eine Altmännerstimme meldet sich. »Wohnt hier ein Mädchen namens Famedoll?«, stottere ich. »Ich habe sie im Internet kennengelernt.« Mir fällt auf, wie merkwürdig das klingt, und schiebe nach: »Wir wollen Sachen tauschen.« Der Mann legt auf. Ich arbeite mich weiter nach oben. Mietparteien Nummer zwei bis sechs reagieren nicht. Nummer sieben ranzt nur ein »Hier war schon lange kein Mädchen mehr«. Die Papiertüte in meiner Hand, wegen der ich hierhergekommen bin, weicht allmählich durch. Nummer acht hört schwer. Nummer neun drückt einfach auf den Summer und kommt mir auf der Treppe entgegen. »Soso, Sie suchen ein junges Mädchen«, sagt eine blondgelockte Rentnerin. »Das können eigentlich nur die hier unten sein.« Sie zeigt auf eine Tür. »Die haben Kinder! Seit die da sind, mache ich kein Auge zu. Verzogene Bälger sind das.« Ich klopfe an der Tür der Bälgerfamilie, bis eine hummerrote, aufgequollene, dampfende Frau im Bademantel misstrauisch die Tür einen Spalt öffnet, als wäre ich vom Jugendamt. »Haben Sie eine Tochter?«, frage ich.

»Ja und?«

»Nennt sie sich im Internet Famedoll und macht bei kleiderkreisel.de mit?« Sie dampft weiter und guckt leer.

»Das ist eine Internetseite, über die man Klamotten tauschen kann.«

»So etwas macht meine Tochter nicht, und solche Leute kennt meine Tochter auch nicht.«

Die Zeitschaltuhr des Flurlichts geht aus. Als ich den Lichtschalter gefunden habe, ist die Tür zu. Ich trabe wieder in den Regen hinaus und arbeite mich weiter das Klingelschild hoch, bis ich sie schließlich in der vorletzten Etage finde: Famedoll. Das Puppenmädchen ohne Ruhm im eigenen Haus.

In der Wohnungstür im elften Stock steht die Sechzehnjährige mit einer zusammengeknüllten Plastiktüte. Sie trägt ein glitzerndes Sweatshirt und Hausschuhe, die wie Plüschtierköpfe aussehen. »Tauschen ist super«, sagt sie, als wir uns kurz auf die Treppenstufen setzen, »weil man da ohne Geld an Klamotten kommen kann. Meine Eltern geben mir nämlich nicht so viel Taschengeld, und da kann ich mir nicht so viel in der Stadt kaufen.« Ich nicke, weil ich das nachvollziehen kann, bin aber auch etwas verwirrt. Als ich mich bei den Klamottentauschbörsen angemeldet hatte, dachte ich, da würden lauter nachhaltig gesinnte Öko-Muttis ihre Sachen hochladen, die sich nicht den ständig wechselnden Trends des Modezirkus unterwerfen wollen. LOHAS, Konsumkritiker, Wachstumsgegner. Leute wie ich, die mit alternativen Wirtschaftsformen aus dem textilen Hyperkonsum aussteigen wollen.

Denn die Deutschen sind zusammen mit den Schweizern und US-Amerikanern Weltmeister im Klamottenverbrauch. Jeder Deutsche kauft im Jahr zwischen 40 und 70 Kleidungsstücke. Das sind laut Berechnungen von Greenpeace etwa elf bis 15 Kilogramm. Ein Großteil davon wird aus China, der Türkei oder Bangladesch importiert und hat, bis er in unserem Kleiderschrank landet, meist schon eine weite, giftige, grausame Reise hinter sich. Beim Anbau von Baumwolle fängt es an: Die Pflanzen brauchen viel Wasser, das den Flüssen und Seen des Umlandes abgezogen wird. Außerdem werden die Plantagen mit enormen Mengen von Pestiziden und Düngemitteln behandelt, der Einsatz von Chemikalien ist bei Baumwolle etwa acht Mal so hoch wie bei Nahrungsmitteln. Von den Plantagen kommen die Fasern in ein weiteres Land zum Verspinnen (zum Beispiel China), dann in ein nächstes zum Färben (zum Beispiel Taiwan) und wieder in ein anderes zum Nähen (Osteuropa, Asien oder Lateinamerika). Die Modellrechnung einer Enquete-Kommission »Schutz des Menschen und der Umwelt« hat ergeben, dass ein Kleidungsstück vom Rohstoff bis zum Endprodukt durchschnittlich 19 000 Kilometer reisen muss, bis es bei uns im Handel liegt. Das ist nicht nur sprichwörtlich einmal um die halbe Welt. Wie die Arbeitsbedingungen aussehen müssen, damit man eine Jeans dann hier für unter 20 Euro kaufen kann, liest man ständig in der Presse: Näherinnen, die 16 Stunden am Tag ohne soziale und gesundheitliche Absicherung zu kleinsten Löhnen arbeiten. Man muss nicht die hellste Leuchte im Lampenladen sein, um zu erkennen, dass das so auf Dauer nicht weitergehen kann. Die Kosten für Umwelt, Rohstoffe und Mensch sind einfach zu hoch. Für das Selbstversuchsjahr habe ich mir vorgenommen, an diesem ausbeuterischen System nicht mehr als Konsument direkt teilzunehmen. Ich will keine Klamotten, Schuhe, Accessoires mehr im Laden kaufen und damit die Nachfrage befeuern. Mir ist schon klar, dass wegen der 40 bis 70 Kleidungsstücke, die ich weniger kaufe, nicht die Textilwirtschaft zusammenbricht. Aber ich möchte ausprobieren, ob ich es als ehemaliges Shopping-Victim schaffe, mich ganz aus der Welt der feinen Stoffe zu verabschieden.

Während des Jahres probiere ich unterschiedliche Möglichkeiten aus, ohne geldbasierten Konsum zurechtzukommen: Ich schneidere mit meiner Freundin Jakuba meine Klamotten, suche im Müll nach Brauchbarem, baue aus alten Sachen neue Stücke, leihe mir Sachen aus, bekomme vieles geschenkt. Und ich steige in die Tauschwirtschaft ein, die – anders als die anderen Bereiche – nach ökonomischen Prinzipien funktioniert. Viele Wirtschaftswissenschaftler behaupten, Tauschhandel sei die Urform des Handels. Nach Adam Smith, dem Gründungsvater der Wirtschaftswissenschaft, ist der Handel miteinander das, was uns von Tieren unterscheidet. »Niemand hat je erlebt, dass ein Hund mit einem anderen einen Knochen redlich und mit Bedacht gegen einen anderen Knochen ausgetauscht hätte.« Handeltreiben ist menschlich. Erst das hat uns angeblich in die arbeitsteilige Gesellschaft geführt, uns zu Spezialisten gemacht und die Evolution angetrieben. Allerdings, darauf läuft es bei den Wirtschaftsnasen immer hinaus, ist Tauschen viel zu ineffizient, um sich dauerhaft als Prinzip durchzusetzen. Der Aufwand ist enorm, jemanden zu finden, der hat, was ich brauche, und nimmt, was ich habe.

Mit Famedoll hat es das erste Mal geklappt. Als ich mit ihr im Treppenhaus sitze und ihr meinen schwarzen Strickschal überreiche, den ich schon lange in meinem Schrank herumliegen hatte, gibt sie mir ihre Tüte. Darin liegt ein knallbunt geblümtes Riesensommertuch. Es ist ziemlich zerknittert und riecht nach Raucherwohnung. Ich weiß nicht, ob sich der Tausch wirklich gelohnt hat. Als Famedoll mir die Anfrage geschickt hatte, war ich so aufgeregt, dass ich nicht so kapitalistenzickig sein wollte und nur das Allerbeste als gut genug empfand. Denn bis ich über die Kleiderbörsen im Internet eine willige Tauschpartnerin gefunden hatte, musste ich ganz schön rödeln:

Schritt 1: Schrank ausmisten. Das war schon ziemlich schwierig. Was ziehe ich ernsthaft noch an, was will ich umnähen, kann ich weitertauschen? Als ich vor meinem Kleiderschrank stehe, rufe ich mir ins Gedächtnis, was ich in den letzten Jahren als Fashionista in der Modefachliteratur – also Frauenzeitschriften – zum Platzschaffen als Kriterien an die Hand bekommen hatte. (Damals natürlich, um Platz für neues Shoppinggut zu schaffen.) Alles kommt raus, was man länger als ein Jahr nicht getragen hat. Was noch ein Preisschild hat, aber weder am Körper noch in den Laden zurückgetragen wurde. Was einem Fremde mit fremdem Geschmack geschenkt haben. Was mit der guten Hoffnung gekauft wurde, die eigenen Körperformen würden sich irgendwann dem Kleidungsstück annähern.

Schritt 2: Fotoshooting. Da es auch beim unkommerziellen Tauschen letztlich um Handel geht, musste ich mir hier Mühe geben. Man braucht einen geeigneten Hintergrund, der zwar neutral, aber nicht zu langweilig wirkt. Bei mir war das ein Rollladenschrank aus den Zwanzigerjahren, vor dessen Holz sogar ein Hardrock-Café-T-Shirt noch originell aussähe. Das »Kommando« bei kleiderkreisel.de – ja, so nennen sich die Kreisel-Macher wirklich – rät, dass man das Kleidungsstück auch am Körper zeigen sollte, um die Klickchancen zu erhören. Weil ich aber nur meine Hüllen und nicht meine Persönlichkeit dort ausstellen wollte, probierte ich verschiedene Anonymisierungsstrategien. Es ist ziemlich lustig, sich das im Katalog von kleiderkreisel.de bei anderen anzuschauen: Da tragen Frauen Tiermasken, malen sich mit Photoshop einen schwarzen Balken über die Augen, schneiden den Kopf vom Bild ab. Manchmal sieht man im Bild auch nur einen Po in der Jeans oder ein Dekolleté mit angedeutetem Stoff drumherum. Ich drehe das Gesicht meistens weg. Das ganze Bügeln und Anprobieren und Drapieren und selbstauslösend Ablichten kostete mich fast einen ganzen Tag.

Schritt 3: Hochladen. Schließlich musste es noch ins Netz. Bei kleiderkreisel.de und swapaholics.de muss jedes einzelne

Teil – Klamotten, Schmuck, Kosmetik – beschrieben werden: welche Marke, welches Material, welche Farbe, welche Eigenschaften. Je mehr ich mich mit jedem einzelnen Teil befasste, umso schwerer fiel es mir. Ein Rock aus Seide, ein Pullover aus Angorawolle, ein Armreif aus Perlmutt. Aber es nützte nichts. Ich brauchte Tauschwerte.

Schritt 4: Aufbumsen. Als ich meine Schätze hochgeladen hatte, wartete ich auf den Ansturm. Wie eine Marktfrau hinter ihrem Stand lauerte ich vor dem Rechner. Wo blieben sie denn, die wilden Tauschhändler? Nach drei Tagen frustrierendem Starren blinkte eine Nachricht von meiner Freundin Jakuba auf. Sie schrieb, dass das ja alles ganz nett aussähe, aber ich solle doch ein paar Reizwörter einstreuen. So was wie »Bobo« und »Hipster« und »Hippie« und »Blogger«. Darauf würden die Kreisler abgehen. Denn mit solchen Begriffen beschreiben sie sich offensichtlich auch selbst. Und tatsächlich: Nachdem ich den von meiner Tante gestrickten Schal mit »Blogger Oversize DIY« attribuiert hatte, kam die Anfrage von Famedoll. »Bist du oft bei Kleiderkreisel?«, frage ich sie im Treppenhaus. »Eigentlich immer. Ist meine Startseite.«

»Wie hast du davon erfahren?«

»Stand in der *Bravo Girl* oder in der *Mädchen*. Das weiß ich nicht mehr so genau.«

»Aha. Darum sind da mehr Teenager mit H&M-Zeug als Öko-Tussis mit Hess Natur.«

»Was?«

»Nichts. Tauschst du so viel?«

»Nö, meistens verkaufe oder kaufe ich Sachen. Obwohl ich tauschen besser fände!«

»Schon was richtig Geiles dort gefunden?«

»Ich habe mal für die Hochzeit von meiner Schwester was gesucht. Da habe ich schon schöne Sachen gesehen.«

»Und? Hast du was ergattert?«

»Nö.«

»Warum nicht?«

»Die wollten dann doch alle Geld. Und das hatte ich nicht. Tauschen ist ziemlich schwierig.«

Wir verabschieden uns, ich trete wieder hinaus in den Nachtregen und gebe Famedoll noch in der Straßenbahn via Smartphone eine gute Bewertung. Sie kann ja nichts für ihre Nachbarn und die Raucherwohnung. In den nächsten Monaten probiere ich weiter, ob das Tauschen tatsächlich so schwierig ist, wie sie gesagt hat. Ich weise keines meiner Kleidungsstücke mit einem Kaufpreis aus, erkläre meine Mission in einem Begrüßungstext (»Ich möchte ausschließlich tauschen und mit all jenen in Kontakt treten, die Kleiderkreisel nicht nur als Second-Hand-Laden im Internet verstehen, sondern an einen Stoffwechsel ohne Geld glauben.«) und will im Forum konstruktive Diskussionen über das Wesen des Internettauschens führen (»Weltretter gesucht« oder »Nur-Tauscher bitte melden«). Das spricht die Bobobloggerhipsterhippies aber überhaupt nicht an. Stattdessen diskutieren sie im Forum Existenzialistenfragen wie »Darf ich vor meinem Freund kacken?«, geben Sie-sucht-ihn-Anzeigen auf, initiieren Zick-Threads, diskutieren die Sinnhaftigkeit einer Menstruationstasse oder fragen einfach: »Was habt ihr heute so gegessen?«. Es ist, als würde man in einer Umkleidekabine von C&A das Ohr an die Nachbarkabine pressen.

Zwar sagt eine der Kleiderkreisel-Gründerinnen, Sophie Utikal, in einem Interview, es gehe ihr darum, ungenutzte oder wenig genutzte Konsumgüter zu teilen und dadurch Ressourcen zu sparen und Verschwendung zu bekämpfen. Das ist den pubertären Kreislern in den meisten Fällen allerdings völlig egal. Sie wollen möglichst viele Klamotten für möglichst wenig Geld. Denn das haben sie nicht, weil sie noch kein eigenes Einkommen verdienen. Und im Grunde war es schon immer dieses Motiv, das der Tauschwirtschaft einen Auftrieb bescherte: ökonomische Not.

Jeder Mensch sollte in der Lage sein, nach seinen Fähigkeiten und Bedürfnissen an der Gesellschaft teilzunehmen – auch ohne sich dafür der kapitalistischen Geldlogik aussetzen zu müssen. Diese Forderung ist so alt wie der Kapitalismus. Bereits im 19. und frühen 20. Jahrhundert bildeten sich die ersten Gegenentwürfe zur kapitalistischen Geldwirtschaft: Tauschringe und Alternativwährungen sollten dabei helfen, von Erwerbsarbeit und deren ungleicher Entlohnung unabhängiger zu werden. Besonders während der Weltwirtschaftskrise um 1930 – als nationales Papiergeld quasi stündlich an Wert verlor und die Bevölkerung in Hunger und Elend riss – gab es in Deutschland und Österreich einige Experimente mit Freigeld. Der österreichische Finanztheoretiker Silvio Gsell versuchte, mit seiner Freigeldtheorie die Idee einer lokalen Währung zu etablieren, die mit der Zeit verfiel und deswegen schnell ausgegeben statt gehortet werden musste. Geld sollte kein Gut zum Horten und Spekulieren sein, sondern zum Ausgeben, damit die Menschen in einer Region füreinander arbeiteten, Waren untereinander austauschten und auch Steuern zahlten. Die Idee zeigte zwar Erfolge, zum Beispiel in der Tiroler Gemeinde Wörgl, trotzdem wurde das Freigeld nach einem Jahr von der Österreichischen Notenbank verboten, weil diese ihr Banknotenprivileg verletzt sah. Aber die Freigeld-Theorie ist nicht verschwunden. Bis heute beziehen sich viele Alternativwährungen und Tauschringe auf Silvio Gsells Ideen. Und davon gibt es mittlerweile viele: In den Neunzigerjahren wurde Deutschland von einer »neuen Tauschringbewegung erfasst, die sich schnell ausbreitete«, schreibt der Soziologe Thomas Hinz in der Studie über Austauschnetzwerke *Gib und Nimm*. Während im Jahr 1995 gerade einmal 60 Tauschringe existierten, waren es ein Jahr später bereits 114. Heute existieren über 300 Tauschringe, in denen

Mitglieder Waren und Dienstleistungen meist über eine eigene Währung miteinander tauschen. Manche sehen darin bloß eine organisierte Form von Nachbarschaftshilfe, andere befürchten Schwarzmarktgeschäfte. »Es gibt aber einige, die sagen, dass das schon deutlich darüber hinausgehen kann«, meint Klaus Reichenbach, der sich bundesweit für Tauschringe engagiert. »Manch einer denkt, dass jedes Währungssystem irgendwann einmal auseinanderzubrechen droht und der Tauschring dann immer noch funktionieren wird.« Er wäre also eine Art Notfall-Ökonomie.

Ich will wissen, welche Alternative das Tauschen heute schon zu unserem jetzigen Wirtschaftssystem sein kann, und mache mich auf den Weg in das brandenburgische Oderbruch. Ich habe von einer Frau gelesen, die dort auf dem Land Formen des selbstbestimmten, nicht profitorientierten und kooperativen Handelns ausprobiert – und dazu unter anderem einen Tauschmarkt gegründet hat: die Rübelunion. Wie bringt sie die Menschen in den Dörfern dazu, beim Tauschen mitzumachen? Und was passiert dadurch mit einer Gemeinschaft? Das will ich sie fragen und besteige an einem Februartag ein Carsharing-Auto in Berlin. Fünfzig Kilometer fahre ich durch einsame Wälder und Felder. »Das Land liegt da wie totgeprügelt«, würde Wiglaf Droste zu dem sagen, was vor meinen Fensterscheiben vorbeizieht. Endlose Äcker, kahle Alleen, stille Wiesen. Weite. Das Oderbruch, dessen feuchte, dünn besiedelte Niederungen sich ganz im Osten Brandenburgs über die Grenze Polens erstrecken, ist schon seit den Siebzigerjahren ein Anziehungspunkt für stadtmüde Künstler und Kreative. In verschiedenen Kommunen und Dörfern haben sich Bildhauer, Flechter, Goldschmiede, Maler, Filzer, Töpfer, Grafiker, Fotografen und Filmemacher niedergelassen. Raumpioniere, die in den freien Räumen der Landschaft den Freiraum zum Arbeiten finden, der ihnen in den umliegenden Städten verlorengegangen ist. Sie mischen sich unter die wenigen Dagebliebenen, Landarbeiter und Pendler, die sich mit den schwachen wirtschaftlichen Strukturen in Märkisch-Oderland eingerichtet haben.

Als ich eine hölzerne Bockwindmühle und ein restauriertes Landhaus an einem Feldweg entdecke, weiß ich, dass ich in Wilhelmsaue sein muss. Dort, im Café und Restaurant »So oder so«, trifft sich die Rübelunion zum Markttag. Ich parke das Auto auf dem schlammigen Feldweg und betrete das Gasthaus, in dem es nach Gulasch und Engagement riecht. Auf den Holzbohlen stehen Menschen, die vom Aussehen her auch das Gründungskomitee der Grünen sein könnten. Ich sehe graue Lockenmähnen, Zipfelpullover, Filzmützen, Keramikohrringe. Dazwischen springen ein paar Kinder herum. Auf ausladenden Bauerntischen stehen selbst gemachte Marmeladen, Chutneys, Kräutersalze, Blechkuchen und Liköre. Andere bieten frisches Brot, Eier, Wurst oder Speck an. Es gibt aussortierte Bücher, abgelegte Klamotten, handgestrickte Schafwollsocken. Einer schleift Messer, ein anderer schneidet Haare. Mittendrin eine Frau mit dunklen, welligen Haaren und einem Kassenbuch unter dem Arm. Das muss Imma Harms sein, meine Gesprächspartnerin und Gründerin der Rübelunion. Die Sechzigjährige sammelt kleine bunte Dreiecke wieder von den Händlern ein: die Tauschwährung Rübel, die zu Beginn verteilt wurde. »Am Ende eines Markttages soll die Bilanz von ausgeteilten und eingesammelten Rübel eigentlich ausgeglichen sein«, sagt Imma, als ich mich zu ihr gestellt habe. »Jeder nimmt etwas ein und gibt es bei einem anderen wieder aus. Aber so richtig haut das meistens nicht hin. Ich versuche, mit meiner Tabelle darauf zu achten, dass die Differenz nicht zu groß wird.« Sie zuckt mit den Schultern und bekommt von einem Rübelunionisten einen kleinen Eierlikör in die Hand gedrückt, den er offenbar nicht losgekriegt hat. Auch andere haben ein Becherchen an den Lippen. Es wird geplaudert und gelacht. Stammtischatmosphäre. Imma erzählt mir, sie habe vor etwa sieben Jahren auch schon bei einem anderen Tauschmarkt in der Region mitgemacht. Dort sei alles sehr schwerfällig gewesen: Man musste Vereinsmitglied werden, bekam ein Kontenblatt, musste einen Stand anmelden und eine Gebühr bezahlen. »Ich dachte, dass Tauschmärkte niedrigschwelliger sein müssten, um die Leute zum Mitmachen zu bewegen. Es soll sich nach einem angenehmen sozialen Event anfühlen, bei dem man seine Nachbarn und Freunde aus den umliegenden Dörfern trifft.« Fünf Jahre gibt es die Rübelunion, aber bis sie in dieser Form funktioniert hat, war es ein langer Weg, erzählt Imma. Einige der Stadtflüchtlinge kämen zwar aus dem alternativen Milieu, sie teilen kapitalismuskritische Überzeugungen. Aber die Ureinwohner – alte DDR-Bürger, Bauern, Handwerker – seien nicht aus der Geldphilosophie ausgestiegen. »Wenn die Leute zu unserem Markt gekommen sind und die Angebote gesehen haben, wollten sie die Sachen kaufen«, sagt Imma. »Es war schwer, ihnen begreiflich zu machen, dass das so nicht funktioniert, sondern dass sie sich selbst einbringen müssen.«

»Wie hast du es dann letztendlich geschafft?«

»Man darf nicht zu sehr auf Prinzipien bestehen. Das habe ich mit der Zeit gelernt. Es ist für die Leute zum Beispiel unterschiedlich wichtig, ob mit Rübel oder Euro bezahlt wird.«

»Aber die Ostdeutschen kennen doch eigentlich das Tauschen und Teilen noch aus DDR-Zeiten, als sie mit ihrer Mark auch nicht immer das kaufen konnten, was sie brauchten.«

»Als ich die Rübelunion gegründet habe, haben die Leute gesagt: Schwarzarbeit und Nachbarschaftshilfe? Das waren in der DDR die Grundprinzipien.«

»Was ist heute anders?«

»Es ist nicht unbedingt die Not, die uns zwingt, direkt miteinander zu handeln. Ein Tauschmarkt ist ein sozialer Treffpunkt.«

»Wenn sich hier Freunde treffen, werden dann nicht Freund-schaftsdienste monetarisiert?«

»Das ist ein alter Einwand. Aber Tauschmärkte sollen ja über Freundschaftsdienste hinausgehen. Man kann auch von den Fähigkeiten und Produkten von Leuten profitieren, die nicht aus dem engsten Kreis kommen. In der Rübelunion ist mittlerweile vielleicht nur noch ein Drittel der Mitglieder wirklich miteinander befreundet.«

»Aber trotzdem kennt hier jeder jeden?«

»Ja. Tauschmärkte dürfen nicht zu groß sein, weil jeder einen eigenen Stand mit Sachen hat. Wenn man sich nicht traut, den zu verlassen, sitzen alle nur hinter ihrem Tisch und gucken sich an. Dann findet kein Austausch statt.«

Imma und ich verabschieden uns vom Tauschmarkt und brechen auf in Richtung Demonetarisierung. Beziehungsweise zu ihrem Künstlerhof »Colaborative Gut Reichenow«. Über den blattleeren Baumkronen ragen die weißen Zinnen eines Schlosses, das heute als Hochzeitshotel genutzt wird. Ich parke das Auto vor den ehemaligen Rinderställen aus rotem Klinker mit großen Atelierfenstern. Vor den einzelnen Eingängen stehen Holzbänke, Hollywoodschaukeln, abgewetzte Sessel, Stühle. Kinderspielzeug sammelt sich im Sandkasten, ein Hula-Hoop-Reifen hängt an einer Wand. Jetzt im Februar sieht das alles leblos aus, aber im Sommer ist es sicher ein Hort entspannten Landlebens. Das Gutsgelände von 20 000 Quadratmetern hat sich Anfang der Neunzigerjahre eine Gruppe Berliner Wessis als kollektiven Landsitz einverleibt und die ehemaligen Stallanlagen und Nebengebäude des Guts Schritt für Schritt in einen Trägerverein überführt und aufwendig restauriert. Sie hatten kein konkretes Konzept, was sie mit all dem Platz und Möglichkeiten anfangen wollten. Aber da war diese Sehnsucht nach Neuland. Imma, die seit 1968 in Berlin-Kreuzberg gelebt und sich der autonomen Linken zugehörig

VON EINER, DIE AUSSTIEG

gefühlt hatte, erlebte die Wende als einen Endpunkt. »Kreuzberg war durch«, sagt sie. »Die Ideen waren abgesessen, die Stimmung zerlegt, die Utopie war weg.« Im feuchten Boden des märkischen Niemandslandes spiegelte sich die gleiche Orientierungslosigkeit. »Hier fanden wir ungewollt anarchistische Verhältnisse, die teilweise heute noch bestehen.« Mit ihrem Freund, dem Filmemacher Thomas Winkelkotte, zog sie zunächst in einen Bauwagen auf das Gelände, pendelte aber regelmäßig zurück nach Berlin, um ihre Projekte, Jobs und Engagements weiterzuführen. »Doch wir hatten keine Lust auf Lohnarbeit. Wir wollten davon unabhängiger werden und unser Leben selbst bestimmen.« Heute ist Imma die einzige Pächterin in Gut Reichenow, wo sie sich ein einstöckiges schmuckloses Häuschen ausgebaut hat. Die über 40 anderen freischaffenden Künstler und Kreativen mieten die Ateliers und Wohnungen.

Auf dem Land, erzählt sie, könne man mit wenig Geld leben. Hier habe man den Raum und die Zeit, um Dinge selbst anzubauen, herzustellen, zu reparieren – und eben zu tauschen statt zu kaufen. Einmal habe sie zum Beispiel für ein befreundetes Paar mit einer Highländer-Herde einen kleinen Dokumentarfilm gedreht. Im Gegenzug gab es Rindfleisch für einen Winter. Von ländlicher Autarkie sei sie dennoch weit entfernt. Und die strebt sie auch nicht an. Während ich in Immas holzofenwarmer Küche auf einem Schafsfell sitze und ihre Erfahrungen aus der altlinken Berliner Szene und dem Aussteigen ins kommunenähnliche Leben höre, weiß ich, dass ich ihr die Frage stellen kann, die mich seit Beginn meiner Selbstversuche umtreibt und von deren Antwort ich mich immer noch weit entfernt fühle: Wie kann man es schaffen, die eigenen Bedürfnisse herunterzufahren, weil man weiß, dass sie der Welt auf Dauer schaden? »Gar nicht«, sagt Imma, was mich dann doch ziemlich überrascht. »Ich halte nichts davon, irgendetwas vorzuleben, das die Welt retten soll. Du kannst deine Bedürfnisse nicht dauerhaft hinter ein Bewusstsein zurückstellen. Es kommt darauf an, ein schönes Leben zu leben. Und die Welt mit einem Euro-Blick anzugucken finde ich persönlich nicht schön.« Sie verschenkt oder tauscht nichts, weil es politisch oder sozial wünschenswert ist, sondern weil alle dabei etwas Schönes finden können.

Imma hat in gemeinschaftlichem Leben und Wirtschaften einen eigenen Reichtum erkannt, der sie von monetärem Reichtum unabhängiger macht. Sie will und kann nicht ganz ohne Geld leben – zusammen mit ihrem Freund braucht sie etwa 400 bis 500 Euro, um die Fixkosten zu decken. Trotzdem wollen sich die beiden nicht von der isolierenden, egoistischen, trennenden Logik des Geldes vereinnahmen lassen – und haben kurz vor der Rente noch einmal ein Experiment gewagt. Sie teilen sich mit vier anderen Menschen ein Konto. Nicht mit ihren Kindern, nicht mit Guts-Mitbewohnern, nicht mit Freunden. Sondern mit Fremden, die über Deutschland verstreut leben und deren wesentliche Gemeinsamkeit ist, der Idee einer Gemeinschaftsökonomie Gestalt geben zu wollen.

»Wer sind die anderen?«

»Ein Student ist dabei, eine Ärztin, eine Ethnologin und einer ist Teil eines Holzkollektivs. Die anderen sind jünger als Thomas und ich, meistens in der Umbruchsphase zwischen Studium und Beruf.«

»Und alle zahlen gleich viel ein?«

»Nein, jeder zahlt so viel ein, wie er kann, und nimmt, so viel er braucht.«

»Wie funktioniert das?«

»Wir treffen uns einmal im Monat in Berlin und besprechen die wichtigsten Sachen. Anschaffungen ab 100 Euro bringen wir zur Abstimmung, aber die laufenden Lebenshaltungskosten der anderen versuchen wir nicht zu beurteilen.«

»Das würde mich ja nerven. Jeden teuren Traum erst von anderen genehmigen lassen zu müssen.«

»Wir alle haben leicht erfüllbare Wünsche. Niemand von uns lebt ein ausschweifendes Luxusleben.«

»Aber ich will doch nicht immer erst bitten müssen, wenn ich mir was gönnen will.«

»Einmal hatte ich auch so einen Rappel. Da wollte ich mir einen neuen Teppich für 500 Euro kaufen. Und das hab ich dann einfach gemacht – ohne die anderen zu fragen.«

»Und das ging?«

»Ja, wir haben das danach besprochen. Grundsätzlich geht es ja darum, dass jeder bei seinen Entscheidungen mitbedenkt, was das für die ganze Gruppe bedeutet.«

»Ein hehres Ziel.«

»Ja, das ist eine große Herausforderung«, sagt Imma nachdenklich. »Es geht dabei um das Vertrauen, dass jeder darauf achtet, dass es dem anderen gut geht.«

»Das klingt utopisch.«

»Ist es aber nicht. Es entsteht im Moment eine ganze Bewegung von Menschen, die bewusst solche Formen von Gemeinschaftsökonomie leben will. Auf dem Kongress für Solidarische Ökonomie in Kassel habe ich noch mindestens 15 andere Gruppen getroffen, die das auch probieren.«

Auf dem Rückweg durch die weiten Wälder des Oderbruchs frage ich mich, ob ich bereit wäre, Teil einer Gemeinschaftskonto-Gruppe zu werden. Imma sagte, dass sich ihr Verhältnis zu Geld dadurch sehr entspannt hätte. Es tue ihr nicht mehr so sehr weh, etwas auszugeben. Das kann ich nachvollziehen. Aber mein Schmerzpunkt liegt eher beim Einzahlen. Würde ich meine Honorare mit Fremden teilen – egal wie viel sie selbst in die kleine Solidargemeinschaft einzahlen? Könnte ich den ängstlichen Kapitalisten in mir zum Schweigen bringen, der mahnt: Gib nichts her, behalte lieber alles allein, traue keinem!

Der österreichische Attac-Gründer und Gemeinwohl-Prediger Christian Felber schrieb in seinem Buch *50 Vorschläge für eine gerechtere Welt*, der Mensch könne von seinen natürlichen Anlagen her sowohl ein Homo oeconomicus als auch ein Homo socialis sein. Grenzenlose Gier müsse genauso erlernt werden wie grenzenlose Solidarität. »Wir müssen uns nur entscheiden.«

Ich fahre mit meinem Teilauto rechts ran und gucke auf das feuchte Brachland. In den Monaten des Selbstversuchs hatte ich angefangen, solidarisch mit anderen ein Gemüsefeld zu bewirtschaften, meinen Haushalt zum Gemeingut zu deklarieren, den Allmende-Gedanken aufzunehmen. Aber mein Erspartes vergemeinschaften? Meine finanzielle Autonomie aufgeben? Sozialismus im Kleinformat? Ich stelle mir vor, wie Herr F. reagieren würde, wenn ich ihm eröffnete, mit ein paar Leute aus dem Occupy-Camp oder vom Attac-Infoabend oder dem feministischen Lesekreis unsere ganzen Ersparnisse solidarisch zu teilen und zu verwalten. Er würde wahrscheinlich erst sehr lachen, dann sehr den Kopf schütteln und dann sehr schnell das Konto sperren. Aber so weit wird es nicht kommen. Auch ich möchte es lieber nicht. Vielleicht sollte ich zuerst weiterhin Schritt für Schritt versuchen, mich vom Geld unabhängiger zu machen, bevor ich es ganz vergemeinschafte.

Auch in Leipzig gibt es zwei Tauschringe, in denen ich Waren und Dienstleistungen gegen eine Alternativwährung mit anderen Bürgern tauschen kann. Dort findet sich ein großes Reservoir von selbst angebauten Nahrungsmitteln, selbst gefertigten Sachen, Flohmarktwaren, Dienstleistungen, Handwerksdiensten und auch Kunst und Kultur. Besonders interessant ist das Konzept des Lindentalers, einem komplementären Tauschmittel, das mittlerweile in vielen Regionen Sachsens, Sachsen-Anhalts und Thüringens genutzt wird. Die Lindentaler sind keine kleinen, bunten Papierschnipsel wie die Rübel von Imma Harms, sondern virtuell und existieren nur als Zahlen auf den

Konten der Mitglieder. Sie sollen das Geben und Nehmen zwischen den Mitgliedern erleichtern, aber auch die Idee des Bedingungslosen Grundeinkommens (BGE) praktisch erproben. Das BGE ist ein viel diskutiertes Finanzmodell, bei dem jeder Bürger unabhängig von seiner wirtschaftlichen Situation einen festen Betrag vom Staat erhält, für den er keine Gegenleistung erbringen muss. Der Lindentaler nimmt diesen Gedanken auf, indem jedes Mitglied jeden Monat 50 Lindentaler auf seinem Konto gutgeschrieben bekommt und diese in Umlauf bringen soll. Für jede Stunde geleistete Arbeit kann man etwa 20 Lindentaler verdienen. Wenn man beim Bäcker oder im Kino mit Lindentalern bezahlen will, benutzt man Schecks. »Die Idee des Lindentaler-Projektes kann nur dann langfristig gut funktionieren, wenn die Mitglieder aktiv sind«, lese ich im Internet. »Das bedeutet, dass es wünschenswert ist, Leistungen von anderen in Anspruch zu nehmen und selber Leistungen oder Produkte anzubieten, die andere in Anspruch nehmen können.« In diesem Moment wäre ich gern ein Handwerker, der anderen ein Bett zimmern oder den Abfluss reparieren kann. Aber ich kann nur Texte bauen, und so biete ich Liebesbriefe, Presseerklärungen, Werbebotschaften, Webseitentexte an. Die Nachfrage hält sich, gelinde gesagt, in Grenzen.

Vielen Tauschhändlern geht es vorrangig gar nicht darum, aus der Geldlogik auszusteigen. Ein Tauschring ist vielmehr eine gute Möglichkeit, Freundschaften zu schließen, mit Nachbarn Zeit zu verbringen, ein Netzwerk aufzubauen. Wie auch schon beim Markttag der Rübelunion geht es offensichtlich überall nicht nur darum, seinen Eierlikör gewinnbringend weiterzutauschen, sondern Menschen zu haben, mit denen man ihn gern trinkt. Ich trinke auch gern Likör – aber ich habe bereits Freunde, Nachbarn und Bekannte, mit denen ich das tun kann. Und nicht nur das: Ich finde in meinem persönlichen Netzwerk oft schneller jemanden als im Tauschring, der mir die

Haare schneidet, wenn ich ihm im Gegenzug die Fenster putze. Jemanden, der mich massiert, wenn ich dafür die Pressetexte für den Salon schreibe. Und jemanden, der mir seinen Schreibtisch als Arbeitsplatz zur Verfügung stellt, wenn ich ab und zu das Mittagessen koche. Es ist, als wäre der Kreis meiner Leute ein eigener kleiner Tauschring. Der Lindentaler und die Internettauschbörsen weiten das Angebot wie konzentrische Kreise. Es fehlt mir an nichts. An fast nichts.

Das Kleidertauschen wird mein neues Hobby, in das ich sehr viel Zeit investiere. Regelmäßig durchsuche ich die Kataloge der digitalen Kleidertauschbörsen, lade neue alte Sachen hoch, beantworte Tauschanfragen, verschicke selbst welche. Etwa alle drei Tage bekomme ich eine Anfrage von einer Kreislerin, die etwas aus meinem Katalog spannend findet. Die Nachrichten sind meistens recht spröde: »Tauschen? LG!« Ich gucke mir dann ihre Angebote an – und finde etwa bei jeder Zwanzigsten etwas Brauchbares. Trotzdem antworte ich allen. Wenn ich selbst etwas Schönes finde und anfrage, stehen die Chancen auf einen Tausch besser. Jede siebte meiner Tauschanfragen glückt. Über das Internet suche ich mir gezielt besondere Teile für den Kleiderschrank heraus: ein Kaschmirjackett aus den Zwanzigerjahren, ein Seidenkleid aus den Fünfzigern, ein Catsuit-Overall aus den Siebzigern. Damit lässt sich bei mir das, was der Soziologe Colin Campbell einmal mit »Neophilie« beschrieben hat, in den Griff bekommen: die Sucht nach Neuheiten. Die sei ein relativ neues Phänomen, behauptet Campbell. Die vormodernen Gesellschaften des Mittelalters waren Neuheiten gegenüber eher skeptisch eingestellt, erst mit Beginn der Industriellen Revolution konnten Waren schneller und effizienter hergestellt werden. Die Moden begannen immer schneller zu wechseln – und die Nachfrage nach ihnen. Die Kleider, die ich tausche, sind zwar nicht neu produziert oder designt. Aber in meiner Garderobe sind sie neue Bestandteile. Ich kenne sie nicht, sie haben ungewohnte Schnitte und seltene Farben. Damit befriedigen sie ausreichend die Sucht. Kreiselkleidung ist für Shoppingsüchtige wie Methadon für Heroinjunkies.

»Gib mir deinen Stoff, ich gebe dir meinen« steht auf dem Zettel an einem Galeriefenster. Darüber prangt ein Kleiderbügel mit einem undefinierten Textil. Darunter steht: »Kleidertauschbörse«. Ich bin sofort angefixt. An einem dunklen, schneeschweren Wintertag stapfe ich über die Gehwege der Eisenbahnstraße. Billigkrimskramsläden wechseln sich mit Dönerbuden ab. In einer Seitenstraße warten Dealer auf Kundschaft, die mir mit dem Schlitten im Schlepp, auf dem mein Aussortierkoffer liegt, belustigt hinterherschauen. Ich habe ordentlich aussortiert, denn bei »Swap- beziehungsweise Tauschpartys« kann man ordentlich was loswerden – und einsacken natürlich. Es gibt unterschiedliche Konzepte: Bei manchen Partys wird die Qualität der mitgebrachten Sachen vorher mit Punkten bewertet, manchmal werden nur die Kleidungsstücke vorher gezählt. Dann bekommt man, was man gibt – das klassische ökonomische Tauschprinzip. Bei den meisten Partys, auf die ich bisher gegangen bin, ging es aber deutlich anarchistischer zu. So wie dieses Mal: Als ich das Wächterhaus erreiche, ist die Party bereits in vollem Gang. Ich versuche, die Tür der Wohnung in der untersten Etage aufzudrücken, aber da stehen schon dichtgedrängt Leute und balancieren Latte-Tassen im Gedränge. Auf einem Sofa liegen dunkle Winterjacken, Rucksäcke und Taschen zu einem nassen Haufen aufgeschichtet, wie ich es von Studenten-WG-Partys kenne. Die restlichen freien Sofas werden von rotbackigen Kindern und schlafenden Hunden besetzt. Ein Lampendesigner, der ein Stockwerk höher wohnt, hat kunstvolle weiße Lampionleuchten aufgehängt. Unter dem Stimmengewirr höre ich noch eine Jazzplatte dudeln. Ich wuchte meinen Koffer durch die Menge, vorbei am

Kuchenbasar auf Spendenbasis, bis an die Wühltische und Kleiderstangen. Dort fällt mir gleich etwas besonders Schönes auf.

»Jakuba!«, rufe ich.

»Das war ja klar, dass du früher oder später hier auftauchst!« Wir umarmen uns fest.

»Was dabei?«, frage ich und nicke mit dem Kopf in Richtung Stoffhaufen. »Das Übliche: 80 Prozent H&M, eher alternativer bis pragmatischer Stil, dazwischen einzelne Schätze aus Wolle, Seide, Kaschmir.«

»Keine Bobobloggerhipsterhippies hier?«

»Mit dir sind wir schon zwei.«

Ich lasse meinen Blick über die Stapel wandern. Dort sehe ich auch einen BH liegen, und es schüttelt mich ein bisschen: Wer soll das denn mitnehmen? Selbst im größten Notstand würde ich das nicht tun. Unterwäsche und vor allem Strumpfhosen entwickeln sich während des Konsumstreiks tatsächlich ernsthaft zum Problem. Die möchte ich nicht aus zweiter Hand übernehmen – und selber nähen kann man das auch schlecht. Auch einfache weiße Blusen oder Shirts gibt es selten ohne die typischen Verfärbungen. Wenn der Konsumstreik vorbei ist, werde ich mir diese Basisausstattung auf jeden Fall wieder kaufen müssen.

Komischerweise sehne ich mich aber immer weniger in die Läden der Einkaufsstraßen zurück. Jeden Monat gehe ich einmal in die großen Flagship-Stores und teste, wie sehr ich noch in Versuchung gerate. Am Anfang litt ich, dann probierte ich nur noch Sachen an, um meine aktuelle Größe herauszufinden. Dann wiederum ertappte ich mich dabei, wie ich mir bei einem Strickkleid im Schaufenster wünschte, so etwas bei einer Kleidertauschbörse zu finden. Irgendwann aber war die Shoppinglaune vorüber. Den textilen Jagd- und Sammeltrieb habe ich offensichtlich erfolgreich auf das Tauschen umgeleitet.

Ich lasse die Schnallen meines Aussortierkoffers aufschnappen und lege die Sachen auf die Wühltische. Jakuba fährt mit routinierter Hand durch die Teile. Dann breitet sie einen riesigen Blumenschal aus. »Den hast du doch von deiner ersten Kleiderkreislerin! Davon willst du dich trennen?«, sagt sie. »Ja klar«, antworte ich. »Mein Schrank ist nur noch Zwischenstation. Da herrscht ein ständiges Kommen und Gehen.«

»Kann ich das Tuch haben?«

»Deswegen ist es da. Meine Klamotten und ich verlassen doch jetzt immer öfter getrennt eine Party.«

16. Schenken –
Meine Laube ist mein Schloss

Nichts, nichts, nichts. Es gibt überhaupt nichts in dieser Laube in der Mitte vom Nirgendwo. Kein Bett, keinen Ofen, keine Lampe, kein Wasser, kein Handynetz, keine Vorräte, noch nicht einmal mehr Fensterscheiben, die den heftigen Regen draußen lassen könnten. Im Grunde ist es ein feuchter Verschlag im Dunkel des hessischen Waldes unweit von Marburg, in den etwa 25 Stühle hineingedrückt wurden und ein durchweichtes Sofa. Alles hier atmet Verwahrlosung aus. Wenn ich nicht schon vom anhaltenden Regen komplett nass wäre, würde ich mich wie ein begossener Pudel fühlen: Da soll ich rein, in dieses Loch? Auf einem kleinen Schrank in der Ecke liegt eine leere Flasche Petroleum für die leeren Dochtleuchten und ein paar Mäuseköttel. Draußen auf der Veranda stapeln sich verkeimte Teppichrollen, mit denen irgendwann einmal die Jurte fertig gedeckt werden soll, die nur wenige Meter neben der Laube steht. Das hier wird mein Quartier sein für die nächste Woche, in der ich das Leben einer Schenkerin kennenlernen will. Als ich mit meinem Rucksack davorstehe, frage ich mich: Was gibt es denn in dieser Tristesse zu verschenken?

In den letzten Monaten hatte sich mein Verhältnis zu Geld radikal verändert. Es ging mir nie explizit darum, ein geldloses Leben anzustreben, sondern Fähigkeiten zu erlangen, mich auf das Ende des westlichen Wohlstands vorzubereiten. Je mehr ich aber durch die alternativen Szenen von Gärtnern, Kräutersammlern, Bauwagenkommunarden, Tauschhändlern und

Nomaden gestreift bin, umso mehr wurde mir bewusst, dass es auch dort immer um das eine geht: Geld. Beziehungsweise die Abwesenheit dessen. Geld ist das Bindemittel in unserer konsumistischen Gesellschaft. Weil alles darauf aufgebaut ist, verbringen wir unsere wertvolle Lebenszeit damit, es zu erarbeiten, und belohnen uns für das Opfer, indem wir es wieder ausgeben. Ohne Moos nichts los – weder auf unserem Esstisch noch im Kleiderschrank noch in der Freizeit. Das ist es, was wir als völlige Selbstverständlichkeit im Kapitalismus in uns aufgesogen haben. Ich habe das nie verteufelt, weil ich mochte, was Geld mir auf meinen Tisch, in meinen Schrank und in meine Freizeit brachte. Doch auf meinen Reisen zu verschiedenen alternativen Szenen ist mir klar geworden: Es geht auch mit weniger. Weniger zu haben, führt tatsächlich zu mehr Sein, wie es Erich Fromm einst formulierte.

Der englische Journalist Mark Boyle entschied sich im Jahr 2008, völlig ohne Geld zu leben. In *The Moneyless Manifesto* erklärt er, dass die Erfahrung des geldlosen Lebens sein Dasein veränderte. Zum ersten Mal in seinem Leben fühlte er sich mit den Dingen und Menschen und der Natur um ihn herum verbunden. Oder wie er es nennt: Er saß im organischen Strom der Dinge. »Das kalte harte Cash entfernt uns von den Dingen und den traurigen zerstörerischen Umständen ihrer Produktion«, schreibt er. Und je weiter wir von den Produktionsketten entfernt seien, umso eher neigen wir zur Verschwendung. Wenn man wie er seine Hütte mit Holz heizen müsste, würde man an keinem trockenen Ast vorbeigehen. Wenn man mit den im Herbst gesammelten Äpfeln überwintern wollte, würde man sie nicht verschmähen, wenn sie eine braune Stelle haben. Und wenn man das Quellwasser zum Überleben brauchte, würde man es als einen Teil von sich begreifen. Boyle entwickelte ein neues Ich-Gefühl: »Das Ich endet nicht an der Oberfläche unserer Haut. Wir sind Teil der Energie, des Wassers, des Bodens, der Mineralien und auch der Strahlen, die uns ständig durchfließen.« Nur weil wir das Gefühl dafür verloren haben, konnte Geld solche Macht über uns bekommen und uns in jene persönlichen, sozialen und ökologischen Krisen führen, die unsere westliche Gesellschaft durchdringen. Boyles Erfahrungen haben Hunderte Menschen weltweit dazu inspiriert, sich seiner Idee einer »lokalen Schenkökonomie« anzuschließen und ihr Leben zu demonetarisieren. Man trifft die sogenannten Freeconomists in Kommunen, in Nomadencamps, auf Reisen – und in der Nachbarschaft. Über das Portal justfortheloveofit.org logge ich mich ein in die Schenkökonomie und bin überrascht, was Leute aus meinem Kiez dort alles an Fähigkeiten zu verschenken haben. Ein Student beschreibt sich zum Beispiel als Hula-Hooper, Pilgerer, Joghurtmacher, Liebender, Kräutertrockner, Gitarrenspieler und Gastgeber. Ein anderer ist Dreadlocker, Tramper, Öko-Krieger, Guerilla-Gärtner und digitaler Künstler. Und ein Dritter stellt sich als Baum-Umarmer, Masseur, Freund, Didgeridoo-Spieler, Sinnsucher und Zuhörer vor. Von denen kann mir vermutlich niemand mein Klo reparieren, wenn es nötig ist. Aber wie man das Ich-Gefühl erweitern kann, wissen diese digitalen Schenker bestimmt. Ich lege selbst ein Profil an und biete mich als Text-Hebamme, Tänzerin, vegane Köchin, Diskussionspartnerin und Reclaim-the-Streets-Aktivistin an. Obwohl ich jeden Schenker im Umkreis mit Licht-und-Liebe-durchfluteten E-Mails anfrage, schenkt mir niemand seine Aufmerksamkeit. Vermutlich haben sie alle Jobs und keine Zeit für ihr Parallelleben als Freeconomist. Also mache ich mich auf die Suche nach jemandem, der sich voll und ganz der Idee des Schenkens widmet – und finde Öff Öff, den Schenker.

Als ich nach einer Odyssee durch die überschwemmten Gebiete in Deutschland bis nach Stadtallendorf in Hessen gefahren bin und den Gründer der Schenkerbewegung treffe, glaube ich, einen Waldgeist vor mir zu sehen. Der 60-Jährige trägt eine aus verschiedenen Wolldecken zusammengenähte braun-beige Kutte. Über seine langen grauen Haare hat er ein Stirn-band mit der Internetadresse global-love.eu und mit einem durchgestrichenen Eurozeichen gezogen. Er freut sich, mich zu sehen, und umarmt mich lange. Als ich Öff Öff gefragt hat-te, ob ich ihn besuchen und das Schenker-Leben ausprobieren dürfte, hatte er sofort zugesagt. Er weise niemanden ab: keine Sozialfälle, keine Idealisten, keine Verrückten und schon gar keine Buchautoren, die sich für seine Idee interessieren. Ihm sind alle »Brüder und Schwestern« willkommen. Obwohl es in Strömen regnet, läuft er mit mir die durchweichten Wege im mönchshaften Schlenderschritt in den Wald.

Öff Öff heißt eigentlich Jürgen Wagner und hat in der Bou-levardpresse in den letzten Jahren als »der Waldmensch« eine gewisse Freak-Prominenz erlangt. Als geldloser Wanderpredi-ger lebte er sechs Jahre auf der Straße und wollte die Men-schen zu globaler Liebe bekehren. Die schenkte er dann acht Jahre lang psychisch Kranken, Außenseitern und Obdachlo-sen in einem Sozialprojekt. Danach zog er sich in eine selbst gebaute Jurte oder ein Erdloch im Wald zurück und lebte von dem, was ihm der Waldboden oder Schenker-Verbündete ga-ben. Seit über 20 Jahren besitzt Öff Öff weder Geld noch Ver-sicherungen noch Eigentum. Er ist überzeugt, dass eine bessere, richtige, andere Welt möglich ist und dass wir sie mit Kon-sensgemeinschaften schenkender Liebe und globaler Verant-wortung errichten können. »Wir müssen uns immer nur fragen, was auf die jeweils wichtigste Frage die am besten begründ-bare Antwort ist«, sagt er mit völliger Selbstverständlichkeit. Ich habe keine Ahnung, was das bedeutet. Aber um das heraus-zufinden, bin ich ja hier.

Als wir am »Waldprojekt« ankommen – wie Öff Öff die Laube nennt –, dürfen wir noch nicht auf das Grundstück, weil das eigentlich seiner Frau gehört, die dort ihre telepathischen Licht-und-Liebe-Trainings mit Problemhunden absolviert. Wir stehen im Matsch vor dem Tor, es dämmert bereits, und ich frage, ob er denn auch hier nächtige.

»Nein, ich wohne jetzt im Haus meiner Frau. Aber ich hätte kein Problem damit, wenn ich wieder in die Jurte müsste. Falls wir uns trennen oder so.«

»Und warum schlafe ich hier?«

»Sie hat gesagt, dass meine Schenker-Besuche meine Angelegenheiten sind und ich sie nicht mit ins Haus bringen soll.«

»Aber du kommst mich besuchen?«

»Morgen Nachmittag. Heute Abend muss ich noch in den Schenker-Chat.«

»Du hast einen Computer?«

»Und einen Drucker und drei Handys. Habe ich geschenkt bekommen. Und die brauche ich auch.«

»Ist das nicht Luxus?«

»Wie soll ich denn sonst die Welt retten? Einem Telefonseelsorger würde man auch nicht sagen: ›Hey, dein Telefon ist voll der Luxus!‹«

»Apropos Grundausstattung: Wovon soll ich eigentlich leben?«

»Ich habe dir ein paar containerte Äpfel und eine Packung Müsli mitgebracht. Damit kommst du schon eine Woche hin. In meiner Zeit im Erdloch habe ich einen ganzen Winter nur von Äpfeln und Nüssen gelebt, die ich im Herbst gesammelt hatte.«

»Und Wasser?«

»Hier sind zwei Flaschen Leitungswasser. Morgen bringe ich dir wieder neues mit.«

Ich bin froh, dass ich seit meiner Urkost-Diät bei Brigitte weiß, wie ich mich von Blättern und Früchten ausreichend ernähre, und dank Bauer Walter gelernt habe, wie man mit drei

Litern Wasser am Tag auskommt. Wer hätte gedacht, dass ich dieses Wissen so schnell wieder brauche? So hart die einzelnen Erfahrungen in diesem Jahr auch waren: Sie haben mir die Angst vor Extremsituationen genommen. Herr F. hatte bereits lakonisch festgestellt, dass, egal wie das Ende der Welt irgendwann aussehen mag, ich schon Härteres hinter mir habe. Trotzdem: Im finsteren Wald allein zu sein, ohne im Internet Survivaltipps recherchieren oder mit dem Handy meine Freunde um Rat fragen zu können, lässt mich nun aber doch Angst vor der eigenen Courage bekommen.

Öffi verabschiedet sich um acht Uhr. Ich bleibe zurück und räume, bevor es dunkel wird, die Laube frei, breite meine Isomatte auf der feuchten Couch aus, schiebe eine schimmelige Matratze vor das glaslose Fenster und baue mir aus meinem Regenponcho, einem Hula-Hoop-Reifen und Panzertape ein Wasserreservoir. Doch woher bekomme ich bei der Nässe bloß ein Feuer? In einer Ecke finde ich einen Hundenapf aus Metall. Wenn ich den zur Feuerschale umfunktioniere, lässt Öff Öffs Frau womöglich gar keine Besuche mehr auf das Waldgrundstück. »Auf die jeweils wichtigste Frage die am besten begründbare Antwort finden«, hatte Öff Öff gesagt. Mir ist kalt, ich brauche Feuer – ich fühle mich legitimiert. Über eine Stunde schäle und spalte ich feuchtes Holz, schichte es mit trockenen Zweigen zu Pyramiden und versuche, es mit meinem Feuerzeug zu entfachen. Einige Seiten meines Notizbuches müssen dafür dran glauben. Dann brennt der Napf, und ich versinke ins Grübeln.

Schenken gilt in der Moralphilosophie als eine Kardinaltugend. Nichts ist edler, als jemandem etwas aus freien Stücken zu überlassen – ohne etwas im Gegenzug dafür zu fordern. Wenn wir etwas schenken, dann tun wir das freiwillig und ohne Gegenleistung. Genau diese Freiwilligkeit macht den Wert des Schenkens aus. Thomas von Aquin glaubte, dass das

»Wegschenken seines Besitzes … auf die Glückseligkeit hingeordnet« sei. Je mehr wir uns frei machen können von den Dingen, die uns umgeben, um andere damit zu erfreuen, umso glücklicher werden wir. Das weiß jeder, der schon einmal jemandem überraschend ein Geschenk überreicht hat. Amerikanische Wissenschaftler, die für jede These eine passende Studie haben, untersuchten das Phänomen. In der Zeitschrift *Science* veröffentlichte ein Forscherteam der University of British Columbia und der Harvard Business School im Jahr 2008 einen Artikel mit der Erkenntnis: »Für andere Geld ausgeben macht glücklich.« Dafür befragten sie Studenten und Berufstätige, wofür diese ihre Bonusgelder verwenden. Es zeigte sich, dass diejenigen, die ihr Geld für andere ausgaben, glücklicher waren als jene, die es für sich verwendeten. Aber das Schenken ist nicht nur ein Glücksbringer. Der Soziologe Georg Simmel formuliert in einer seiner Grundthesen, dass ohne jenes dauernde Geben und Nehmen keine Gesellschaft denkbar wäre. Das Schenken spinnt ein feines Netz zwischen den Menschen, durch das sie sich miteinander verbunden fühlen. Im Grunde wie Geld – nur persönlicher, inniger, herzlicher. Könnte das Prinzip des Schenkens im großen Maßstab das Prinzip des Tauschens und Kaufens ersetzen?

Am nächsten Morgen wache ich mit eiskalter Nase und verkrampfter Hand auf. Ich habe mich an einen Besenstiel geklammert, um etwaige nächtliche Besucher zu vertreiben, weil die Tür nicht von innen zu verschließen war. Während ich mir die Äpfel mit dem Müsli auf einem Campingkocher aufwärme, überlege ich, dass ich hier im Wald versuchen könnte, einen Vogel zu fangen und ihn über dem Hundenapf zu grillen. Am Anfang meines Selbstversuchsjahres hatte ich mir auferlegt, nur selbst gefangenes oder geschlachtetes Fleisch zu essen, was bisher auf eine vollkommen vegetarische Ernährung hinausgelaufen ist. Selbst der Ausflug mit dem Stadtjäger hatte keine Beute gebracht. Aber der Jagdtrieb war damals geweckt worden. In München stellten wir Fallen für Füchse mit Küken als Köder auf. Vielleicht könnte ich auf ähnliche Weise einen Vogel fangen? Ich streue ein paar Haferflocken auf einen Baumstamm, hänge einen Eimer aus der Laube an ein Seil aus Panzertape und befestige es an meiner Veranda. Als Öff Öff kommt, kann ich ihm noch nichts selbst Erbeutetes anbieten und frage, ob er einen Apfel mag. »Nein danke, wir essen sowieso zu viel«, antwortet er. »Wir fressen uns zu Tode.« Ich lege den Apfel wieder in die Tüte und schenke ihm mein Ohr.

»Es geht nicht darum, den eigenen Bedürfnissen nachzugeben und sich von ihnen steuern zu lassen. Wir sind der Steuermann unserer selbst und sind einzig und allein unserem Gewissen verpflichtet.«

»Was bedeutet das?«

»Es reicht nicht, sich ein paar Punkte im Leben auszusuchen, mit denen wir unser Gewissen erleichtern können, wie es die ganzen alternativen Bewegungen tun. Die haben zwar ein Bedürfnis danach, dass alles anders wird, aber nichts darf sich wirklich verändern. Die wollen ihren bürgerlichen Konsum nicht wirklich aufgeben.«

»Also kein Fleisch essen, aber trotzdem Auto fahren. Oder Ökostrom beziehen, aber trotzdem aus Plastikflaschen trinken – das geht eigentlich nicht?«

»Genau, bei der Schenker-Idee denken wir ganzheitlich.«

»Klingt ziemlich abstrakt.«

»Ja, Greta, das ist abstraktes Denken. Darin liegt die Weisheit.«

»Wie machst du das?«

»Indem ich bis zu Ende gedacht habe.«

Öff Öff erlebte seine Erleuchtung als 13-Jähriger auf einem Waldspaziergang. Er fragte sich im Trotz der Teenagerjahre, ob es denn möglich sei, wahrhaft friedlich und gewaltlos zusammenzuleben. Nicht unter dem demokratischen Diktat einer Staatsregierung, in die er zufällig hineingeboren war. Er spürte, dass dieser Gedanke seine Lebensaufgabe werden würde, und begann, das Konzept der Schenker-Bewegung zu formulieren, die er 1991 gründen sollte. Das Konzept ist eine Mischung aus anarchistischer Fundamentalopposition, antikapitalistischer Systemkritik und christlicher Nächstenliebe. Statt eines Staates schwebt Öff Öff eine Gemeinschaft vor, die sich ausschließlich über Konsens organisiert: Eine Gruppe von sieben Personen sucht nach einem gemeinsamen Nenner, deren Sprecher trifft sich mit dem Sprecher einer anderen Siebener-Gruppe und so weiter. Am Ende steht eine Räterepublik. Jeder Einzelne ist bei seinen Entscheidungen nur seinem Gewissen verpflichtet, was laut Öff Öff automatisch verhindert, dass sich ausbeuterische, raffgierige, gewalttätige Strukturen ausbilden. »Wie soll das gehen?«, frage ich ihn. Es klingt irgendwie hilflos. »Indem sich jeder die einzige und wichtigste Grundregel von Schenkern vor Augen hält: Auf die jeweils wichtigste Frage …«

»… die am besten begründbare Antwort finden. Das habe ich schon gehört. Aber ich verstehe es nicht. Wie lautet denn deiner Meinung nach die wichtigste Frage?« Ich gucke auf den Hundenapf. »Das ist doch ganz einfach: Wie werde ich glücklich?« Wenn ich mir diese Frage bisher beantwortet habe, bin ich noch nie bei einer anarchistischen Räterepublik herausgekommen. Öff Öff fährt fort: »Um herauszufinden, was mich glücklich macht, muss ich mich fragen, wer ich bin. Wenn ich mich das wirklich ernsthaft frage, werde ich erkennen, dass ich ein winziger Teil im großen Fluss der Dinge bin. Wie eine Zelle im Organismus, die ihren Platz hat und sich dem Wohl des großen Ganzen unterordnet. Denk doch mal an ein weißes Blutkörperchen. Das überlegt nicht, wie es selbst am längsten in der

Blutbahn bleiben kann, sondern opfert sich für das Wohl des Ganzen, wenn es einen Giftstoff entdeckt.«

»Und was hat das alles mit Schenken zu tun?«

»Wenn ich erst verstanden habe, dass ich ein Teil von allem bin und mich mit der Welt identifiziere, werde ich kein Geld mehr brauchen, sondern freiwillig geben, ohne eine Gegenleistung zu erwarten.«

»Weil es immer auch ein Geschenk an mich selbst ist?«

»Ja, weil Schenken den Fluss der Dinge in Gang hält.«

Als er geht, legt er mir noch ein paar Bücher auf den Tisch. Seine Vorbilder: Jesus, Gandhi, Tolstoi. Und die Diplomarbeit seiner Frau über ganzheitliche Nachhaltigkeit. Mir raucht jetzt schon nachhaltig der ganzheitliche Kopf, aber da in der Vogelfalle sich immer noch nichts getan hat und es draußen regnet, mummele ich mich mit ein paar Äpfeln in die Koje. Zum Schlafen ist es noch zu früh. Öff Öff sagt, er genehmige sich nicht mehr als sechs Stunden Schlaf pro Nacht, weil er seine Zeit auf der Welt nicht verschlafen, sondern mit der Rettung selbiger verbringen möchte. »Wenn ein Haus brennt und darin Kinder sterben, würdest du auch nicht schlafen. Stell dir vor, es wären deine Kinder!«, sagt er mir noch zum Abschied und verschwindet waldgeisterhaft. Das einsame Rauschen der Bäume treibt mir einen Schauer über den Rücken, vielleicht sind es aber auch Öff Öffs Sätze. Hatte er recht? Mache ich mich schuldig, weil ich meine Zeit gern mit Schlafen, Schlemmen, Schöngeistigem verändele, statt jede Minute einer besseren, gerechteren, liebevolleren Welt zu widmen? Am Anfang meiner Selbstversuche ging es mir darum zu lernen, wie ich mich selbst in Sicherheit bringe für den Fall, dass alle medialen Prophezeiungen von erschöpften Ressourcen, Verteilungskämpfen und Finanzkrisen wahr werden. Durch Begegnungen mit Menschen wie Öffi bemerke ich aber: Es gibt kein isoliertes »Ich«, das ich retten könnte. Ich bin mit allem verbunden. In dieser Nacht krampfe ich meine Hand nicht um den Besenstiel. Wenn ein Hungriger sich an meinen Äpfeln und Körnern bedienen oder an der Glut des Napfes wärmen will, kann er das gern tun.

Die Tage in der Laube verstreichen. Es kommen manchmal Besucher mit verrückten Hunden vorbei, die hier trainieren wollen. Öffis Frau schaut ab und zu mit dem gemeinsamen Sohn herein. Ein Student will mit Öffi über das Aussteigerleben reden. Der Rest der Zeit vergeht angenehm ereignislos. Mein Handy ist mittlerweile komplett ohne Saft, und ich verliere mit ihm das Gefühl für Zeit und Zivilisation. Eingehüllt in sechs Schichten sitze ich auf der Veranda und lasse auf den freien Stühlen den Klub der toten Schenker Platz nehmen. Jesus repetiert die Bergpredigt: »Alles, was ihr also von anderen erwartet, das tut auch ihnen! Darin besteht das Gesetz und die Propheten.« Tolstoi wiederholt seine Worte auf dem Sterbebett: »Gott allein ist noch nicht die Liebe; allein je mehr Liebe der Mensch betätigt, umso mehr offenbart er Gott; und desto mehr existiert er also wesentlich.« Gandhi erinnert an den Satz, mit dem er in so vielen Poesiealben gelandet ist: »Sei der Wandel, den du in der Welt suchst.« Fasst man ihre Grundthesen zusammen, ist man tatsächlich ziemlich nah an Öff Öffs Idee des Schenkens. Zwischendurch setzt sich auch das einzige lebende Mitglied der Bewegung dazu, und ich frage ihn, warum die anderen drei es geschafft haben, weltweit Tausende Anhänger zu finden, er aber momentan das einzige Mitglied seiner Bewegung ist. Alle, die sich ihm in den letzten Jahren anschlossen, drehten ihm anschließend den Rücken zu, hetzten in der Presse, überzogen ihn mit Anzeigen. Sie warfen ihm vor, er sei ein Schwindler und noch dazu ein Lüstling. Seine Ex-Freundin forderte von dem radikal Geldlosen für das gemeinsame Kind Unterhalt. Er, der globale Liebe schenken will, erntet von seinen Nächsten fast immer rohen Hass. »Man darf sich nicht vom Echo der anderen abhängig machen«, sagt Öff Öff, »denn das ist nicht der Maßstab für die Richtigkeit der Sache. Selbst wenn die Wahrscheinlichkeit bei 99,99 999 Prozent liegt, dass sich durch meine Ideen nichts ändert, reichen mir die 0,00 001 Prozent, um weiterzumachen. Ach, selbst bei 100 Prozent würde ich durchhalten – es geht um meine Gewissenswürde als Mensch.«

Es hat aufgehört zu regnen. Ich stapfe mit schmatzenden Sohlen über den nassen Waldboden des Hundeplatzes, der erst jetzt seinen erdigen satten Duft richtig ausströmen lässt. Als ich mein Bein über den Maschendrahtzaun hebe, um den nahe gelegenen Bach zu erkunden, erstarre ich: Da liegen drei nackte Vogelküken vor mir. Ihre Hälse sind verdreht, durch ihre transparente Haut schimmern die Gedärme. Ihre Körper sind kalt. Sie müssen aus dem Nest gestürzt sein. Ich denke an meine Vogelfalle und schlucke. Soll das jetzt ein Zeichen sein? Aber wofür? Dass ich mit der Vogelfalle eine sinnlose Spielerei installiert habe? Dass ich nicht zu Ende gedacht habe, was es bedeutet, einem Tier die Seele zu rauben? Dass eine Vogelfalle das ganze Gegenteil von ganzheitlicher Verantwortung bedeutet? Tolstoi war radikaler Vegetarier, Gandhi ebenfalls, und Jesus hat auch nur Brot geteilt und nicht Hähnchenschenkel. Es ist merkwürdig. Als ich vor diesen kleinen leblosen Leibern stehe, fühle ich das erste Mal am eigenen Körper, was es bedeutet, sein Ich zu erweitern. Ein Mitgefühl steigt in mir auf, das ich vor einer Fleischtheke noch nie empfunden habe. Ich fühle mich das erste Mal im Leben mit dem Schicksal der Tiere verbunden. Sie sind ein Teil von mir. Natürlich hört sich das nach verrückter Esoterik an, und vielleicht bin ich über die Tage etwas wunderlich geworden. Aber ich weiß jetzt, dass es beim Schenken nicht nur darum geht, etwas ohne Geld zu bekommen oder wegzugeben. Es setzt eine andere Sicht auf die Welt, die Menschen und die Dinge um uns voraus.

VON EINER, DIE AUSSTIEG

Ich hebe ein kleines Loch aus, lege die Vogelküken behutsam hinein und pflücke drei Blumen. Hier, in der Laube, in der ich am Anfang nichts, nichts, nichts gesehen habe, steckt die Idee vom großen Ganzen.

17. Beenden –
Was ich in einem Jahr Apokalypse gelernt habe

Es ist ein warmer Oktobertag. Die Blätter vor dem Fenster leuchten, als wollten sie sich noch einmal mit aller Kraft gegen den bevorstehenden Winter aufbäumen. Auf dem Balkon stehen Kisten voller Äpfel, Kastanien, Zucchini und Hagebutten. Kräuter trocknen an einer Schnur über meinem Kopf. Vor mir dampft ein Tee mit selbst geernteter Minze von der Kräuterschnecke im Garten. Und dann ist da dieses weiße Blatt. Darauf soll ich jetzt schreiben, was von einem Jahr Apokalypse bleibt. Ich versuche, mich daran zu erinnern, wie das damals war mit mir und der Angst am reich gedeckten Tisch meiner Großeltern. Ressourcenknappheit, Wirtschaftskrise. Schlimm, schlimm. Lebensmittelverschwendung, demografischer Wandel, Klimakatastrophe. Schlimm, schlimm, schlimm. Die Probleme der Welt sind bis heute nicht weniger drängend geworden, trotzdem komme ich an das Gefühl von damals nicht mehr heran. Immer wenn ich versuche, mich mit großer Ernsthaftigkeit an die Riesenpanik zu erinnern, die mich vor zwölf Monaten ständig begleitete, schieben sich die Riesenzucchini aus der Balkonkiste dazwischen, die ich unbedingt noch einkochen muss, und ich schreibe eine Erinnerungsnotiz in die Ecke von meinem weißen Blatt: Wintervorrat und Konservengläser und Rezepte von Gärtnergruppe abholen, Kellerregal aufräumen. Dabei will ich doch meine alte Apokalypsenangst suchen. Aber sie ist weg. Wo ist sie denn hin?

In meinem Kopf rauschen die Bilder der Selbstversuche

vorbei wie ein zu schnell geschnittenes Musikvideo: Ich sehe mich, wie ich vor meiner Vorratskiste mit Konserven und Notfallkeksen stehe, von der ich zwei Wochen lebte. Wie ich das Moos von einem Baum kratze, als ich auf Urkostdiät nach Wildkräutern suche. Wie ich auf einem Hochsitz kauere und einen Rehbock abknallen will. Wie ich mir im Rotlicht eines Berliner Kellers das Pilzezüchten auf Kaffeesatz erklären lasse. Wie ich das erste Mal in eine Mülltonne abtauche. Wie ich bei urbanen Nomaden in einen fremden Schlafsack und fremden Lebensentwurf einsteige. Wie ich mit Jakuba in der brennenden Augusthitze am Straßenrand stehe und ohne Geld bis nach Spanien trampe. Wie wir von Straßenkünstlern und Anarchisten in besetzte Häuser eingeladen werden. Wie ich in einem Bauwagen das Heizen – und den Hedonismus – kennenlerne. Wie ich Schrottplätze und Verschenkemärkte abgrase auf der Suche nach Brauchbarem. Wie mir ein Nerd ein 3-D-Drucker-Armband und den Glauben an eine neue industrielle Revolution schenkt. Wie ich auf einem städtischen Gemüsefeld die Ernte einsammele und auf Klamottentauschpartys nach textilen Schätzen fahnde. Wie ich versuche, meine Hände mit Nadel, Faden, Hammer und Säge vertraut zu machen. Wie ich die Rinde einer Erle abhobele, um ein Kompostklo in einer Aussteigerkommune zu bauen. Und wie ich mit Öff Öff in einer nassen Waldlaube über das Schenken und das große Ganze rede.

Es war ein irrer Trip. Ich klopfte an jede Tür, hinter der ich jemanden vermutete, der schon weiter war als ich. Der wusste, wie ich mich vom System abkoppeln kann. Wie ich unabhängiger werde. Wie ich den Ernstfall überlebe. Am Anfang der Recherche dachte ich noch, ich müsste lernen, ein moderner Henry Thoreau zu werden, und meine Stadtwohnung in eine autarke Zelle verwandeln: Vorräte im Keller, Waffen im Schrank, eigenes Gemüsebeet, Wasser aus der Quelle und Wärme aus dem Ofen. Dazu im Stadtwald Früchte, Nüsse und Blätter sammeln und ab und zu ein bisschen jagen, die nötigsten Waren tauschen oder selber anfertigen – dann würde ich meine Familie und mich im Ernstfall schon irgendwie durchbringen. Tatsächlich entdeckte ich in der Stadt mehr subsistente Refugien, als ich erwartet hatte. Tauschen, Teilen, Gärtnern, Züchten, Forschen, Bauen – dafür gibt es besonders im urbanen Raum bereits jetzt viele Angebote, die ohne Geld funktionieren. Wie in kleinen Laboren erforschen konsummüde Städter neue Formen des zusammen Lebens und zusammen Wirtschaftens. Je mehr ich mich daran beteiligte, umso mehr merkte ich: Es ging mir mit der Zeit nicht mehr darum, nur meine eigene Existenz zu retten. Ich wollte mich selbst aus der Bequemlichkeit des Immer-alles-haben-Könnens befreien und mit anderen gemeinsam etwas Neues schaffen.

So unterschiedlich die Erfahrungen auch waren, am Ende liefen sie auf das Gleiche heraus: eine Gemeinschaft zu finden, die sich mit ihrem Wissen, ihren Waren und ihren Werten gegenseitig hilft. Das war bei meinen solidarischen Gärtnerfreunden der Fall, bei den Do-it-yourself-Anhängern, den Upcyclern, bei den Makern, den Bauwagen-Hedonisten, den spanischen Anarchisten und deutschen Shareconomisten, bei den urbanen Nomaden, den Tauschhändlern und Hausprojektlern. Sie alle probieren ein Leben aus, in dem sie die Währung Geld gegen die Währung Gemeinschaft stückweise ersetzen. Manche wollen zusammen gärtnern, andere zusammen Produkte mit dem 3-D-Drucker erschaffen, einige wollen mit Alternativgeld Produkte miteinander tauschen, andere wiederum sich gemeinsam Autos, Bohrmaschinen und Häuser teilen. Jede Szene glaubt, einen Schlüssel gefunden zu haben, der das Tor in eine andere, bessere Zukunft öffnen kann. Der heißt dann »Resilienz« oder »Transition« oder »Commons« oder »Solidarökonomie«. Am Ende schließen die Schlüssel immer das gleiche Tor auf: zu einem neuen Wir-Gefühl.

Jede Bewegung für sich genommen ist vielleicht nur eine Nische. Ihre Wirkung gegenüber der verheerenden Macht von Wachstum, Geld und Konsum ist verschwindend gering. Eine Klamottentauschparty wird der ausbeuterischen Textilproduktion kein Ende bereiten. Eine Möhre im Nachbarschaftsgarten kann gegen den globalen Hunger nichts ausrichten. Und eine Bohrmaschine zu verleihen wird nicht der Sargnagel des Hyperkonsums sein. Doch wenn wir erkennen, dass es an so vielen Stellen der deutschen Gesellschaft einen gemeinsamen Wunsch für ein neues Miteinander und Füreinander gibt, kann das die Grundlage für einen Wertewandel sein. Vielleicht sind wir von einem Land gar nicht mehr so weit entfernt, in dem Ansehen, Status und Respekt nicht mehr daraus erwachsen, was wir selbst haben, sondern was wir der Gemeinschaft geben.

Nach unzähligen Gesprächen mit Menschen aus allen Bevölkerungsgruppen habe ich gemerkt, dass dieser Prozess längst im Gang ist: Arbeitslose, Studenten, Unternehmer, Aktivisten, Abiturienten, Migranten – sie alle haben den Glauben an die regulierende Kraft des freien Marktes spätestens seit der Finanzkrise verloren. Das Prinzip des ungehemmten Wettbewerbs erschöpft sich allmählich, weil es mehr Verlierer als Gewinner produziert. Es taugt nicht mehr als Lebensentwurf. Indem sich das goldene Tor des endlosen Konsums schließt, öffnen sich neue Fenster der Möglichkeiten. Zwar gibt es keinen kohärenten Gegenentwurf, der sich durch eine Revolution erstreiten ließe. Aber offensichtlich sind wir bereits mitten in einer Evolution, die den Ich-Menschen des 20. Jahrhunderts ablöst.

Wir wissen, dass uns die ökonomischen und ökologischen Bedingungen in nicht allzu ferner Zeit zum Umdenken zwingen werden. Wir werden uns in einem »Weniger« einrichten müssen – früher oder später. Warum sollen wir bis zu diesem Punkt warten und dann schicksalsergeben nehmen, was wir dann noch bekommen können? Wir haben jetzt die Gelegenheit, mit der Sicherheit noch funktionierender Systeme im Rücken auszuloten, wie ein selbstbestimmtes, glückliches, gemeinschaftliches Leben aussehen kann. Wir können herausfinden, unter welchen Umständen ein Weniger zum Mehr wird. Jetzt dürfen wir noch ausprobieren, scheitern, nachjustieren und wieder neu ansetzen. Was haben wir denn zu verlieren – außer der eigenen Angst?

Wie geht es nun, nach meinem Selbstversuchsjahr, weiter? Wird alles wieder normal? Ich ziehe skeptisch die Augenbrauen hoch und überlege, ob ich nach diesem Trip überhaupt noch weiß, was das ist: normal sein. Ich bin in so viele verschiedene Sphären geschlüpft, dass ich wortwörtlich ver-rückt wurde – von alten Denkmustern fort, hin zu neuen Gewissheiten. Jetzt habe ich so etwas wie eine multiple Persönlichkeit, was zwar ein bisschen anstrengend, aber durchaus unterhaltsam ist. Zumindest für mich.

Teilzeit-Urmensch: In den städtischen Parks und Wäldern habe ich ein großes Refugium an Wildpflanzen, Früchten, Nüssen und Pilzen entdeckt. Die städtischen Allmenden mit dem Sammelkorb abzulaufen und abzuernten macht mehr Spaß, als an ihnen vorbeizujoggen – und satt außerdem. Urkost ist eine schöne Ergänzung zum Speiseplan, ganz ausschließlich davon leben, wie ich es bei Brigitte kennengelernt habe, möchte ich aber nicht, höchstens ein bis zwei Mal im Jahr als reinigende Kur.

Theoretische Mörderin: Fleisch bleibt im Speiseplan die absolute Ausnahme. Auch nach dem Experiment möchte ich nicht, dass durch meine Fleischeslust ein perverser Apparat der Massentierhaltung und -schlachtung aufrechterhalten wird. Wenn es mich packt, muss ich selbst ran an das Tier – was bisher allerdings auf eine vegetarische Ernährung hinausgelaufen ist.

Gemeinschaftsgärtnerin: Obwohl ich nun schon seit einem Jahr auf das solidarische Gemüsefeld am Stadtrand hinausfahre, lerne ich wirklich jede Woche noch etwas Neues. Ich muss mich zwar immer wieder motivieren, auf mein Fahrrad zu steigen, mich abzustrampeln und dort in die grüne Welt einzutauchen. Doch wenn ich mit meiner Kiste voll Selbstgeerntetem zurückkomme, bin ich voll von purem Glück. Nicht nur wegen des schmackhaften Gemüses, sondern auch wegen der angenehmen Gärtnergemeinschaft. Der eigene Nachbarschaftsgarten soll natürlich auch weiter blühen und wachsen.

Schatzsucherin: Im Konsumstreik habe ich gelernt, meine Sucht nach immer Neuem zu kanalisieren. Nach Dingen jenseits der Kaufhausregale zu fahnden ist ein neues Hobby geworden. Im Internet, auf Tauschpartys, in Umsonstläden nach Schönem zu suchen hat die werbeverseuchte, trendgesteuerte Ödnis des Shoppings durch eine aufregende Suche ersetzt. Allerdings freue ich mich auch darauf, einiges wieder mit Geld einkaufen zu können, denn nicht alles will ich bereits benutzt übernehmen (Unterwäsche! Strumpfhosen! Nagelfeile!), und nicht alles lässt sich ohne Geld besorgen (Einlegesohlen, Bastelmaterialien, Medikamente).

Materialistin: Egal ob die Dinge in meinem Haushalt gebraucht erworben, selbst gemacht oder neu gekauft sind – ich bin nicht mehr so einfach bereit, sie ab einem bestimmten Punkt als Müll zu deklarieren. Im Grunde kenne ich gar keinen Müll mehr, sondern sehe in allem neue Reinkarnationsmöglichkeiten. Alles, was vergeht, ist wert, dass es wieder aufersteht. Außer Tampons.

Hipster-Sympathisant: Man mag von den Jutebeuteltragenden Großstadt-Bobos halten, was man will. Sie sehen in ihren abgetragenen Armeejacken und Oversize-Omi-Pullovern vielleicht nicht klassisch schön aus, aber sie haben den Mut, das von sich zu behaupten. Sie trauen sich, ihre eklektischen Second-Hand-Fundstücke als hip zu deklarieren, was zumindest die textile Massenproduktion mit all ihren Chemikalien und Ausbeuterstrukturen und Wasserverschwendungen unterwandert. Das finde ich gut, da mache ich mit. »Hippness is not a state of mind, it's a fact of life«, wie Hipster-Urvater und Jazz-Legende Cannonball Adderley bereits in den Fünzigerjahren sagte.

Dilettantische Prosumentin: Mit meinen eigenen Händen zu bauen, zu nähen und zu reparieren ist ein Ideal, dem ich entgegenstrebe. Was bisher dabei herausgekommen ist, kann nicht mit professionellen Produkten konkurrieren. Bei mir ist Do-it-Yourself nur als Do-it-Together möglich.

Gelegenheits-Tramp: Ich habe nicht vor, auf der Straße zu leben, mich ausschließlich aus Mülleimern zu ernähren und dauerhaft auf die Gnade anderer angewiesen zu sein, wie ich es bei meiner Reise nach Spanien ausprobiert habe. Aber sich ab und zu aus den festgezurrten Geldsystemen zu befreien hat mir dabei geholfen, meinem Netzwerk und auf die Hilfe von Fremden zu vertrauen. Es hat mir ein neues Gefühl von Zusammengehörigkeit gegeben. Trampen, Couchsurfen, Haustausch, Carsharing, Essenteilen – das mache ich weiter. Natürlich nicht nur auf der Nehmer-Seite.

Neo-Hippie: Ja, ich gebe es zu: Ich habe Gras geraucht, mir in einer Kommune Flöhe eingefangen, Haremshosen getragen, Freie-Liebe-Saunen inspiziert und Briefe mit »Love & Peace« unterschrieben. Aber das ist es nicht, was mich zum Neo-Hippie macht. Es gibt bislang keine eindeutige Definition, was ein Neo-Hippie eigentlich ist, aber während all meiner Selbstversuche habe ich in den verschiedenen Szenen ein ungekanntes, fast berauschendes Gefühl der Verbundenheit mit den Menschen und der Welt um mich herum erlebt – eine Neuentdeckung von Hippie-Idealen in zeitgemäßen Daseinsformen. Als ich in das Apokalypsenjahr startete, blickte ich,

allein in meiner Altbauwohnung sitzend, mit Schwarzseherglä-
sern dem Untergang des Abendlandes entgegen. Jetzt sitze ich
im Grünen neben der Kräuterschnecke, schaue mit einer – zu-
gegebenermaßen – rosaroten Utopistenbrille in die Welt und
sehe: Hoffnung.

Gerade weil eine Epoche zu Ende geht, bietet sich die Gelegenheit, neue Konzepte des Zusammenlebens zu erproben.
Sich aus dem sinnentleerten westlichen Wohlstandsmodell zu
befreien ist heute keine jugendliche Provokation versprengter
Jesuslatschenträger auf LSD mehr, sondern wird auch von der
Mitte der Gesellschaft als notwendig erkannt. Neo-Hippies
können mit ihrem Laptop in einem Hackerspace sitzen, ihre
Altkleider bei einer Tauschparty kreiseln oder in schicken Teil-
autos durch die Republik fahren. Sie können gemeinwohlori-
entierte Unternehmen gründen, sich zum Tüfteln in offenen
Werkstätten treffen oder Hausprojekte starten. Die Neo-Hippies sind so unterschiedlich, dass es für sie kein gemeinsames
Neo-Woodstock geben kann. Trotzdem sind sie miteinander
verbunden in der Lust am Aufbruch, am Anders-Leben.

Ich begann mit der Suche nach Überlebensmodellen, weil
ich Angst hatte. Und ich werde damit weitermachen, weil ich
Spaß daran gefunden habe. Denn so erschreckend die Warnungen vor der drohenden Apokalypse auch sind – solange wir die
Effekte nicht am eigenen Leib spüren, werden wir nicht dauerhaft vernünftig, nachhaltig, solidarisch leben. Weil das Anders-
Leben zeit- und kraftzehrend ist. Zwischendrin auch nieder-
schmetternd aussichtslos, erschöpfend anstrengend, ätzend
aufwendig. Die Belohnung dafür wollen wir sofort spüren –
und die muss größer sein als die eigenen Bedenken (»Bringt
das was?«) und die Vorwürfe anderer (»Aber den fairen Kaffee trinkst du aus dem Pappbecher?«). Schwächen sind erlaubt,
Widersprüche unvermeidlich. Wir arbeiten nicht an einer
grünen Kulturrevolution, an deren Ende wir im Gleichschritt

durch Gemeinschaftsgärten marschieren. Hoffe ich zumindest. Ich halte es da eher mit der amerikanischen Anarchistin Emma Goldman, der das Zitat zugeschrieben wird: »Wenn ich nicht tanzen kann, ist das nicht meine Revolution.«

Ich glaube, ich muss jetzt aufhören zu schreiben. Der Tee ist längst kalt und über der Kräuterschnecke hängt die Dunkelheit des Abends. Es ist heute noch eine Party in einem Projekthaus angesagt. Der Flyer verkündet: »Vor fünf Jahren ist das Finanzsystem gescheitert. Trotz massiver Unterstützung hat es sich niemals erholt. Wir arbeiten an Alternativen, ohne auf Politiker zu warten. Wir recyceln, upcyceln und nehmen Spenden aller Art.« Darunter folgt der Hinweis, dass es auf der Party auch eine Kleidertauschbörse und eine Vokü gibt.

Da steht meine Kiste mit den Riesenzucchini. Die schleppe ich mit. Ich muss jetzt wirklich los. Meine neue Gesellschaft wartet. Und sie tanzt.

Andrea Baier /Christa Müller / Karin Werner: *Stadt der Commonisten – Neue urbane Räume des Do it Yourself.* Bielefeld 2013

Rachel Botsman / Roo Rogers: *What's mine is yours: The Rise of Collaborative Consumption.* London 2010

Marc Boyle: *Der Mann ohne Geld: Erfahrung aus einem Jahr Konsumverweigerung.* München 2012

Daniel Felber: *Gemeinwohl-Ökonomie: Eine demokratische Alternative wächst.* Wien 2010

Kai Gildhorn: *Mundräuber Handbuch – Tipps, Regeln und Geschichten zur Wiederentdeckung der Obstallmende.* Berlin 2013

David Graeber: *Debt. The first 5000 years.* New York 2011

Silke Helfrich: *Commons: Für eine neue Politik jenseits von Markt und Staat.* Bielefeld 2012

Niko Paech: *Befreiung vom Überfluss – Auf dem Weg zur Postwachstumsökonomie.* München 2012

Georg Pieper: *Überleben oder Scheitern – Die Kunst, in Krisen zu bestehen und daran zu wachsen.* München 2012

Michael Pollan: *Das Omnivoren-Dilemma: Wie sich die Industrie der Lebensmittel bemächtigte und warum Essen so kompliziert wurde.* München 2011

Jeremy Rifkin: *Die dritte industrielle Revolution: Die Zukunft der Wirtschaft nach dem Atomzeitalter.* Frankfurt/Main 2011

Gerhard Spannbauer: *Perfekte Krisenvorsorge: Überleben, wenn Geld wertlos wird und die Geschäfte leer sind.* Kopp Verlag, Rottenburg 2012

Henry David Thoreau: *Walden: Ein Leben mit der Natur.* München 1999

Valentin Thurn: *Die Essensvernichter: Warum die Hälfte aller Lebensmittel im Müll landet und wer dafür verantwortlich ist.* Köln 2012

Harald Welzer / Stephan Rammler: *Der FUTURZWEI-Zukunftsalmanach 2013: Geschichten vom guten Umgang mit der Welt.* Frankfurt/Main 2012

Dank

Das ist ein Buch über Gemeinschaften. Ich hatte das große Glück, mich in sehr viele verschiedene hineinbegeben und dort Ideen, Gedanken und Wissen aufsaugen zu dürfen. Dafür kann ich gar nicht genug danke sagen, aber es zumindest versuchen: Dankedankedanke geht in alphabetischer Reihenfolge an:

Ceren Akyos, Jette Avanzi, Trendela Braun, Aubin Delavigne, Ale Fernandez, Thomas Fuchs, Philipp Glöckler, Imma Harms, Simon Keller, Uwe König, Paula Pongrats, Eric Rakowski, Lisa und Oscar Roberts, Brigitte Rondholz, Clemens Schmid, Marian Schwarz, Robert Shaw, Gerhard Spannbauer, Marilyn Sporleder, Jonathan Strotbeck, Karl-Heinz und Elke Taubert, Siegfried und Christel Taubert, Marcus Thymark, Jürgen »Öff Öff« Wagner, Elisabeth Weber, Nikolai Wolfert und all die anderen Nachbarn, Freunde und Familienangehörige, die in dieser Zeit sich gesorgt und mich versorgt haben. All die Gärtner, Volxköche, Tauschhändler, Teiler, Verleiher, Schenker, Bastler, Couchsurfer, Tramp-Aufsammler, die mir ein Leben fast ohne Geld ermöglicht haben. Danke an die Lebenskünstler, Hippies, Anarchos, Punks, Utopisten, Anders-Macher, Aussteiger und Berufsraver, die mich weit über das Schreiben hinaus inspiriert haben. Es war eine wilde Zeit.

Besonderer Dank geht an meinen Agenten Florian Glässing, ohne den ich nie angefangen hätte, meine Untergangsangst schreiberisch anzugehen. Er hat mich mit dem Eichborn-Verlag und mit meiner wunderbaren Lektorin Carmen Kölz zusammengebracht, die sich auf alle Experimente eingelassen haben. Ich danke Maria Lang für das zeitintensive erste Korrekturlesen und Barbara van Benthem für den letzten, aber entscheidenden Schliff.

Zum Schluss möchte ich besonders dem Mann an meiner Seite danken, ohne den alles nichts ist: Christian Fuchs.